Luber/Geisler
Online-Trainings und Webinare

Silvia Luber
Inga Geisler

Online-Trainings und Webinare

Von der Vermarktung bis zur Nachbereitung

Silvia Luber ist ausgebildete E-Learning-Managerin, Online-Moderatorin und Live-Online-Trainerin. Besondere Erfahrungen besitzt sie darin, kundenspezifische Lernszenarien zu entwickeln, Trainer und Fachexperten zu Live-Online-Trainern auszubilden und Projektteams online zu moderieren.

Inga Geisler ist zertifizierte Live-Online-Trainerin, Expertin für neue Lerntechnologien und IT-Trainerin. Zu ihren Schwerpunkten gehört die Ausbildung von Live-Online-Trainern, Webinarleitern und WebMeeting-Moderatoren.

Dieses Buch ist auch als E-Book erhältlich:
ISBN 978-3-407-29450-0

© 2016 Beltz Verlag · Weinheim und Basel
Werderstraße 10, 69469 Weinheim
www.beltz.de

Lektorat: Dr. Erik Zyber
Gesamtherstellung: Beltz Bad Langensalza GmbH, Bad Langensalza
Umschlagkonzept: glas ag, Seeheim-Jugenheim
Umschlaggestaltung: Lelia Rehm
Umschlagabbildung: © Gettyimages/John Rensten

Printed in Germany

ISBN 978-3-407-36607-8

Inhaltsverzeichnis

Danksagung   10
Einleitung   11

↗ 01 Warum soll ich Live-Online-Trainer werden?   13

Digitales Lernen   14
Entscheidungskriterien   16
Präsenzraum versus Virtual Classroom   19
Kompetenzen   20
Geografische Distanz überbrücken   20
Kommunikation und Informationsaustausch fördern   21
Die virtuelle Lernumgebung beherrschen   22
Sich als Unternehmer wahrnehmen   23
Sich auf der Trainer-Kunden-Ebene bewegen   25
Live-Online-Trainings versus Webinare?   27

↗ 02 Wie organisiere ich mich als Live-Online-Trainer?   29

Formelle und informelle Ausbildung   30
Formelles Lernen für einen anerkannten Abschluss   30
Informelles Lernen als Wissenserwerb   33
Online-Lernmedien und -formate   34

Der passende Virtual Classroom   39
Den Zweck definieren   39
Die verschiedenen Werkzeuge kennen   40
Auf Benutzerfreundlichkeit überprüfen   41
Softwarekompatibilität und Datensicherheit kontrollieren   43
Administrationsfunktionen testen   44

Die Software installieren und einrichten   **44**

Sicherheit und Datenschutz   **45**

Zugang über den Browser oder einen Client   **46**

Den Audiokanal bestimmen   **46**

Preise und Businessmodelle   **47**

Anbieter virtueller Räume   **49**

Marketing   **59**

Das Ziel präzise definieren   **59**

Das Portfolio auf die Eignung für ein Live-Online-Training
überprüfen   **60**

Die Bestandskunden ansprechen   **61**

Neue Kunden über Weiterbildungsakademien finden   **62**

Neue Kunden durch Akquise finden   **63**

Honorar festlegen   **69**

Inhouse-Online-Trainings   **71**

↗ 03   Was muss ich bei der Planung beachten?   **77**

Phase 1: Inhaltliche Vorbereitung   **80**

Ziele definieren   **80**

Zielgruppe analysieren   **81**

Inhalte definieren und auswählen   **82**

Phase 2: Methodisch-didaktische Vorbereitung   **84**

Gestaltungsprinzipien für Präsentationsfolien   **84**

Verschiedene Fragearten   **86**

Das Whiteboard als Interaktionsfläche   **87**

Checklisten für den Praxistransfer   **88**

Leitfaden als Nachschlagewerk   **88**

Informationen und Begleitmaterial im Vorhinein senden   **88**

Ablaufplan erstellen   **89**

Exkurs: Rechtliche Aspekte beim Einsatz von Medien   **92**

Urheberrecht   **93**

Creative-Commons-Lizenz (Open Content)   **93**

Nutzungsrechte   **95**
Schrankenbestimmungen   **96**

Phase 3: Organisatorische Vorbereitung   **100**
Das Training terminieren   **100**
Anmeldeverfahren (bei offenen Seminaren)   **101**
Den Virtual Classroom und weitere Plattformen einrichten   **101**
Persönliche Vorbereitungen des Trainers   **104**

↗ 04 Wie läuft ein Live-Online-Training ab?   **107**

Kurz vor der Startzeit   **109**
Warm-up   **112**
Die Teilnehmer begrüßen und das Ziel benennen   **112**
Statusmeldungen, Textchat und Kommunikationsregeln   **113**
Die Teilnehmer stellen sich vor   **114**
Methoden für das Warm-up   **115**

Themeneinstieg   **123**
Das Vorwissen aktivieren und dem Lernen einen Nutzen geben   **123**
Methoden für den Themeneinstieg   **123**

Vermittlung und Erarbeitung der Inhalte   **127**
Ein Mix aus Information, Expertenwissen
    und Erfahrungsaustausch   **127**
Die Teilnehmerliste und den Textchat im Auge behalten   **127**
Die Präsentation mit der Whiteboard-Funktion kombinieren   **128**
Die Webcam gezielt einsetzen   **129**
Im Softwaretraining langsam und strukturiert vorgehen   **131**
Interessante Websites und Videos über den Webbrowser
    integrieren   **132**
Videos als Anschauungsmaterial   **132**
Mit der Erklär-Box Vorgänge simulieren   **133**
Den Lerninhalt teilnehmerorientiert vortragen   **136**
Einen Themenspeicher anlegen   **138**

Mix der Lernmethoden   **139**
Dem individuellen Lerntempo in der Einzelarbeit gerecht
   werden   **139**
Mit Gruppenarbeit die Zusammenarbeit fördern   **140**
Murmelgruppen sorgen für Klarheit   **144**

Stimme und Persönlichkeit   **145**
Die Ebenen der Kommunikation   **145**
Das Sprechtempo anpassen   **146**
Lautstärke und Sprechtonhöhe   **147**
Mikrofon und Raumakustik   **149**

Der Co-Moderator   **150**
Aufgaben des Co-Moderators   **150**
Notwendige Kompetenzen   **151**
Den Co-Moderator auf seine Aufgabe vorbereiten   **151**
Einen Teilnehmer zum Co-Moderator ernennen   **152**

Große Gruppen und Webinare   **153**
Der Ablaufplan   **153**
Methoden für den Austausch in großen Gruppen   **154**

Zusammenfassung und Wiederholung der Inhalte   **158**
Methoden für Zusammenfassungen   **158**
Methoden zur Wiederholung der Inhalte   **160**

Anwendung des Gelernten   **166**
Feedback   **168**
Methoden für Feedback   **168**

Abschluss   **172**
Umgang mit schwierigen Situationen   **173**
Technische Probleme   **173**
Schwierige Teilnehmer   **176**

↗ 05 Welche Aufgaben gehören zur Nachbereitung?   **181**

Auswertung der Medien   **183**
Aufzeichnung   184
Teilnehmerunterlagen   184
Reflexion   186
Teilnehmerbefragung   188

Teilnehmerbescheinigung   **191**
Sicherung des Lerntransfers   **192**
Konzeptanpassung   193

↗ 06 Was berichten erfahrene Live-Online-Trainer?   **195**

Zamyat M. Klein: Kreativ im virtuellen Raum – geht das?   **197**
Katja Königstein: Den virtuellen Austausch über längere Zeit fördern   **203**
Anne Rickert: Distanzen durch Mediation verkleinern   **208**
Anja Röck: 3D-Räume lassen Nähe zu   **214**
Stefan und Jan Urke: Alles begann in der Küche   **216**

↗ 07 Anhang   **219**

Glossar   **220**
Literaturverzeichnis   **224**
Links   224
Weiterführende Literatur   225
Sachwortverzeichnis   **226**

Die Icons bedeuten:

 Tipps   **Beispiele**   **Übungen**

Danksagung

Dieses Buch ist durch die hilfreiche Unterstützung von Fachexperten und die wohlwollende Ermunterung von Kollegen, durch Geduld und den persönlichen Zuspruch zahlreicher Menschen zustande gekommen. Wir möchten uns besonders herzlich bei denen bedanken, die auf verschiedene Weise zu diesem Buch beigetragen haben: Herrn RA Reinhold Beckmann, der fachkundig die Abschnitte zu den Rechtsfragen überprüft hat, Herrn Frederick Beyer für den Input zum Stimmtraining, Frau Anne Ludin und ihre Kollegin der SEW-Eurodrive GmbH & Co. KG für die Details zur Erklär-Box sowie Frau Lore Reß für ihren Rat und ihre Erfahrung, was das Profil eines Live-Online-Trainers betrifft.

Ohne die Praxisberichte unserer Kollegen im Online-Training würde ein wichtiger Teil dieses Buches fehlen. Wir danken Zamyat M. Klein, Katja Königstein, Christiane Tschur, Anja Röck, Anne Rickert, Stefan und Jan Urke, Dr. Beate Holze, Iris Wunder, Anett Hübner, Rüdiger Keller und Sascha Fuß für die wertvollen Erfahrungsberichte, die sie uns in Interviews gegeben haben.

Anne Rickert von der vitero GmbH und Katharina Burgmaier von der TriCat GmbH haben uns besonders bei dem Kapitel über Virtual Classrooms unterstützt. Herr Dr. Erik Zyber vom Beltz Verlag hat uns fachkundig begleitet und immer zeitnah auf unsere Fragen reagiert.

Nicht zuletzt möchten wir unseren Familien für ihre Unterstützung, den Zuspruch und ihr Verständnis während der Entstehung dieses Buches danken.

Einleitung

Online-Trainings sind in den letzten Jahren ein fester Bestandteil des Lernens geworden. Mithilfe von onlinebasierten Medien lernen Menschen an jedem Ort der Welt und zu jeder Zeit. Dabei werden sie in asynchronen (zeitversetzten) Lernumgebungen von Tutoren begleitet, die sie motivieren, anleiten und bei Fragen zur Verfügung stehen. Hingegen treffen sich Menschen in synchronen Lernumgebungen zur gleichen Zeit, auch wenn sie sich nicht am selben Ort befinden. Dazu gehört der virtuelle Raum – auch Virtual Classroom oder VC genannt.

Das vorliegende Buch beschäftigt sich vor allem mit der Planung und Durchführung von Trainings, die in virtuellen Räumen stattfinden. Diese Räume erfüllen in Unternehmen in erster Linie den Zweck der Online-Kommunikation, werden aber zunehmend auch als Lernmedium genutzt. Neben technischen treten dabei auch zwischenmenschliche Herausforderungen auf, die zum Stolperstein für das Lernen werden können. Mit diesem Buch erhalten Sie einen praktischen Ratgeber, der im Aufbau den Phasen von Live-Online-Trainings folgt und Sie bei Ihrer Konzeption unterstützt. Wir betrachten jedoch nicht nur das Training an sich, sondern liefern Ihnen auch Tipps zur Qualifizierung, zur Vermarktung Ihres Zusatzangebotes sowie zur Wahl des geeigneten virtuellen Raumes. Dabei haben wir eigene Erlebnisse aus unserer über zehnjährigen Praxis als Live-Online-Trainer einfließen lassen, aber auch Trainerkollegen zu deren Erfahrungen interviewt.

Die Praxis zeigt, dass nicht nur ausgebildete Trainer virtuelle Räume nutzen, sondern besonders Unternehmen die Weitergabe von Fachexpertise darüber steuern. Durch den Mix aus Theorie und praxisnahen Beispielen erhalten Sie Tipps und Tricks zur Konzeption von Online-Präsentationen – wir nennen sie Webinare – an die Hand.

Die Coaches unter Ihnen sind es gewohnt, ihre Coachees bei Veränderungsprozessen über einen längeren Zeitraum zu begleiten. Dabei stellen räumliche Distanzen oft eine große Herausforderung dar. Dieses Buch unterstützt Sie dabei, diese Distanzen zu überbrücken und einen kontinuierlichen Kontakt zu Ihren Coachees aufrechtzuerhalten.

Warum soll ich Live-Online-Trainer werden?

↗ 01

Leitfrage

Wann macht es Sinn, das Portfolio durch Live-Online-Trainings zu ergänzen, und welche Kompetenzen sind dazu notwendig?

Digitales Lernen

Stellen Sie sich vor, Sie erhalten einen Anruf von einem Ihrer besten Kunden:

»Wie Sie wissen, sind wir ein weltweit agierendes Unternehmen und haben bisher unsere Mitarbeiter zu Ihrem Training immer an unseren Standort in Hamburg eingeflogen. Das können wir zukünftig unter anderem aus Kostengründen nicht mehr so durchführen. Da wir Sie aber als Experte für dieses Thema nicht verlieren wollen, würden wir gerne wissen, ob Sie die Trainings auch online über einen virtuellen Raum durchführen könnten.«

Bei diesem Anruf nimmt ein erfahrener Präsenztrainer zunächst zwei Ausdrücke wahr, die ihm Fragezeichen in das Gesicht zaubern: »Online-Trainings« und »virtueller Raum«. Um diesen Begriffen näherzukommen, empfiehlt es sich, zunächst die Situation in den Unternehmen und die Entwicklung des Lernens und Kommunizierens zu betrachten.

Die Globalisierung schreitet voran und stellt die Unternehmen vor neue Herausforderungen. Dazu gehören unter anderem ein hoher Kosten- und Zeitdruck, ein nachhaltiges Wissensmanagement und der Einsatz digitaler Kommunikationskanäle und -technologien. Diese Faktoren wirken sich unmittelbar auf das Lernen im Unternehmen aus. Während früher die Teilnehmer einer Weiterbildung alle an einen Standort zusammengeholt wurden, erhalten sie heute oftmals einen Zugang zu einem digitalen Lernmedium. Diese Lernmedien und neue Lernstrategien sind unter dem Begriff »E-Learning« zusammengefasst und bieten eine breite Palette an Möglichkeiten, um Wissen zu erwerben und im Unternehmen zu verankern. Mit dem Einzug neuer Kommunikationstechnologien hat sich der Umgang mit Wissen in den letzten Jahren drastisch verändert.

E-Learning

Heute sprechen wir von User Generated Content, wenn ein Nutzer seine Erfahrungen und sein Wissen auf einer Plattform zur Verfügung stellt. In-

User Generated Content und Wissen on demand

teressierte können dieses Wissen on demand abrufen, wann und wo sie es benötigen, wie zum Beispiel am Arbeitsplatz. Es ist egal, an welchem Ort sich der Fachexperte gerade aufhält, wenn sein Wissen gefragt ist.

Auch die Hochschulen und Weiterbildungsinstitutionen nehmen diesen Wandel wahr und reagieren auf die sich verändernden Lerngewohnheiten. Sie stellen sich nicht nur auf die neuen Anforderungen in Unternehmen ein, sondern auch auf die Gewohnheiten der Digital Natives, der sogenannten Generation Y. Das sind junge Leute, die nach 1980 geboren wurden und für die es heute selbstverständlich ist, das Wissen über Online-Quellen abzurufen. Sie verdeutlichen uns, dass informelles Lernen wesentlich zielorientierter und nachhaltiger ist. Unter informellem Lernen versteht man das »zufällige« Lernen über den Austausch mit anderen oder über Lernmedien. Verschiedene Studien belegen diese Entwicklung (vgl. Roland Berger 2013, NMC »Horizon Report« 2015, MMB-Studie 2014). Gerade der Mix aus Präsenz- und Online-Lernphasen, das sogenannte Blended Learning, weitet sich aus und unterstützt die Lerner beim Übergang vom Präsenz- zum Online-Lernen.

Der Virtual Classroom hat sich in den letzten Jahren als Lern- und Arbeitsmedium etabliert. Deshalb stoßen wir in unserer modernen Bildungslandschaft mittlerweile auf Live-Online-Trainings, die zu vielen Themen und für sehr unterschiedliche Zielgruppen angeboten werden. Sie sind bereits ein fester Bestandteil der Mitarbeiterqualifizierung in zahlreichen Unternehmen und öffentlichen Einrichtungen. Ganze Ausbildungsrichtungen und Weiterbildungen, die früher ausschließlich als Präsenzseminare für Auszubildende und Beschäftigte durchgeführt wurden, sind heute zu einem bestimmten Anteil als Live-Online-Trainings ausgewiesen. Einen staatlich anerkannten Abschluss kann man inzwischen auch über ein solches Blended-Learning-Szenario bekommen.

An Bedeutung haben Live-Online-Trainings nicht zuletzt deshalb gewonnen, weil die Kommunikation ähnlich wie im Präsenztraining funktioniert: in Echtzeit. Die Verbindung von interaktiven und kollaborativen Werkzeugen über virtuelle Konferenzräume gestattet es den Lernenden, mit anderen Teilnehmern zu kommunizieren und ausgewählte Themen gemeinsam zu bearbeiten. Der Austausch von Erfahrungen ist ein Hauptbestandteil des Lernerfolgs und kann mit keinem anderen Lernmedium in dem Maße erreicht werden.

Digital Natives

Informelles Lernen

Blended Learning

Entscheidungskriterien

Doch nicht nur diese Entwicklung kann als Grund für die Erweiterung Ihres Angebotes auf Live-Online-Trainings angeführt werden. Es ist ratsam, das eigene Angebot zu erweitern, wenn Sie einige der nachfolgenden Fragen mit Ja beantworten:

Wollen Sie mehr Zeit an Ihrem Heimatort verbringen?

Sie wollen weniger reisen: Vielen Trainern ergeht es nach langen Jahren im Präsenzseminargeschäft wie Außendienstmitarbeitern: Sie sehnen sich nach einem »normalen« Leben. Das Schlafen in Hotelzimmern, das Essen in Restaurants und die tagelange Abwesenheit von zu Hause verlieren ihren Reiz. Das Zusammensein mit der Familie und mit Freunden wird schmerzlich vermisst. Durch den Einsatz von Live-Online-Trainings erhalten Sie die Chance, dem »normalen« Leben wieder ein Stück näher zu kommen.

Gibt es Zeiten, in denen ich Seminare geben möchte, ohne das eigene Umfeld verlassen zu müssen? Wenn ja, welche sind dies?

Sie streben eine bessere Auslastung der Arbeitszeit an: Freie Tage im Trainerkalender sind wichtig! An diesen erledigen Sie Ihre Vor- und Nachbereitung oder gehen Ihrer eigenen Weiterbildung nach. Diese Tage sollten gut geplant und eingehalten werden. Doch nicht jeder Trainer kann behaupten, dass er voll ausgelastet ist und keine weiteren Aufträge mehr annehmen kann. Teilweise lässt es auch das familiäre Umfeld nicht zu, dass man jeden Tag in der Woche unterwegs ist. Nun können Sie Seminare durchführen, ohne Ihr Home-Office zu verlassen, und damit mehrere Ansprüche unter einen Hut bringen.

Habe ich den Trend wahrgenommen? Welche Auswirkungen verspüre ich bereits? Gibt es Kunden, die mich schon darauf angesprochen haben? Habe ich das Gefühl, handeln zu müssen?

Sie wollen den Trend nicht verpassen: Durch die stetig steigende Nutzung virtueller Räume in Unternehmen und das ebenso steigende Angebot an Seminaren, die online stattfinden, sieht sich der Präsenztrainer einem Trend ausgesetzt, der ihn zum Handeln veranlasst. Wer will schon gerne zu den Letzten gehören, wenn innovative Lernformen sich ausbreiten. Nur wer rechtzeitig diesen Trend erkennt, wird sich in Zukunft den Herausforderungen des Seminarmarktes stellen können.

Bin ich neugierig und habe ich Freude am Ausprobieren neuer Medien und Methoden? Kann ich mich dadurch weiterentwickeln?

Sie suchen neue Herausforderungen: Ob durch Trends oder den eigenen Wunsch nach Veränderung hervorgerufen – Live-Online-Trainings sind eine neue Herausforderung. Nach langer Trainertätigkeit kann es reizvoll sein, neue Wege zu gehen, die Neugier und die Freude am Ausprobieren neuer Werkzeuge und Lernmethoden auszuleben und darin einen gewissen Anteil Selbstentwicklung zu sehen.

Gibt es Präsenzthemen, denen eine Ergänzung durch Online-Einheiten guttut?

Sie wollen die Präsenzseminare mit Online-Einheiten ergänzen: Das eine muss das andere nicht ersetzen. Die Aufnahme eines Live-Online-Trainings muss nicht die Absage an ein Präsenzseminar bedeuten. Im Gegenteil: Sie können sich gegenseitig bereichern und Ihnen durch zwei Standbeine die künftige Existenz sichern.

Gibt es potenzielle Teilnehmer außerhalb meines Stammsitzes?

Sie wollen mehr Teilnehmer für das Thema begeistern: Trainer, die Kunden in ihrer Umgebung »abgegrast« und neue im fernen oder sogar internationalen Umfeld suchen, finden im Live-Online-Training die perfekte Kombination aus stationärer Nähe und arbeitsauslastender Ferne. Sicher gibt es noch viele Kunden, die Ihr Angebot gerne nutzen würden, aber nicht die Gelegenheit haben, ihren Standort zu verlassen.

Nutzen meine Kunden virtuelle Räume zur internen Kommunikation? Habe ich eine solche Anfrage eines Bestandskunden erhalten?

Ihre Bestandskunden stellen diese Anfragen: Viele global agierende Unternehmen und öffentlichen Institutionen organisieren ihre Weiterbildung zentral und nutzen zur internen Kommunikation virtuelle Räume. Da liegt es nahe, diese Räume künftig auch für Weiterbildungen verstärkt zu nutzen. Nicht selten kommt es vor, dass Trainer von ihren Bestandskunden die Anfrage erhalten, ob sie ihr Thema auch online präsentieren können.

Macht es Sinn, meine Teilnehmer über einen längeren Zeitraum beim Lernen zu begleiten?

Sie wollen Ihre Teilnehmer länger beim Lernprozess begleiten: Nach einem Präsenzworkshop sehen Sie Ihre Teilnehmer in der Regel nicht wieder. Die letzte Rückmeldung ist ein Feedback-Fragebogen zum Seminarablauf. Damit das Lernen nachhaltig das Verhalten des Lerners ändert, braucht es Zeit, Praxiserfahrung und eine Möglichkeit für Rückfragen während des Prozesses.

Möchte ich neue Impulse durch den Austausch mit Kollegen erhalten?

Sie wollen einen intensiveren Austausch mit Trainer-Kollegen pflegen: Als Einzelkämpfer unterwegs zu sein, hat viele Vorteile, aber auch Nachteile in Bezug auf den Austausch von Erfahrungen. Es entwickeln sich immer mehr Gruppen in sozialen Netzwerken und virtuelle Stammtische, die Trainern diese Möglichkeit bieten.

Präsenzraum versus Virtual Classroom

In einem Virtual Classroom treffen sich Lernende und Trainer zu einer bestimmten Zeit auf einer Online-Plattform. Anders als beim Präsenztraining befinden sich die Beteiligten an unterschiedlichen Orten. Für das Vermitteln von Wissen, für die Zusammenarbeit und die Kommunikation stehen in einem Virtual Classroom unterschiedliche Werkzeuge und Anwendungen zur Verfügung. Was in einem Seminarraum der Beamer ist, wird virtuell durch die Bildschirmfreigabe ersetzt. Das Flipchart nennt sich Whiteboard und die Handhebung erfolgt über ein Handsymbol. Wenn die Teilnehmer über eine Idee abstimmen sollen, werden in der Präsenz Klebepunkte auf der Metaplanwand eingesetzt, im Virtual Classroom wird dagegen eine Abstimmung durchgeführt. Der größte Unterschied jedoch besteht bei der Kommunikation: Für die unmittelbare Interaktion in der Präsenz gibt es im Virtual Classroom verschiedene Kanäle: das Mikrofon, den Textchat und die Webcam. Letztere ist nicht immer im Einsatz und kann dadurch die Kommunikation zur Herausforderung werden lassen. Um Missverständnisse in der Kommunikation zu vermeiden und die Werkzeuge sicher und zielgerichtet einzusetzen, bedarf es erweiterter Kompetenzen.

Der Seminarraum im Internet

Kompetenzen

Trotz der etablierten virtuellen Lernumgebungen hängt der Erfolg eines Live-Online-Trainings maßgeblich von *einer* Person ab: Das sind *Sie* in Ihrer Funktion als Trainer. Ohne Ihre Erfahrungen, Ihr methodisch-didaktisches Können und Ihre Persönlichkeit bleibt die Wissensvermittlung und besonders die praktische Anwendung des Erlernten nur eine Darstellung von Inhalten. Das allein wird die Teilnehmer wenig begeistern. Als (Live-Online-) Trainer schlüpfen Sie damit in unterschiedliche Rollen:

- Wissensvermittler
- Moderator
- Motivator
- Feedbackgeber
- Drehbuchschreiber
- Planer und Organisator
- IT-Spezialist
- Kundenberater

Um für die Rollen und die folgenden Herausforderungen des virtuellen Lernens gewappnet zu sein, eignen Sie sich zusätzliche Kompetenzen an:

Geografische Distanz überbrücken

Findet ein Live-Online-Training statt, sitzen Sie und Ihre Teilnehmer allein vor dem Computer, sprechen ins Headset und verfolgen das Geschehen auf dem Monitor. Zwischen den Beteiligten liegen unter Umständen große Entfernungen über Ländergrenzen hinweg. Teilnehmer fühlen sich sehr schnell isoliert, unsicher und der Technik ausgeliefert. Es ist Ihre Aufgabe, dieses Gefühl des Alleinseins verschwinden zu lassen und den Teilnehmern ein Wir-Gefühl zu vermitteln.

■ Kompetenz	■ Vorgehensweise
Gefühl der Sicherheit geben	■ Möglichst detaillierte, mit Screenshots versehene Beschreibungen für alle technischen Vorbereitungen und Abläufe bereits vorab liefern ■ Klar und strukturiert durch das Training führen mithilfe einer Agenda ■ Durchgehend Fragen der Lernenden zulassen und beantworten – gegebenenfalls mit einem Co-Moderator ■ Absolut sichere Beherrschung der virtuellen Lernumgebung
Vertrauen schaffen	■ Sich als Person zeigen (zum Beispiel in Form einer individuellen Vorstellung über Video) und stets ansprechbar sein ■ Alle Äußerungen der Teilnehmer ernst nehmen und sofort adäquat reagieren ■ Äußerst zuverlässig agieren, das heißt, Zusagen sind unbedingt und zeitnah einzuhalten
Passende Medien einsetzen	■ Der Anzahl der Teilnehmer und der Zielsetzung des Trainings angepasste Werkzeuge nach einem methodischen Konzept einsetzen ■ Online-Werkzeuge vor jeder Trainingssequenz genau erläutern, gegebenenfalls mit den Teilnehmern üben ■ Technische Unterstützung der Lernenden in jeder Phase des Trainings anbieten
Vorab informieren	■ Sich als Trainer so gut wie möglich über die Teilnehmer an der Online-Veranstaltung informieren (Wissensstand, Computer-Anwenderkenntnisse, gegebenenfalls Erwartungen an das Training) ■ Hierzu kann ein kleiner Fragebogen an die Teilnehmer mit der Bitte um zeitnahe Rücksendung vorab verschickt werden

Kommunikation und Informationsaustausch fördern

Von Kommunikation und Interaktion lebt das gesamte Training. Kommunikation in einer virtuellen Lernumgebung ist etwas ganz anderes als in einem Präsenzseminar – bedingt auch durch die dafür eingesetzten Online-Werkzeuge. Auf der einen Seite machen diese Werkzeuge die Kommunikation erst möglich. Andererseits beeinflussen sie die Art und Weise des Informationsaustausches und der Interaktion maßgeblich. Hierin liegt vielleicht der größte Unterschied zu einer normalen Klassenraumsituation.

■ Kompetenz	■ Vorgehensweise
Kommunikationswerkzeuge einsetzen	■ Bereits vor Beginn des Trainings prüfen, ob der gewählte Audiokanal technisch einwandfrei bei allen Teilnehmern funktioniert ■ Jedes Tool ankündigen, den Gebrauch erläutern und das Arbeitsziel nennen ■ Jedes einzelne oder gegebenenfalls auch die Kombination mehrerer Werkzeuge mit einer bestimmten Aktion im Training verbinden und die Methode den Teilnehmern erläutern
Persönliche Wirkung über die Stimme und Videosequenz erzielen	■ Sprechgeschwindigkeit, Sprachbeherrschung, Sprachmelodie, Klangfarben der Stimme ■ Emotionen sind in der Stimme erkennbar ■ Konstruktiv, effektiv und klar kommunizieren ■ Persönlichkeit des Trainers wird zum großen Teil über die Stimme transportiert ■ Anforderungen für einen Videoauftritt beherrschen (zum Beispiel: Verhalten vor der Kamera)
Gruppenmoderation beherrschen	■ Unterschiedliche Frageformen einsetzen (zum Beispiel: geschlossene Fragen, Multiple-Choice-Fragen, Umfragen, Abstimmungsfragen, Rückfragen mithilfe der Online-Werkzeuge) ■ Feedback geben und Werkzeuge dafür einsetzen ■ Gruppendynamische Prozesse steuern (zum Beispiel über Rollenverteilung im Virtual Classroom) ■ Konfliktmanagement betreiben (zum Beispiel Stimmungsbilder über Abfragen generieren) ■ Breakout Rooms einsetzen (Räume für Kleingruppenarbeit)

Die virtuelle Lernumgebung beherrschen

Um ein erfolgreiches Live-Online-Training in einem Virtual Classroom durchzuführen, muss der Trainer die Steuerung dieses Raumes sicher beherrschen. Er kennt jedes Werkzeug des Virtual Classrooms genau und kann es gemeinsam mit digitalen Medien variabel, das heißt der aktuellen Lernsituation entsprechend, einsetzen. Meist beherrscht ein erfahrener Live-Online-Trainer nicht nur den Virtual Classroom eines bestimmten Anbieters, sondern mehrere verschiedene virtuelle Räume. Der Trainer hat die Aufgabe, die Lernumgebung für das Training so anzupassen, dass das Trainingsziel erreicht werden kann. Die Technik steht dabei nicht im Vordergrund, sondern ist Mittel zum Zweck, um über Entfernungen hinweg gemeinsam in einem Online-Training zu arbeiten.

■ Kompetenz	■ Vorgehensweise
Online-Werkzeuge eines VC gezielt und methodisch begründet einsetzen	■ Werkzeuge eines Raumes sehr sicher handhaben können ■ Drehbuch mit Zielen, Inhalten, Methoden, Interaktionen, Werkzeugen erarbeiten
Technische Infrastruktur in Organisationen beachten	■ Server und Netzwerke kennen
Computerarbeitsplatz Trainer beherrschen	■ Den eigenen PC und andere Endgeräte (auch mobile) beherrschen ■ Internetanwendungen (zum Beispiel: Blogs, soziale Netzwerke, Collaboration Tools, Twitter) ■ Softwarekenntnisse (zum Beispiel für Office-Anwendungen, Dateiformate, Grafikprogramme)
Trouble Shooting für Teilnehmer leisten	■ Mögliche Fehlerquellen bei der Bedienung am Arbeitsplatz der Teilnehmer kennen (Ferndiagnose stellen)
Datenschutz beachten und umsetzen	■ Sicherheitsfragen beachten ■ Mit Datenschutzrichtlinien für Veranstaltungen im VC vertraut sein ■ Rechte kennen (z. B. Zustimmung der Teilnehmer bei Aufzeichnungen im VC, Recht am Bild, Online-Veröffentlichungen)

Sich als Unternehmer wahrnehmen

In Train-the-Trainer-Ausbildungen oder am Beispiel von gescheiterten Projekten aus unserem Umfeld erleben wir häufig, dass Trainern das Handwerkzeug als Unternehmer fehlt. Dieses ist jedoch für den beruflichen Erfolg als Präsenz- und Live-Online-Trainer gleichermaßen maßgeblich. Deshalb finden Sie hier einige Leitfragen, die Ihnen aufzeigen, welche Kompetenzen vorhanden sein und welche Sie gegebenenfalls erweitern sollten.

■ Kompetenzen	■ Leitfragen zur Vorgehensweise
Grundlagen des Projektmanagements beherrschen	■ Ich habe eine Idee für ein Training. Wie setze ich sie in ein klar definiertes, ergebnisorientiertes Training um? ■ Mit wem arbeite ich zusammen und wie gestalte ich die Kommunikation mit anderen Beteiligten (zum Beispiel Kunden)? ■ Welche Ziele verfolge ich (SMARTE Ziele)? ■ Wer gehört zu meiner Zielgruppe?

■ Kompetenzen	■ Leitfragen zur Vorgehensweise
	■ Welche Inhalte gehören in mein Portfolio? ■ Wie organisiere ich das (Bildungs-)Controlling? ■ Wie gehe ich mit Risiken um? ■ Wie messe ich den Erfolg? ■ Besitze ich betriebswirtschaftliche Grundkenntnisse? ■ Bin ich in der Lage, Kosten-Nutzen-Betrachtungen durchzuführen?
Selbstmanagement betreiben	■ Kann ich mich und meinen Tagesablauf gut organisieren? ■ Plane ich meine Aufgaben zielgerichtet, setze ich dabei Prioritäten und behalte den Überblick? ■ Ist meine Arbeitsweise besonders strukturiert und koordiniert? ■ Bin ich kreativ und lernbereit sowie anpassungsfähig und flexibel? ■ Besitze ich eine hohe Assoziationsfähigkeit und analytisches Denken? ■ Bin ich bereit, zu sehr unterschiedlichen Zeiten am Tage zu arbeiten (eventuell auch abends)? ■ Schaffe ich es, motiviert an den Aufgaben zu arbeiten? ■ Kann ich Entscheidungen in einem angemessenen Zeitrahmen treffen?
Technologien und Werkzeuge des virtuellen Trainingsumfeldes beherrschen	■ Besitze ich sehr gute Fähigkeiten in der Textverarbeitung, Tabellenkalkulation und Präsentationserstellung am PC? ■ Kann ich sicher mit PC-Programmen umgehen und beherrsche ich die E-Mail- und Internetnutzung (auch in Bezug auf Datenschutz)? ■ Kann ich Kommunikationsmedien sicher einsetzen (Foren in Netzwerken, Chat, Telefonkonferenzen, VC)? ■ Bin ich in der Lage, den Teilnehmern meiner Online-Trainings bei technischen Problemen erste Hilfe (= Trouble Shooting) anzubieten? ■ Kann ich mich schnell in neue Lernumgebungen bzw. Lernmanagementsysteme einarbeiten? ■ Beherrsche ich den Umgang mit verschiedenen virtuellen Räumen (zum Beispiel Adobe connect, WebEx, vitero, Citrix-Plattform, netucate)? ■ Habe ich den Überblick über Online-Evaluationswerkzeuge und setze ich diese gezielt ein? ■ Besitze ich die Fähigkeit, Anforderungen der technischen Infrastruktur für Online-Trainings mit dem Auftraggeber zu klären? Falls nicht, habe ich IT-Fachleute dafür?
Selbstmarketing organisieren und durchführen	■ Habe ich ein klares Profil, das meine Kernkompetenzen ausweist? ■ Konzentriere ich mich als Trainer – entsprechend meiner Kernkompetenzen – auf eine bestimmte Zielgruppe? ■ Bringe ich meine Stärken mit meinem Qualitätsanspruch in einer aussagefähigen Trainingsbeschreibung zum Ausdruck und kommuniziere ich dies auch in meinem Umfeld beziehungsweise am Markt?

■ Kompetenzen	■ Leitfragen zur Vorgehensweise
	■ Bin ich als Live-Online-Trainer in sozialen Netzwerken und Themengruppen auf einschlägigen Plattformen präsent (zum Beispiel LinkedIn, Xing)?
Persönliche Kompetenzen im Online-Trainingsbereich einsetzen	■ Besitze ich allgemein lerntheoretische Kenntnisse und besondere Kenntnisse über das Lernverhalten unterschiedlicher Lerntypen im Online-Bereich? ■ Welche Methoden zur Steuerung von Lernprozessen gehören zu meinem Repertoire und mit welchen Werkzeugen setze ich diese Methoden um? ■ Sind mir die Besonderheiten von Online-Gruppenprozessen bekannt? ■ Kann ich Transferprozesse in die Praxis begleiten? ■ Welche Evaluationsmethoden und -werkzeuge für Online-Trainings kenne ich? ■ Besitze ich sehr gute rhetorische Fähigkeiten? ■ Bin ich reaktionsschnell und belastbar und kann ich mehrere Tätigkeiten gleichzeitig steuern beziehungsweise ausüben?

Sich auf der Trainer-Kunden-Ebene bewegen

Besonders für festangestellte Trainer ist es möglicherweise etwas gewöhnungsbedürftig, nicht nur Lernende und Teilnehmer am Training im Fokus zu haben, sondern auch über Kunden nachzudenken. Diese Sichtweise bringt eine ganz besondere Facette in das Aufgabenspektrum eines Live-Online-Trainers – nämlich Beratung und Unterstützung bei Konzeption, Planung und Organisation von onlinebasiertem Lernen in einer Organisation. Freie Trainer haben in der Regel bereits Erfahrung im Umgang mit sehr verschiedenen Vertretern eines Kundenunternehmens, wie zum Beispiel dem Management der Organisation, Leitern oder Beauftragten von Fachabteilungen, Personalverantwortlichen, IT-Mitarbeitern, Betriebs- und Personalräten. Da Live-Online-Trainer oft in den Gesamtkontext des medialen Lernens in einer Organisation miteinbezogen werden, helfen Ihnen diese Leitfragen herauszufinden, ob Sie dafür gerüstet sind:

■ Kompetenz	■ Leitfragen zur Vorgehensweise
Gesprächsführung beim Kunden	■ Wie gestalte ich das Erstgespräch mit dem Kunden zur Klärung des Themas, der Zielsetzung und der Rahmenbedingungen für ein Online-Training? ■ Wie kommuniziere ich während des Trainingsauftrages mit den beteiligten Bereichen der Organisation?

■ Kompetenz	■ Leitfragen zur Vorgehensweise
Fachliche Beratung und Unterstützung für Content-Beschaffung und technische Infrastruktur	■ Wie kann ich den Kunden bei der Beschaffung von Inhalten für das Training unterstützen (zum Beispiel Standard-Trainingssoftware am Markt, Werkzeuge zur Content-Produktion, digitale Aufbereitung bereits vorhandener Inhalte)? ■ Welche Beratungsleistung kann ich bei der Gestaltung der Lernumgebung erbringen (zum Beispiel Auswahl eines virtuellen Raumes)?
Live-Online-Trainings organisieren und administrieren	■ Wie kann ich den Kunden bei der Vorbereitung für ein Live-Online-Training unterstützen (zum Beispiel Administration in der technischen Infrastruktur, Teilnehmer gewinnen und vorbereiten, Einladungsprozedere)? ■ Kann ich den Kunden bei der Aufbereitung von Inhalten im Vorfeld (zum Beispiel Präsentationen) unterstützen? ■ Wie kann ich den Kunden bei der Auswahl weiterer digitaler Medien beraten? ■ Benötigt der Kunde Unterstützung beim Marketing (zum Beispiel Flyer) für das Training? Wie kann dies zum Akzeptanzmanagement für das Training beitragen und wie können Führungskräfte einbezogen werden?

Ein auf die Bedürfnisse des Kunden abgestimmtes Trainingskonzept erstellen	■ Sind die folgenden Bestandteile des Konzeptes erfasst?
	  – Akteure (Analyse und Situation der Lernenden)
	  – Aktivitäten und Interaktionen der Akteure in jeder Sequenz des Trainings
	  – Zu vermittelnde Lerninhalte pro Trainingsphase
	  – Einsatz entsprechender Methoden
	  – Zuordnung von Werkzeugen zur Umsetzung
	  – Detaillierte Zeitplanung

Entwicklung/Erstellung von Lerneinheiten begleiten/umsetzen	■ Besitze ich gut anwendbare Kenntnisse zur Erstellung von Inhalten mithilfe von Werkzeugen (zum Beispiel des Learning Management System)? ■ Habe ich Kenntnisse über die onlinegerechte Gestaltung von Lerninhalten? ■ Kann ich ein entsprechendes didaktisches Design entwickeln? ■ Sind mir die Grundlagen des Screendesigns sowie der Farbgestaltung bekannt?
Im Unternehmen: Trainer liefert »aus einer Hand«	■ Entwicklung eines unternehmensspezifischen Trainingskonzeptes ■ Was gehört in mein Trainingskonzept, und welche Planung und Organisation sind notwendig? ■ Welche speziellen Methoden und Werkzeuge setze ich ein? ■ Erstellung der notwendigen Trainingsmaterialien (zum Beispiel mit Autorenwerkzeugen) ■ Teilweise Projektmanagement-Aufgaben, insbesondere bei der Unterstützung von Change-Prozessen zur Einführung von Online-Lernen im Unternehmen (Bildungsmarketing, Controlling)
Bei Bedarf auch internationale Trainings durchführen	■ Bin ich in der Lage, ein Training auch in einer Fremdsprache durchzuführen (zum Beispiel in Englisch)? ■ Kann ich die entsprechenden Lernaktivitäten auch unter multikulturellen Aspekten leiten und moderieren?

Live-Online-Trainings versus Webinare?

> »Wenn ich mich für ein Seminar vor Ort anmelde, kann ich sicher sein, dass ich nicht mehr als fünfzehn Mitlerner antreffen werde. Damit ist für mich klar, dass meine Fragen zum Thema beantwortet werden und ich von den Erfahrungen der anderen profitieren kann. Dies wünsche ich mir auch als Teilnehmer eines Seminares, das online stattfindet.«

Diese Aussage eines Teilnehmers hat uns dazu veranlasst, über den Begriff »Webinar« nachzudenken. Das Wort »Webinar« stellt eine perfekte Kombination dar: Seminar im Web. Seit einigen Jahren nutzen jedoch viele Unternehmen dieses Wort für Marketingveranstaltungen, in denen sie ihre Produkte und Dienstleistungen vorstellen. Dabei wählen sich hunderte oder tausende Teilnehmer zu der kostenlosen Veranstaltung in den Virtual Classroom ein und erhalten – wenn es ansprechend gestaltet wird – alle nötigen Informationen für den individuellen Entscheidungsprozess zum Produkt oder zur Dienstleistung. Die Darbietung der Inhalte weist jedoch eher einen Vortrags- beziehungsweise Vorlesungscharakter auf. Der Grad an Interaktivität und der Austausch von Erfahrungen sind aufgrund der Gruppengröße nur sehr gering. Diese Art der Nutzung virtueller Räume hat ihre Berechtigung, stellt aber Teilnehmer vor das Problem, eine Lerneinheit auf den ersten Blick nicht von einer Produktpräsentation unterscheiden zu können, wenn beides unter dem Begriff »Webinar« stattfindet. Deshalb haben wir begonnen, die Bezeichnung »Live-Online-Training« für Lernszenarien zu nutzen, die im Virtual Classroom stattfinden. Mit einer begrenzten Teilnehmerzahl von maximal zwölf Personen lassen sich interaktive und auf das Lernen fokussierte Veranstaltungen durchführen. Wir konnten unsere Kunden bereits von den Unterschieden überzeugen und hoffen, dass sich in Zukunft viele Trainer dem anschließen, damit die Teilnehmer eine bessere Orientierung erhalten.

   An dieser Stelle sei erwähnt, dass momentan kein eindeutiger Sprachgebrauch existiert und Live-Online-Trainings auch unter dem Begriff

Webinar als Marketinginstrument

»Webinar«, »e-training«, »Virtual Classroom Training« oder »Online-Training« zu finden sind.

Als Erweiterung des Webinars wird oft das Format Webcast angeführt. An einer solchen Online-Veranstaltung können Hunderte von Interessenten teilnehmen, die dann in Form einer Präsentation einen bestimmten Inhalt geboten bekommen. Fragen können, wenn auch eingeschränkt, meist über einen Chat gestellt werden. Typisch für ein derartiges Szenario sind zum Beispiel Reden von CEOs in verteilten Organisationen.

Daneben gibt es noch das Format des Online-Meetings, das sich meist in Projekten oder regelmäßigen Team-Meetings wiederfindet. Die Anzahl der Teilnehmer richtet sich nach der Größe der Organisationseinheit. Im Gegensatz zum Live-Online-Training liegt der Fokus hierbei auf der Kommunikation und dem Austausch von Information.

Webcast

Online-Meetings

Wie organisiere ich mich als Live-Online-Trainer?

Leitfrage

Wie qualifiziere ich mich als Live-Online-Trainer, wähle den passenden virtuellen Raum aus und vermarkte mein Angebot?

Formelle und informelle Ausbildung

Seit vielen Jahren hat sich die Erkenntnis durchgesetzt, dass lebenslanges Lernen für Menschen eine Grundanforderung darstellt, um mit Veränderungsprozessen, die gesellschaftlich bedingt und technologisch getrieben sind, umgehen zu können. Webbasierte Lerntechnologien bedingen den Durchbruch von Online-Lernszenarien sowohl in der Aus- und Weiterbildung als auch beim Corporate Learning im Unternehmen. Auch die Ausbildung zum Live-Online-Trainer beruht auf zwei Säulen: dem formellen und dem informellen Lernen.

Formelles Lernen für einen anerkannten Abschluss

Unter formellem Lernen versteht man die Durchführung von Online- oder Präsenztrainings, die ein geplantes und zielgerichtetes Lernen bei einem Bildungsanbieter vorsehen. Es gibt dazu Konzepte, Rahmenlehrpläne, Ablaufpläne, Zertifikate und staatlich anerkannte Abschlüsse. Auch die Live-Online-Trainer-Ausbildung gehört dazu.

Entgegen einer weitverbreiteten Ansicht ist eine Live-Online-Trainer-Ausbildung nicht mit einem Fernstudium vergleichbar, auch wenn bei beiden Formen digitale Medien zum Einsatz kommen. Der Unterschied besteht darin, dass bei einem Live-Online-Training alle Aktivitäten ausschließlich in Echtzeit – synchron – stattfinden.

Am Markt werden unterschiedliche Ausbildungen zum Live-Online-Trainer angeboten, die sich in Bezug auf Bezeichnung, Inhalte, Dauer und Kosten erheblich unterscheiden. Damit Sie sich im Dschungel der Angebote besser orientieren können, haben wir in der folgenden Liste Vergleichskriterien in einer Übersicht zusammengestellt:

Bezeichnung des Abschlusses	▪ Zertifizierter Live-Online-Trainer ▪ Geprüfter Live-Online-Trainer ▪ Live-Online-Trainer
Teilnehmervoraussetzungen	▪ Erfahrungen als Präsenztrainer oder ähnliche methodisch-didaktische Kenntnisse als Fachreferent ▪ Erfahrungen mit Präsentationen und Wissensvermittlung ▪ Beherrschung von Internet- und Office-Anwendungen
Teilnehmerzahl	Maximal zwölf
Mindestziele	▪ Methoden der Wissensvermittlung im virtuellen Raum kennenlernen und in Lerndesigns und Lernformaten umsetzen können ▪ Werkzeuge des virtuellen Raumes gezielt einsetzen können ▪ Interaktionen mit den Lernenden initiieren können ▪ Präsentations- und Moderationstechniken anwenden können ▪ Mit schwierigen Situationen umgehen können
Mindestinhalte	▪ Aufbau des virtuellen Raumes ▪ Werkzeuge für Kommunikation, Präsentation und kollaboratives Arbeiten ▪ Konzeption, Durchführung und Moderation von Live-Online-Trainings ▪ Methodik und Didaktik im Live-Online-Training ▪ Gestaltung von Live-Online-Lernmedien ▪ Umgang mit schwierigen Situationen ▪ Kurzseminare der Teilnehmer mit Feedback ▪ Lehrprobe als Prüfungseinheit und eventuell Online-Test
Lehrmethoden	▪ Experten-Input ▪ Interaktive Erarbeitung von Inhalten ▪ Übungssequenzen mit individuellem und Gruppenfeedback ▪ Gruppendiskussionen und Arbeiten in Kleingruppen
Dauer	▪ Sechs bis zehn Wochen Gesamtdauer unterteilt in Online-Einheiten von eineinhalb Stunden ▪ Alternativ: Kombination aus Präsenz- und Online-Einheiten ▪ Mindestens 20 Minuten Lehrprobe pro Teilnehmer
Kosten	Genaue Auflistung der Kosten
Technische Voraussetzungen	▪ Angabe des virtuellen Raumes ▪ Angabe der technischen Voraussetzungen für den Zugang zum virtuellen Raum
Termine	▪ Daten zur Durchführung in Tag- oder Abendstunden ▪ Frequenz: wöchentlich oder kompakter
Anmeldung	Prozedere der Anmeldung für eine Ausbildung
Kontaktdaten	Kontaktperson zur Klärung von Fragen

Am Markt existieren verschiedene Ausbildungen zum Online-Trainer, die neben dem Live-Online-Training auch Kompetenzen zum asynchronen Online-Lernen beinhalten. Die folgenden Weiterbildungsinstitutionen (Auswahl) bieten speziell die Ausbildung zum Live-Online-Trainer an (Stand Sommer 2015):

■ Abschluss	■ Anbieter	■ Internetseite
Online-Trainer	Akademie für Führungskräfte der Wirtschaft GmbH	www.die-akademie.de
Live-Online-Trainer	Bitkom Servicegesellschaft mbH	www.bitkom-akademie.de
Zertifizierter Live-Online-Trainer	CLC – Corporate Learning & Change GmbH	www.clc-learning.de
Geprüfter Live-Online-Trainer	Haufe Akademie GmbH & Co. KG	www.haufe-akademie.de/
Certified Live-Online-Trainer	Inga Geisler Online-Moderation & Training	www.ingageisler.de
Online-Trainer	Katja Königstein Webmoderation	www.katja-koenigstein.de
Webinar-Trainer	OAZE – Online-Akademie	www.oaze-online-akademie.de
Certified Live-Online-Trainer	Time2learn Silvia Luber	www.time2learn.net
Zertifizierter Live-Online-Trainer	TÜV Süd Akademie GmbH	www.tuev-sued.de
Live-Online-Dozent/-Trainer	Universität Stuttgart	www.uni-stuttgart.de

Auch Webinar-Angebote für Live-Online-Trainer erfüllen die Kriterien der formellen Wissensaneignung. Es gibt speziell über Internet-Plattformen und soziale Netzwerke, wie zum Beispiel edudip und Xing, zahlreiche Webinar-Angebote, die sich mit den unterschiedlichsten Facetten von Online-Trainings beschäftigen. Die nachfolgende Übersicht gibt einen kleinen Einblick in die Themenvielfalt:

Webinare erweitern das Fachwissen und tragen zur Themenvielfalt bei

- Medien und Werkzeuge in der virtuellen Umgebung
- Methodik und Didaktik des Online-Lehrens und -Lernens
- Kommunikation und Interaktion im virtuellen Raum

- Entwicklung von Trainingskonzepten und Lernformaten
- Kursentwicklung durch Erstellen von Lehr- und Lerninhalten sowie einem Seminardrehbuch
- Lernende durch ein Online-Training begleiten, führen, coachen
- Rechtliche Aspekte beim Online-Lernen
- Mediendesign
- Marketing für Online-Trainer
- Zeit- und Selbstmanagement für Trainer
- Lerntheorien und Lerntypen
- Sprache und Sprechen im virtuellen Raum

Informelles Lernen als Wissenserwerb

Ein wesentlicher Aspekt der Qualifizierung als Live-Online-Trainer kann durch Bildungsaktivitäten nur bedingt abgedeckt werden: Ihre Erfahrung als Teilnehmer eines (Live)Online-Trainings. Wer jemals selbst erlebt hat, was es bedeutet, an einem (Live)Online-Training teilzunehmen, wird dies später an die eigenen Teilnehmer weitergeben. Nur so können Sie verstehen, was Ihre Teilnehmer bewegt, wenn sie mit digitalen Medien und virtuellen Plattformen wenig Erfahrung haben. Erst dann wissen Sie, wie Sie Ihre Teilnehmer ansprechen, damit das Gefühl des Alleinseins vor dem Monitor nicht überhandnimmt. Auf diese Weise können Sie seltsam anmutende Fragen oder Handlungen der Teilnehmer verstehen, wenn diese sich in der neuen virtuellen Umgebung erst einmal zurechtfinden müssen. Das schließt ebenso die Soforthilfe bei technischen Problemen ein. Aus eigener Erfahrung stellen Sie zielgerichtet Fragen, die oft zu einer Lösung führen. Teilnehmer spüren sehr genau, ob Sie als Trainer auf ihre Situation eingehen und sie bei den ersten Schritten in einer virtuellen Trainingsumgebung unterstützen.

Vielleicht gehören Sie eher zu den Trainern, denen Abschlüsse und Zertifikate nicht so wichtig sind wie Erfahrungen, Kenntnisse und Fertigkeiten, die sie durch ihre tägliche Arbeit erwerben. Sie bevorzugen also die Methode »Learning by Doing« und sind ein ausgewiesener Praktiker. In diesem Fall sind Sie in Online-Communities der verschiedensten Ausrichtungen aktiv, beteiligen sich an Expertenrunden bei Online-Events oder sind in Foren und Blogs präsent. Mit einem Wort: Sie betreiben professionelles Networking.

Erfahrungen als Teilnehmer

Learning by Doing

Besonders hoch schätzen Sie den Austausch mit Fachkollegen und anderen Live-Online-Trainern in Webkonferenzen oder bei anderen Gelegenheiten der virtuellen Zusammenkunft ein. Eigene Erfahrungen und Erkenntnisse weiterzugeben beziehungsweise mit anderen zu teilen, bedeutet für Sie Lernen und persönliche Weiterentwicklung. Die Scheu vieler Präsenztrainer, ihre Unterlagen und Lernformate anderen zugänglich zu machen, ist für Sie eher unverständlich in einer solchen virtuellen Umgebung.

Austausch mit Kollegen

Wenn Sie sich in dieser Beschreibung wiederfinden oder sich vorstellen können, so zu arbeiten, sind Sie auf dem besten Wege zu einem Live-Online-Trainer, der den Wert des Teilens von Wissen, methodischen Erfahrungen und technischem Know-how erkannt hat. Sie sind jedoch nicht nur Konsument, sondern bieten selbst auch Live-Online-Trainings, Webinare, Diskussionsrunden oder virtuelle Treffen zum Erfahrungsaustausch in einer lockeren Atmosphäre an. Das Format ist aktuell unter dem Begriff »Swapshop« zu finden und stellt nicht nur interessante Inhalte zur Diskussion, sondern bietet auch die Gelegenheit, mit Kollegen zum Beispiel eine neue Software oder diverse Werkzeuge für Feedback und Evaluation zu testen. Das bringt einen Nutzen für alle Beteiligten in einer relativ kurzen Zeit. Um diese Ausbeute noch zu erhöhen, können in derartige Runden auch Gäste eingeladen werden, die ein spezielles Sachgebiet vertreten und dadurch einen besonderen Input geben können, wie zum Beispiel Anwälte für Internetrecht oder IT-Spezialisten.

Swapshop-Angebote

Darüber hinaus finden sich im Internet freie Lern- und Lehrmaterialien, die auch als »Open Educational Resources« (OER) bezeichnet werden. Dieser »Open Content« findet speziell über soziale Netzwerke eine weite Verbreitung und wird von Personen mit sehr verschiedenen fachlichen Hintergründen produziert und ins Internet gestellt. Einen guten Überblick über dieses Thema gibt es im nicht kommerziellen Informationsportal des Leibniz-Instituts für Wissensmedien (IWM) mit Sitz in Tübingen.

Open Educational Resources – OER

Online-Lernmedien und -formate

Live-Online-Trainer kommen immer wieder mit anderen Online-Lernformaten in Berührung. Sei es zur eigenen Weiterbildung, bei der Auftragsvergabe oder bei der Durchführung von Trainings: Es herrscht nach wie vor ein großer Aufklärungsbedarf über das Thema »E-Learning«. Deshalb ist ein

Basiswissen über weitere Online-Medien und Lernszenarien für Sie als Live-Online-Trainer unerlässlich. Im Folgenden erfahren Sie in Kürze etwas über die aktuellen Lernmedien und -szenarien, die am Markt existieren:

Blogs

Viele an Online-Qualifizierung und -Weiterbildung Interessierte suchen nicht nur Wissensinhalte und Informationen, sondern ganz gezielt den Austausch mit Gleichgesinnten und Experten zu speziellen Themen. Über Blogeinträge und Foren fließen persönliche Erkenntnisse, Erfahrungen und Sichtweisen ein. Ein gutes Beispiel dafür ist der »Weiterbildungsblog« (www.weiterbildungsblog.de/). Hier findet der Nutzer sehr viele Impulse rund um das Lernen mit digitalen Medien. Dieser Blog ist von der Zeitschrift »wirtschaft + weiterbildung« an die erste Stelle im Ranking der zehn besten Blogs gesetzt worden (die Links zu den Blogs finden Sie im Literaturverzeichnis am Ende des Buches).

- Jochen Robes: Weiterbildungsblog
- Carl-Auer-Blog: Simons Systemische Kehrwoche
- Johannes Tönneßen: MWonlineblog
- Tim Schlotfeldt: E-Learning-Blog
- Christian Reiß: Personaler Online
- Robert Freund: robertfreund
- Florian Rustler: Creaffective
- Gabi Reinmann: E-Denkarium
- Ulrike Reinhard, Lutz Berger: The Future of Learning
- Matthias Rohs: Informelles Lernen

Communities und Plattformen

Auf den Online-Plattformen Xing, LinkedIn und Facebook existieren verschiedene Arbeitsgruppen, denen Sie sich anschließen können. Interessant daran ist, dass sich solche Gruppen zuweilen auch in Präsenz treffen, um Inhalte zu vertiefen. Dieses sogenannte Social Learning wird besonders durch die Vernetzung auf den Plattformen wirksam.

Videobasiertes Lernen ist auf www.youtube.com präsent, einer Plattform, auf der Nutzer Videos zu allen nur denkbaren Themen einstellen, die sie selbst produziert haben. Für Trainer bietet sich hier eine gute Gelegenheit, Videos zum eigenen Thema zu finden oder sich selbst zu vermarkten (siehe auch in diesem Kapitel: Marketing).

Eine weitere Fundgrube für Präsentationsbeispiele bietet die Plattform www.de.slideshare.net. Hier werden insbesondere Präsentationen der Nutzer eingestellt (User Generated Content), die ein breites Spektrum an Themen abdecken. Wer als Trainer seine eigenen Inhalte hochlädt, kann anhand von Feedbacks erfahren, ob die Darstellung der Inhalte gelungen ist.

Mobile Learning verändert das Lernverhalten

Die rasante Verbreitung mobiler Endgeräte fördert das Lernen an jedem Ort zu jeder Zeit und das Bedürfnis vieler Menschen, schnell und flexibel auf Informationen zugreifen zu können. Technologien wie »Augmented Reality« (AR), bei denen sich die reale mit der virtuellen Welt vermischt (zum Beispiel wird eine Fußball-Live-Übertragung durch eine Computergrafik angereichert), oder QR-Codes (Abkürzung für Quick Response), die im Handel zum Einsatz kommen und detaillierte Produktinformationen liefern, werden bereits in der Breite genutzt.

Lernen an jedem Ort und zu jeder Zeit

Allerdings müssen die Anbieter die Formate der Endgeräte bei der Darstellung von Inhalten berücksichtigen (zum Beispiel die Größe des Bildschirms bei Tablets). Deshalb stehen Bildungsanbieter vor der Herausforderung, die Wissensinhalte den mobilen Endgeräten entsprechend im Format und im Umfang anzupassen. Es werden dabei kleinere Lerneinheiten und Module bevorzugt, die konkret bei Bedarf abrufbar sind. Auch die Teilnahme an Veranstaltungen im Virtual Classroom ist möglich. Allerdings hängt die Übertragungsqualität sehr von der Internetanbindung ab.

Gamification als Trend der Zukunft

Dieser Trend, die Verbindung von Spielen und Lernen, ist nicht nur in der jüngeren Generation weitverbreitet. Die Attraktivität des Lernens durch spielerische Elemente wird in entsprechenden Lernangeboten verankert

Menschen lernen spielerisch einfacher

und fördert nachgewiesenermaßen den Lernerfolg. Außerdem haben viele derartige Angebote einen klaren Wettbewerbscharakter, der in Rankings, Punktesystemen und Badges (deutsch: Abzeichen, Erkennungszeichen) sichtbar wird und durchaus die Motivation der Lernenden stark fördern kann.

Blended Learning verbindet Präsenzseminare und Live-Online-Trainings

Seit Längerem gilt dieses Format als ideale Verbindung zwischen Präsenz- und Online-Lernen. Bildungsverantwortliche stellen Abläufe beziehungsweise Lernprozesse zusammen, die ganz unterschiedliche Formate und Werkzeuge je nach Lernzielen und Bedürfnissen der Lernenden verbinden. Vor dem Hintergrund eines Wechsels zwischen der realen und der virtuellen Lernumgebung werden die jeweiligen Szenarien gezielt eingesetzt. So kann der Trainer entscheiden, dass er zur Vermittlung von Informationen für die Bearbeitung von Fallbeispielen ein Live-Online-Training nutzt und zusätzlich den Lernenden für das Selbststudium ein Web Based Training zur Verfügung stellt. Dies alles geschieht online. Die dazugehörige konkrete Falldiskussion mit Auswertung von Ergebnissen erfolgt dann in einem Präsenzseminar.

Blended Learning wird besonders in der Ausbildung eingesetzt

MOOCs als Lehr- und Lernveranstaltungen für eine große Teilnehmerzahl

Das besondere Kennzeichen von MOOCs (Massive Open Online Courses) ist die große Zahl an Teilnehmern, für die diese Online-Kurse konzipiert sind. Die Teilnehmer bekommen einen Zugangslink auf eine Lernplattform. Dort finden sie einen Dokumentenbereich vor, in dem Skripte oder Präsentationen zum dargebotenen Thema für ein Download bereitstehen. Außerdem werden an gleicher Stelle durch die Veranstalter oder Dozenten des MOOC Aufgaben eingestellt, deren Lösungen die Lernenden einreichen können. Foren, in denen sich die Lernenden treffen können (oftmals nach Ländergruppen eingeteilt), dienen dem Erfahrungsaustausch und der Zusammenarbeit bei der Aufgabenlösung. Bei einigen MOOCs gibt es die Möglichkeit, nach dem Lösen aller Aufgaben einen Test abzulegen, um ein Zertifikat zu bekommen.

Seit einigen Jahren werden xMOOCs als Online-Variante von Hochschulkursen vielen Studenten zur Verfügung gestellt. Das »X« bedeutet dabei »extension« und wurde zuerst von der Harvard Universität verwendet. Damit wurden im Vorlesungsverzeichnis die Online-Varianten der Kurse gekennzeichnet. Es gibt im Online-Kurs sehr viele Videosequenzen, Testfragen zu Texten und schriftliche Hausaufgaben, die einzureichen sind. Das Besondere daran ist, dass diese Aufgaben in Online-Foren von anderen Kursteilnehmern beurteilt werden können und damit das Konzept des persönlichen Lernnetzwerkes verfolgt wird.

xMOOCs und cMOOCs

Besonders hervorgehoben sei dabei die internationale Plattform »Coursera«, auf der mehr als 115 Universitäten und Bildungsorganisationen weltweit kostenlos und in mehreren Sprachen Online-Kurse beziehungsweise Online-Vorlesungen bereitstellen. Deutschsprachige MOOCs sind zum Beispiel

- Opencourseworld von IMC
- das jährliche OPCO MOOC der Universität Frankfurt am Main
- open sap von SAP

cMOOCs haben ein etwas anderes Konzept zur Grundlage. Hier wird ein Thema entlang eines festgelegten Zeitplanes mit Abschnitten und Aktivitäten angeboten, wobei durch Online-Medien wie Videos Startimpulse gesetzt werden. Die Teilnehmer können sich über Blogs, Tweets oder Videos einbringen, die dann ebenfalls von anderen Teilnehmern kommentiert, bewertet und diskutiert werden. Es entsteht eine Vernetzung zwischen den Lernenden und deren Inhalten. Dieser Herangehensweise wird durch den Konnektivismus (engl. Connectivism) geprägt. Daher stammt das »C«.

MOOCs erfordern, bei welchem Ansatz auch immer, ein hohes Maß an Selbstlernkompetenz und Motivation von jedem einzelnen Lernenden. Da die Lernaktivitäten nur in Ausnahmefällen moderiert werden, kann die Abbruchrate innerhalb eines Kurses relativ hoch sein.

Der passende Virtual Classroom

Wer als Trainer einen geeigneten virtuellen Raum sucht, hat verschiedene Aufgaben zu erledigen:

Den Zweck definieren

Wenn Sie sich als erfahrener Präsenztrainer entschieden haben, den Schritt in eine virtuelle Umgebung zu wagen, stehen Sie vor der Frage, ob Sie einen eigenen Raum anmieten oder ausschließlich mit dem virtuellen Raum Ihres jeweiligen Kunden arbeiten. In der Regel wird es ein Mix aus beidem sein. Denn Sie nutzen den virtuellen Raum nicht nur zu Trainingszwecken, sondern auch für

- Webinare zur Kundenakquise
- Virtuelle Besprechungen mit Trainerkollegen
- Kundentermine zur Absprache von Trainingsabläufen und Organisation
- Individuelle Coachings
- Die Begleitung virtueller Teams im Coaching
- Aufnahme von Trainingsbeispielen zur schnellen und zeitnahen Verbreitung von Informationen in Unternehmen, Bildungseinrichtungen und Institutionen von Bund und Ländern

Die Anbieter virtueller Räume halten für die unterschiedlichen Zwecke verschiedene Business- und damit Preismodelle bereit. Bei der Wahl bedenken Sie die möglichen Einsatzzwecke, die in naher Zukunft zum Tragen kommen werden. Ein Wechsel zu einem anderen Businessmodell ist in der Regel jederzeit möglich, wenn sich der Einsatzzweck ändert.

Zu Beginn der Recherche nach einem geeigneten virtuellen Raum beschäftigen Sie sich mit der Zielsetzung (Softwaretraining, Sprachtraining, Führungskräftetraining) und mit der Zielgruppe (Techniker, Bildungsverantwortliche, Auszubildende). Diese bilden die Grundlage der Recherche und des damit verbundenen Anforderungsprofils.

Die verschiedenen Werkzeuge kennen

Wenn Sie es als Präsenztrainer gewohnt sind, Ihre Einheiten mithilfe verschiedener Medien durchzuführen, wollen Sie sicher in der virtuellen Umgebung darauf nicht verzichten. Für Präsentationen, Diskussionsrunden, Lern-Checks und Teilnehmerbefragungen stehen – je nach Ausstattung des virtuellen Raumes – unterschiedliche Werkzeuge zur Verfügung.

Die folgende Übersicht zeigt oft genutzte Werkzeuge und deren methodisch-didaktische Einsatzmöglichkeiten während der Trainingseinheit:

■ Werkzeug	■ Trainingssequenz
Webcam	■ Vorstellungsrunden ■ Dozentenwebcam bei Präsentationen
Whiteboard mit Zeichenwerkzeugen	■ Brainstorming ■ Clustern von Einträgen (bei interaktiven Whiteboards sind die Elemente auf dem Board verschiebbar) ■ Gemeinsames Arbeiten mit grafischen Elementen und Textwerkzeugen durch Schreibrechte für alle Teilnehmer
Textchat	■ Schriftliche Eingabe von Fragen und Informationen ■ Werkzeug zum Einsatz bei Interaktionen (zum Beispiel für das Sammeln von Ideen)
Teilnehmerleiste	■ Teilnehmer und Trainer sind namentlich in einer Leiste aufgestellt ■ Anzeige von Interaktivität durch Nutzung von Hand- und Statussymbolen ■ Anzeige von Teilnehmeraktivität ■ Anzeige von Mikrofon- und Webcam-Status
Präsentationswerkzeug	■ Zeigen von Präsentationen und Bildformaten (JPG) sowie PDF-Dokumenten ■ Abspeichern von Anmerkungen auf dem Whiteboard

■ Werkzeug	■ Trainingssequenz
Dateitransfer	■ Bereitstellen von Dokumenten zum Download während eines Live-Online-Trainings
Umfragewerkzeug	■ Allgemeine Umfragen ■ Wissensfragen ■ Feedback-Fragen
Teilen von Anwendungen (Application Sharing)	■ Zeigen jeglicher Dateiformate und Anwendungen, die nicht zwangsläufig auf den Rechnern der Teilnehmer installiert sein müssen ■ Kommentarfunktion mit Zeichenwerkzeugen ■ Gemeinsames Bearbeiten von Dokumenten durch Übertragung von Schreibrechten an die Teilnehmer
Webbrowser	Bereitstellen eines Links für das Surfen beziehungsweise das Recherchieren im Internet aus dem virtuellen Klassenraum heraus
Protokollwerkzeug	■ Führen von Protokollen und Mitschriften während einer Online-Sequenz ■ Teilnehmernotizen
Arbeitsgruppenräume (Breakout Rooms)	Kleingruppenarbeit
Aufzeichnung	Aufzeichnen eines Online-Trainings
Rollenwechsel	Der Teilnehmer kann den Status »Moderator« erhalten, wenn er eigene Inhalte präsentieren soll.

Die Bezeichnung der einzelnen Werkzeuge kann in unterschiedlichen virtuellen Räumen von Produkt zu Produkt unterschiedlich sein. Deshalb lesen Sie bei der Recherche die genaue Funktionsbeschreibung des Anbieters und probieren Sie bei einem Testlauf jedes einzelne Werkzeug genau aus. Des Weiteren achten Sie darauf, welche Sicherungsmöglichkeiten von Trainingsergebnissen der entsprechende virtuelle Raum bietet. Dazu gehört neben der Aufzeichnung auch das Abspeichern des Textchat-Verlaufes und der Anmerkungen auf dem Whiteboard.

Auf Benutzerfreundlichkeit überprüfen

Benutzerfreundlichkeit ist ein wesentlicher »Wohlfühlfaktor«, sowohl für den Trainer als auch für die Teilnehmer. Von diesem Faktor hängt ab, wie schnell sich Trainer und Teilnehmer bei der Nutzung der Werkzeuge und

Intuitive Bedienung

Funktionen des virtuellen Klassenraumes orientieren, wie sicher und aktiv sich alle Beteiligten in den einzelnen Sequenzen eines Live-Online-Trainings bewegen und einbringen können. Die Benutzeroberfläche muss so gestaltet sein, dass mit ein bis zwei Mausklicks ein bestimmtes Werkzeug durch den Trainer aktiviert wird und die Teilnehmer dank einer sehr guten intuitiven Bedienbarkeit der Elemente der Nutzeroberfläche interaktiv reagieren können. Ein klar strukturiertes Layout mit einer ansprechenden Farbgestaltung sowie eine gute technische Performance (Darstellung von Dateien) tragen wesentlich zur Übermittlung und Verarbeitung der angebotenen Inhalte bei. Auch die individuelle Anpassbarkeit, zum Beispiel Vollbildmodus für Teilnehmer, unterstützt die Präsentation von Inhalten. Einige Softwarelösungen bieten dem Trainer die Möglichkeit, Werkzeuge durch eine Fenstertechnik so zu kombinieren, dass der virtuelle Raum dem Trainingsziel und der Methodenauswahl individuell und pro Trainingseinheit angepasst werden kann.

Die Benutzerfreundlichkeit einer Softwarelösung spiegelt sich auch im Administrationsbereich wider. Die Auswahl des Programmes muss so gestaltet sein, dass alle, die mit der Verwaltung und Organisation rund um den virtuellen Raum beauftragt sind, sehr gut damit arbeiten können. Das betrifft den Trainer und Administrator eines virtuellen Raumes ebenso wie Verantwortliche aus der Personalabteilung und aus Fachabteilungen bis hin zum IT-Bereich bei größeren Unternehmen und Organisationen. Für Unternehmen kann hierbei sogar die Anpassbarkeit des virtuellen Raumes im Sinne der Corporate Identity wichtig sein, die dann sein äußeres Erscheinungsbild bestimmt.

Die meisten Anbieter offerieren kostenlose Einführungs-Webinare zur Software. Für einen Zeitraum von circa vier Wochen erhalten Sie einen Testzugang. Die Nutzung eines solchen Angebotes empfehlen wir sehr, da in diesem Zeitraum bereits Fragen über den Support zur Technik oder den Vertrieb zur Preisgestaltung geklärt werden können. Außerdem bekommt der Trainer ein Gefühl für den virtuellen Raum, was die sichere Bedienung betrifft, die Zuverlässigkeit der Software auch im Audiobereich und ein einfaches Einwahlprozedere für die Teilnehmer.

Übersichtlicher
Administrationsbereich

Bei Testläufen des virtuellen Raumes achten Sie darauf, dass alle Verantwortlichen eingebunden werden und die Benutzerfreundlichkeit und Anpassbarkeit des Systems allen Anforderungen entsprechen.

Softwarekompatibilität und Datensicherheit kontrollieren

Soll ein virtueller Raum in einer Organisation oder in einem Unternehmen genutzt werden, ist es äußerst ratsam, sich von Beginn an mit der IT-Abteilung in Verbindung zu setzen, um die Einbindung der Software in die bestehende IT-Infrastruktur zu klären und zu realisieren. Für Unternehmen gelten dabei oft besondere IT-Sicherheitsregelungen und Datenschutzbestimmungen. Zielsetzung bei Unternehmen ist es häufig, den virtuellen Klassenraum in das vorhandene Learning Management System (LMS) zu integrieren beziehungsweise den virtuellen Raum als Kommunikationssoftware für Niederlassungen weltweit einzusetzen.

IT-Abteilung einbinden

    Ein Aspekt gewinnt dabei an besonderer Bedeutung: der Standort des Servers, auf dem der virtuelle Raum gehostet wird. Befindet sich dieser Server beim Produktanbieter und dieser sich im Ausland (kein deutscher Hersteller), könnten Fragen des Datenschutzes wichtig werden.

Standort des Servers

    Für Sie als Trainer und auch für die Teilnehmer ist es wichtig zu wissen, welche Systemanforderungen durch den virtuellen Raum gestellt werden. Diese sind auf der Website des Anbieters aufgeführt, wobei moderne Rechner in aller Regel diese Anforderungen gut erfüllen.

Systemanforderungen

Teilen Sie Ihren Teilnehmern die notwendigen Systemanforderungen vor Beginn des Trainings mit und lassen Sie sie den vom Anbieter bereitgestellten Systemtest durchlaufen. Dazu erhält der Teilnehmer in der Einladungsmail einen Link. Damit wird geprüft, ob das PC-System mit den Voraussetzungen der Software kompatibel ist. Durch die Rückmeldung aus einem Systemtest können bereits vorab technische Fragen oder Kompatibilitätsprobleme erkannt und behoben werden.

Software-Produzenten bieten auf ihrer Website außerdem einen Support zu allen Fragen rund um das Produkt an – sei es als FAQ-Liste (Frequently Asked Questions = oft gestellte Fragen) oder als telefonische Beratung. Nicht

Support nutzen

zuletzt möchten wir an dieser Stelle erwähnen, dass auch Erweiterungen, sogenannte Add ins, zur Verfügung stehen. Damit kann der Trainer zum Beispiel aus Outlook heraus eine Veranstaltung erstellen und seine Teilnehmer einladen.

Administrationsfunktionen testen

Virtuelle Räume besitzen administrative Funktionen, mit deren Hilfe Sie im Vorfeld ein Training organisieren und planen. Umfangreiche Softwarelösungen bieten einen gesonderten Zugang für Trainer, die dann gleichzeitig Administratorenrechte haben sollten. In diesem Bereich legen Sie die Termine fest, laden die Teilnehmer dafür ein, binden Materialien wie zum Beispiel Präsentationen und Umfragen für das Training ein und richten Aufzeichnungen ein. Bei besonderen Businessmodellen erhalten Sie neben der Einladungsfunktion auch die Möglichkeit, den Bezahlvorgang zu überwachen.

Analog dazu beinhaltet der Administratorbereich Funktionen, die die Nachbereitung eines Trainings betreffen. Dazu gehört das Bearbeiten von Aufzeichnungen oder das Ausdrucken von Reportings (zum Beispiel über die Anwesenheit der Teilnehmer).

Beim Testlauf und vor der Entscheidung testen Sie den administrativen Bereich ebenso wie die Werkzeuge im Raum selbst. Es empfiehlt sich, mit mehreren Personen Testläufe durchzuführen, um die Reaktionen des Systems aus unterschiedlichen Blickwinkeln zu prüfen (als Trainer, Teilnehmer, Administrator).

Die Software installieren und einrichten

Die Frage: »Wie leicht und sicher lässt sich die Software installieren?« sollte mit großer Sorgfalt bei der Auswahl eines virtuellen Raumes bedacht werden. Davon können der Zeitaufwand und die Motivation zur Nutzung des virtuellen Raumes sowohl beim Trainer als auch bei den Teilnehmern sehr stark abhängen. Die Teilnehmer brauchen in dieser Hinsicht ein stabiles, zuverlässiges und möglichst selbsterklärendes System. Dies gilt besonders dann, wenn sie wenig bis gar keine Vorkenntnisse und Erfahrungen mit virtuellen Klassenräumen besitzen. Störungen und Hindernisse können die Anzahl der Teilnehmer für ein Live-Online-Training schnell reduzieren.

Auf der anderen Seite gibt es Nutzer, die bereits sehr versiert mit einer solchen Software umgehen und mehrere Systeme kennen. Diese Teilnehmer sind eher daran interessiert, welche zusätzlichen Werkzeuge (Add-ons) das System bietet und auf welchen mobilen Endgeräten die Software-Applikation läuft. Die Benutzerfreundlichkeit vieler Produkte hat sich in den letzten Jahren spürbar erhöht, sodass die Mehrzahl der Installationen automatisch abläuft. Trotzdem raten Sie Ihren Teilnehmern besser, das Endgerät vorab zu testen.

Darüber hinaus stellen Anbieter virtueller Räume regelmäßig Versions-Updates zur Verfügung. Auch Wartungsarbeiten am Server werden im Voraus bekanntgegeben. Stehen solche Updates an, versäumen Sie es nicht, sie durchzuführen und Ihre Teilnehmer darüber zu informieren.

> Falls der virtuelle Raum nicht regelmäßig und in kurzen Zeitabständen genutzt wird, sollte vor der Einwahl unbedingt ein Systemtest durchgeführt werden. Meist lädt das System dabei auch automatisch Updates, was allerdings etwas Zeit in Anspruch nimmt. Teilnehmer loggen sich aus diesen Gründen möglichst 15 Minuten vor dem Start eines Online-Trainings ein.

Sicherheit und Datenschutz

Datenschutz und Sicherheit sind im Zusammenhang mit virtuellen Räumen ein sensibles Thema. Die Technik macht es möglich, dass sich jeder von überall aus einloggen und Inhalte und Werkzeuge im Raum nutzen kann. Unter bestimmten Umständen sind dabei jedoch Einschränkungen geboten. Wenn über sensible Inhalte im Teilnehmerkreis diskutiert oder entsprechende Daten präsentiert werden sollen, werden Zugangsbeschränkungen notwendig. Das bedeutet zum Beispiel, dass sich nur eingeladene Personen in den virtuellen Raum einloggen können. Bei der Auswahl der Software ist es wichtig, sich nach der Verschlüsselung von Daten zu erkundigen. Bedenkenswert ist ebenfalls das Teilen von Anwendungen (Application Sharing) oder der Einsatz von Webcams in einigen Branchen wie zum Beispiel Banken.

Bei Aufzeichnungen von virtuellen Veranstaltungen gilt, dass alle Beteiligten im virtuellen Raum dieser Aufzeichnung vor Beginn zustimmen müssen. Wenn auch nur ein Teilnehmer dagegen votiert, darf keine Aufzeichnung vorgenommen werden.

Zugang über den Browser oder einen Client

Bei der Funktionsweise von virtuellen Räumen ist es wichtig zu erwähnen, dass mittlerweile die meisten Produkte webbasiert sind. Das bedeutet, dass diese Software ausschließlich über einen Browser genutzt wird und damit plattformunabhängig ist, sodass kein spezielles Betriebssystem eingesetzt werden muss. So arbeiten Sie und Ihre Teilnehmer sowohl mit den Betriebssystemen Windows oder Mac OS und wählen sich über Computer oder Smartphones ein. Nur wenige Systeme erfordern das Herunterladen und Installieren eines Client zur Nutzung des Raumes.

Jedoch sind auch bei browserbasierten Systemen Installationen notwendig, um einige Anwendungen nutzen zu können (zum Beispiel Flash Player für die Bildschirmfreigabe). Dies hat zur Folge, dass Sie beziehungsweise Ihre Teilnehmer administrative Rechte für den Rechner besitzen müssen.

Den Audiokanal bestimmen

Die Audioverbindung, also die Tonübertragung während eines Live-Online-Trainings, ist eine grundlegende Funktion im virtuellen Raum. Der Audiokanal wird über die Oberfläche des virtuellen Klassenraumes gesteuert und per VoIP (Voice over Internet Protocol) übertragen. Trainer und Teilnehmer benutzen Headsets, die am Rechner angeschlossen werden. Leider ist die Audioverbindung manchmal anfällig bei Bandbreitenschwankungen. Dies äußert sich in einer minderen Tonqualität mit leicht abgehackter Übertragung.

VoIP oder Telefonkonferenz?

Eine Alternative zu VoIP ist die parallele Schaltung einer Telefonkonferenz, die jedoch nicht Bestandteil des virtuellen Raumes ist. In der Praxis werden Telefonkonferenzen vermehrt eingesetzt, obwohl das Zusatzkosten verursacht. Begründet wird dies damit, dass die Teilnehmer Telefonkonferenzen gewohnt und die Telefonverbindungen in der Regel äußerst stabil

Telefonkonferenzen bedeuten Zusatzkosten

seien. Einige Unternehmen haben eine Telefonkonferenz in den virtuellen Klassenraum über eine Schnittstelle integriert, was einen gesonderten Programmieraufwand bedeutet. Eine Liste von Telefonkonferenzanbietern ist unter dem folgenden Link zusammengefasst: www.telefonkonferenz.info/ telefonkonferenz/anbieter/.

Die Angebote werden nach dem Anbieter und dessen Serviceleistungen, nach Einwahlmodus und Kosten sowie nach Leistungsmerkmalen der entsprechenden Telefonkonferenz unterschieden. Eine Bewertung in dem Portal rundet die Information ab. Da sich die Angebote deutlich unterscheiden, empfehlen wir hier ebenfalls zu recherchieren und eine Auswahl zu treffen, die sich nach dem Verwendungszweck, der Häufigkeit des Einsatzes und der Anzahl der Nutzer richtet.

Einige virtuelle Räume bieten den Teilnehmern die Möglichkeit, sich selbst auszusuchen, ob sie sich per VoIP und per Telefonkonferenz einwählen. Aus Erfahrung wissen wir, dass es bei diesen Veranstaltungen oft Schwierigkeiten gibt und die Teilnehmer mit VoIP-Anbindung dann während der Veranstaltung auf die Telefonkonferenz wechseln müssen. Das führt zu Verzögerungen und Unzufriedenheit. Legen Sie deshalb vorher konkret fest, wie die Einwahl erfolgen soll.

Preise und Businessmodelle

Zum Abschluss der Betrachtungen über virtuelle Räume steht das wichtige Auswahlkriterium der Preisgestaltung. Marketing und Vertrieb der Produktanbieter warten mit einer großen Palette an Preismodellen auf. Eine genaue Recherche, die vor allem den Funktionsumfang des Produktes, die Häufigkeit des Einsatzes und die Anzahl der Nutzer vergleicht, ist eine sehr wichtige und empfehlenswerte Maßnahme.

Die Kosten werden je nach Preismodell als monatliche Abrechnung oder als Jahresmiete erhoben. Bei regelmäßiger Nutzung vereinbaren Sie eine kostengünstige Paketlösung mit dem Anbieter, bei der Sie eine Jahresgebühr zahlen. Der Wechsel von einem Businessmodell zum anderen ist in der Regel unkompliziert möglich.

Monatliche Abrechnung oder Jahresmiete?

Bedenken Sie bei der Auswahl auch die ungefähre Teilnehmerzahl, die Sie für Ihre Veranstaltungen erwarten. Die meisten Businessmodelle unter-

Teilnehmerzahl bedenken

scheiden nach Gruppengröße und begrenzen damit den Zugang zu einer Veranstaltung. Wenn Sie Trainings mit einer kleinen Gruppe anstreben, benötigen Sie einen Zugang für maximal 25 Personen. Sollten Sie jedoch Webinare planen, muss der Zugang für 100 und eventuell mehr Teilnehmer gewährleistet sein.

Ein weiterer Aspekt bei der Kostenkalkulation ist der Support. Manche Anbieter halten einen Support vor, der Ihnen als Nutzer monatlich berechnet wird und Ihren Teilnehmern einen professionellen Service bietet. Diese Kosten berücksichtigen Sie in der Kalkulation für Ihr Trainingsangebot.

Support-Kosten berücksichtigen

Arbeiten Sie in der Regel mit den virtuellen Räumen Ihrer Auftraggeber, so lohnt sich die Miete eines eigenen Raumes oftmals nicht. Zum Einarbeiten in die Software bitten Sie Ihren Auftraggeber, Ihnen einen Zugang zu gewähren, oder beantragen Sie einen kostenlosen Testzugang direkt beim Anbieter.

> Eine minutengenaue Abrechnung ist zu Beginn der Tätigkeit als Live-Online-Trainer eine sichere Variante, um die Kosten zu überschauen. Dieses Preismodell wird jedoch nur von wenigen Anbietern bereitgestellt. Die Erfahrung hat gezeigt, dass eine Jahresmiete den Druck auf die Nutzung erhöht und die Eigenaktivität anspornt.

Zusammenfassend finden Sie in der folgenden Übersicht die wichtigsten Schritte und Kriterien zur Auswahl eines virtuellen Raumes. Wir weisen darauf hin, dass individuelle Abweichungen aufgrund spezieller Anforderungen durchaus berechtigt sein können und deshalb der Ablauf an die individuellen Gegebenheiten und die spezielle Situation angepasst werden sollte.

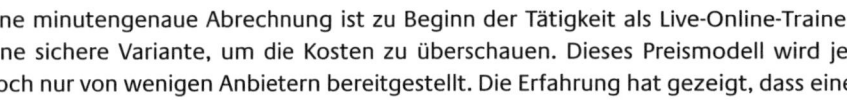

■ Vorgehensweise	■ Aktivität	■ Kriterien
Schritt 1: Definieren der Anforderungen	Eigenen Anforderungskatalog erstellen	■ Zielsetzung und Zweck ■ Zielgruppe ■ Häufigkeit der Nutzung ■ Anzahl der Nutzer ■ Bereits vorhandene technische Infrastruktur ■ Sicherheitstechnische Anforderungen ■ Kostenplanung
Schritt 2: Recherche	Recherche nach Anbietern	maximal fünf mögliche Produkte

■ Vorgehensweise	■ Aktivität	■ Kriterien
Schritt 3: Auswahl	Maximal drei Produkte nach dem Anforderungskatalog auswählen	■ Budget (Kosten insgesamt) ■ Funktionen und Werkzeuge ■ Administration ■ Software-Installation und -Integration ■ Sicherheit ■ Benutzerfreundlichkeit ■ Support und Betreuung
Schritt 4: Testen	Test-Accounts einrichten, Testzeitraum festlegen und Tests kontinuierlich durchführen	■ Vergleich der Erfahrungen ■ Abgleich mit dem Anforderungskatalog
Schritt 5: Endauswahl	Pilottraining durchführen	■ Auswahl der Software ■ Besondere Spezifikationen festhalten
Schritt 6: Vertrag	Verhandlungen mit dem Anbieter unter Einbezug der Testergebnisse und der Spezifikationen führen	■ Anforderungskatalog ■ Testergebnisse und Erfahrungen der Tester

Anbieter virtueller Räume

Um Ihnen die Auswahl eines virtuellen Raumes zu erleichtern, möchten wir im folgenden Abschnitt einige Software-Produkte vorstellen. Als Live-Online-Trainer arbeiten wir beziehungsweise unsere Kunden mit diesen Softwarelösungen und haben damit positive Erfahrungen gemacht. Für einen ersten allgemeinen Überblick empfehlen wir Ihnen die Website »Online Meeting Software im Test« (http://webconferencing-test.com/), auf der Sie Testberichte zu Funktion, Bedienung, Sicherheit und Kosten der Softwarelösungen finden und zu Ihrer Orientierung am Markt heranziehen können. Wir sind uns jedoch sehr bewusst, dass letztendlich Ihr individuelles Anforderungsprofil über den Einsatz eines bestimmten Produktes entscheidet.

Cisco Webex

Website: www.webex.de
Hauptsitz: San José (Kalifornien, USA)

Cisco Webex ist seit vielen Jahren am Markt präsent und bestimmt die Entwicklung bei der virtuellen Zusammenarbeit (Collaboration) in großem Maße mit. Es ist eines der technisch ausgereiftesten Systeme, das alle Komponenten für virtuelle Meetings, Trainings und Zusammenarbeit bietet. Durch das zugrunde liegende Hochleistungsnetzwerk von Cisco stellt das System eine sehr gute technische Performance bereit. Es ist für alle gängigen Betriebssysteme und mobilen Endgeräte anwendbar sowie plattformunabhängig. Cisco Webex nutzen Einzelpersonen, Klein- und mittelständische Unternehmen sowie Großkonzerne über alle Branchen verteilt.

Die Preisgestaltung bietet ebenfalls einen breiten Spielraum, der von einer Unternehmenslösung (customized) über eine monatliche beziehungsweise Jahresabrechnung bis hin zur Bezahlung pro Nutzer und Zeiteinheit reicht.

Cisco Webex bietet einen kostenfreien Testzugang für Meetings an. Außerdem besteht die Möglichkeit, ein kostenloses Webex-Konto für bis zu drei Teilnehmer pro Meeting ohne Einschränkung bei Dauer und Anzahl der Meetings zu nutzen. Allerdings sind dann nur die Grundfunktionen im virtuellen Klassenraum zugänglich.

Die Produktpalette umfasst:

- **Cisco Webex Meeting Center**
  besonders geeignet für Kundenpräsentationen, Produktpräsentationen und Gespräche im Vertrieb, Service und Support mit Kunden, Partnern, Zulieferern und Dienstleistern. Besprechungen mit mehreren Teilnehmern inklusive Zuschaltung der jeweiligen Webcam sind möglich. Bildschirm- und Videoinhalte können bei HD-Videoqualität gleichzeitig geteilt werden, sie sind skalierbar und anpassbar.
- **Cisco Webex Event Center**
  großangelegte Multimediaevents mit mehr als 1 000 Teilnehmern. Hervorzuheben ist die umfassende systemseitige Unterstützung bei der Eventplanung sowie bei der Nachbereitung durch integrierte Registrie-

rung und das Tracking von Neukunden. Unternehmen können das Event Center mit dem Firmenlogo und mehreren Sprachversionen an ihre Corporate Identity anpassen. Die Interaktivität mit den Teilnehmern kann bei solchen Großveranstaltungen durch eingeblendete Umfragen, Teilen des Bildschirms, Einspielen des Rednervideos und Chatmöglichkeiten erhöht werden.

- **Cisco Webex Training Center**
  besonders geeignet für Lehrveranstaltungen, Schulungen von Mitarbeitern, Trainings und Live-Online-Kurse. Für Trainings sehr gut geeignet ist die Nutzung der vorhandenen Arbeitsgruppenräume. Darüber hinaus sind Tests, Umfragen und die Darstellung der Testergebnisse verfügbar.

www.webex.de/products/elearning-and-online-training.html#webex-training-center

Adobe Connect

Website: www.adobe.com
Hauptsitz: San José (Kalifornien, USA)

Adobe Connect bietet durch seine leicht bedienbare Benutzeroberfläche, die in Fenster eingeteilt ist, eine sichere Handhabung und ist durch die Erweiterung mit zahlreichen Pods (Werkzeuge im jeweiligen Fenster) äußerst attraktiv für Nutzer. Diese Software wird vorzugsweise von Großunternehmen, großen Organisationen im öffentlichen Dienst und Bildungseinrichtungen eingesetzt. Selbstverständlich ist das Programm auch für Einzelanwender und kleinere Firmen geeignet, kann dabei jedoch leicht überdimensioniert wirken, was allerdings stark vom jeweiligen Verwendungszweck abhängt.

Adobe Connect ist Flash-basiert und stellt neben dem großen Funktionsumfang eine sehr gute technische Leistung bereit. Das Programm funktioniert mit allen gängigen Betriebssystemen und mobilen Endgeräten. Die Preisgestaltung kann spezielle Softwarelizensierung für Unternehmen vorsehen. Einzelanwender und kleinere Unternehmen sollten sich diesbezüglich an die offiziellen Vertriebspartner in Deutschland wenden.

Die Produktpalette umfasst:

- **Adobe Connect Meeting**
  die Kommunikationslösung für virtuelle Klassenräume bzw. Web-Konferenzen. Es ist eine umfassende Software für die Online-Zusammenarbeit im Team bis hin zu Veranstaltungen mit mehr als tausend Teilnehmern. Adobe Connect Meeting bietet die Möglichkeit, Dokumente und Anwendungen zu teilen, Videos einzuspielen und Webcams zu nutzen, Präsentationen zu zeigen, in Kleingruppen zu arbeiten, ein interaktives Whiteboard einzusetzen sowie Abstimmungen und Umfragen zu generieren. Der große Vorteil besteht darin, dass der virtuelle Klassenraum am Ende einer Veranstaltung abgespeichert wird und später in dieser Form wieder betreten werden kann. Die erarbeiteten Inhalte am Whiteboard, hochgeladene Dateien, Notizen u. Ä. bleiben erhalten bzw. können auch exportiert und ausgedruckt werden. Selbstverständlich steht eine Aufzeichnungs- und Bearbeitungsfunktion zur Verfügung.

- **Adobe Connect Learning**
  ermöglicht ganze Lernszenarien und Zertifizierungen in der Aus- und Weiterbildung. Schulungsprogramme, die auf die Bedürfnisse der Nutzer ausgerichtet sind, können bereitgestellt werden. Es ist damit möglich, Studienpläne für Kurse im virtuellen Raum zusammenzustellen, Anmeldungen individuell anzupassen sowie E-Mail-Erinnerungen und -Bestätigungen zu versenden. Adobe Connect Training kann direkt in ein bereits vorhandenes Learning Management System (LMS) integriert werden.

- **Adobe Connect Webinars**
  ist für den Einsatz in großen Online-Veranstaltungen (Webkonferenzen, MOOCs) konzipiert und besitzt eine erweiterte Teilnehmerverwaltung mit Nutzerregistrierung und automatischem E-Mail-Versand. Es können eigene Landingpages generiert werden, die das Firmenlogo und eine entsprechende Farbgestaltung nach der jeweiligen Corporate Identity berücksichtigen. Kampagnen und Mailings für Webinar-Angebote sowie die Erstellung von Berichten und Auswertungen über durchgeführte Online-Veranstaltungen runden dieses Modul ab.

- **Adobe Presenter 11**
  stellt eine Grundfunktion zur Erstellung und Veröffentlichung von »Content on demand« dar, was einen kleineren und einfachen E-Learning-

Kurs beziehungsweise die Ausarbeitung und Darstellung von Präsentationen umfasst.

www.adobe.com/products/adobeconnect.html

Citrix

Website: www.citrix.com und www.citrix.de/contact.html
Hauptsitz: Fort Lauderdale (Florida, USA) und
Santa Clara (Kalifornien, USA)

Die Citrix-Softwarelösung fällt unter den am meisten genutzten Programmen für Online-Veranstaltungen durch eine einfache, benutzerfreundliche Bedienung und übersichtliche Anordnung der einzelnen Elemente auf. Damit ist das System besonders gut geeignet für eine schnelle und unkomplizierte Verbindung zwischen Mitarbeitern, Kunden, Geschäftspartnern, Lieferanten und Servicedienstleistern. Besonders geschätzt wird es bei Klein- und mittelständischen Unternehmen. Großunternehmen setzen jedoch auch Citrix-Produkte ein. Auf der deutschsprachigen Website werden die unterschiedlichen Unternehmenstypen angesprochen, wobei der Zeitspareffekt durch einfach zu bedienende Werkzeuge hervorgehoben wird.

Die Produktpalette umfasst:

- **Citrix GoToMeeting**
  ist in kürzester Zeit für Onlinepräsentationen und -meetings mit einem Klick startbereit. Der mögliche Einsatz von HD-Webcams erlaubt den visuellen Kontakt mit den Gesprächspartnern. Standardanwendungen wie das Teilen des Bildschirms sind integriert. Diese Lösung kommt besonders Klein- und mittelständischen Unternehmen sowie kleinen Gruppen von Nutzern entgegen. Ein kostenloser Testzugang wird angeboten.
- **Citrix GoToWebinar**
  ist für eine größere Anzahl von Nutzern gedacht. Für eine Onlinekonferenz können bis zu 1 000 Teilnehmer eingeladen werden, wobei einige automatisierte Vorgänge die Teilnehmerbetreuung unterstützen. Interaktive Tools sorgen für attraktive Onlinepräsentationen, indem sich Teil-

nehmer zu Wort melden, an Umfragen teilnehmen und Fragen stellen können.

- **Citrix GoToTraining**
ist für Live-Online-Schulungen und -Trainings konzipiert. Dabei können bis zu 200 Teilnehmer gleichzeitig an einer Online-Schulung teilnehmen. Der Audiokanal mit VoIP bietet eine zuverlässige technische Übertragung. Während eines Trainings können insgesamt sechs Teilnehmer-Webcams gleichzeitig geschaltet sein. Es besteht die Möglichkeit, Veranstaltungen aufzuzeichnen. Lernerfolge können per Tests und Stimmabgaben überprüft werden. Der Verwaltungsaufwand hält sich durch automatisierte Einladungen und Anmeldungen in Grenzen, und kostenpflichtige Trainings können leicht über PayPal abgewickelt werden.

Für jedes Produkt werden gestufte Preismodelle angeboten – bei einer gestaffelten Anzahl von Teilnehmern und monatlichen bzw. jährlichen Raten.

www.citrix.de/solutions/collaboration/overview.html

vitero – virtual team room

Website: www.vitero.de
Hauptsitz: vitero GmbH Stuttgart, Deutschland

Das Produkt der vitero GmbH fällt durch eine völlig andere Gestaltung des virtuellen Klassenraumes auf. Alle Teilnehmer einer Online-Veranstaltung sitzen um einen virtuellen »Tisch«, dessen Oberfläche gleichzeitig als Projektionsfläche für Präsentationen, Videos, geteilte Anwendungen, das Arbeiten am Whiteboard und weiteres mehr dient. Die patentierte Oberfläche wurde in langjähriger Forschungsarbeit zusammen mit Wissenschaftlern des Fraunhofer-Instituts für Arbeitswirtschaft und Organisation (IAO) entwickelt und ist darauf ausgelegt, dass sich Teilnehmer und Trainer schnell im virtuellen Raum zurechtfinden und voll auf die zu vermittelnden Inhalte konzentrieren können. Für die intensive Zusammenarbeit stehen verschiedenste Interaktionsformen zur Verfügung, zum Beispiel eine Kartenabfrage, anonyme und personalisierte Feedbackmöglichkeiten und virtuelle Nebenräume. Deshalb kommt der vitero (**vi**rtual **te**am **ro**om) neben Webcasts und Web Meetings auch in Trainings zum Einsatz. Ein wichtiges Nutzungsargument ist sicherlich die Bedienoberfläche, die einem Besprechungs- oder Klassenraum nachempfunden ist und deren Werkzeuge leicht und intuitiv bedienbar sind.

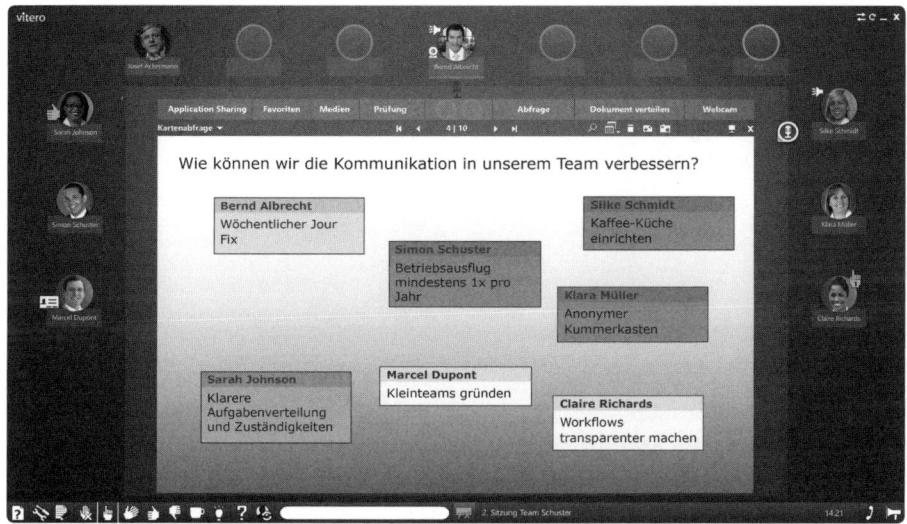

Selbstverständlich besitzt vitero alle gängigen Funktionen eines virtuellen Raumes, die sich auf zwei Grundmodule und eine Vielzahl von Erweiterungsmodulen verteilen. Bei der Teilnehmerzahl gibt es (fast) keine Begrenzung – von einer bilateralen Sitzung bis zu Webcasts mit über 1 000 Zugängen ist alles möglich. Es gibt Notizfunktionen, Multiple-Choice-Abfragen, ein Whiteboard und Zeichenwerkzeuge, Handzeichen für schnelles Feedback und Abstimmungen, das Teilen von Anwendungen und einen Präsentationsmodus. Was besonders bei Live-Online-Trainings geschätzt wird, sind der leichte und selbstständige Wechsel aller Teilnehmer in Nebenräume für Kleingruppenarbeit sowie die Möglichkeit zur Kartenabfrage mit Sammlung der Ergebnisse. Außerdem lassen sich Tests und Prüfungen durchführen, die in beliebigen Formaten virtuell ausgeteilt und wieder eingesammelt werden können. Ferner steht eine Aufzeichnungsfunktion zur Verfügung, auch bietet das System einen Veranstaltungskalender mit integrierter Anmelde- und Einladungsfunktion.

Das Stuttgarter Unternehmen bietet seinen Kunden einen technischen Support (Hotline, technische Checks im Vorfeld, technische Beratung und Schulung) und eine Fachberatung durch E-Learning-Experten (zum Beispiel in Form von Pilotierungsprojekten mit methodisch-didaktischer Beratung und Co-Moderation). Es werden insgesamt drei Hosting-Varianten und vier Lizenzmodelle angeboten, die auf der Website beschrieben sind. Der Datenschutz wird bei vitero durch den Server-Standort Deutschland, TÜV-geprüfte Server und verschiedene Konfigurationsmöglichkeiten großgeschrieben.

Interessenten können sich auf der Website für moderierte Online-Testsitzungen anmelden oder sich direkt an die Kundenbetreuung wenden, um ein persönliches Beratungsgespräch zu vereinbaren.

Skype for Business (ehemals Lync)

Website: www.skype.com/de/business/
Hauptsitz: Redmond (Washington, USA)

Im Frühjahr 2015 veröffentlichte Microsoft die Meldung, dass ab sofort der Microsoft Business Messenger »Lync« durch »Skype for Business« ersetzt wird. Optik und Handhabung des neuen Programms orientieren sich stark an Skype. Bis zu 250 Personen können an einem Online-Meeting teilnehmen. Die Bedienung der Programmoberfläche ist leicht und überschaubar, da sie einfach strukturiert ist. Während einer Online-Veranstaltung können die Office-Anwendungen Word und PowerPoint genutzt werden. Online-Zusammenkünfte lassen sich über Outlook planen und organisieren. Die Sicherheit bei der Datenübertragung wird durch eine moderne Verschlüsselungstechnologie gewährleistet. Bereits ab 1,50 Euro pro Nutzer und Monat kann Skype for Business eingesetzt werden. Unter diesen Voraussetzungen eignet sich die Software für viele Szenarien, Formate und Anlässe, wie Audio- und Videobesprechungen für Gruppen sowie Bildschirmübertragungen (auch von mehreren Bildschirmen) und Interaktionen am integrierten Whiteboard. Für Live-Online-Trainings sollten die Möglichkeiten dieser Software mit den methodisch-didaktischen Anforderungen abgeglichen werden.

Auf der Website werden Nutzungsvarianten speziell für Office 365 dargestellt, eine Office-Online-Anwendung, die unabhängig von jedem Betriebssystem genutzt werden kann. Damit ist Skype for Business auch für kleine Unternehmen interessant, die keine Serverinfrastruktur aufbauen wollen.

www.skype.com/en/business/skype-for-business/

TriCAT

Website: http://tricat.net/
Hauptsitz: Ulm, Deutschland

Die TriCAT GmbH zählt zu den führenden Innovationsträgern bei virtuellen Lern- und Arbeitswelten in 3D. Das Angebot reicht von komplexen Simulationsumgebungen, speziell für Kundenbedürfnisse konzipiert und entwickelt, bis hin zu Virtual-Classroom/Academy-Lösungen für Unternehmen, Hochschulen und Bildungseinrichtungen. Mit TriCAT Spaces steht zudem eine cloudbasierte virtuelle 3D-Umgebung für Trainings, Team-Meetings, Schulungen und Coachings zur Verfügung, die Trainer und Coaches einfach on demand für ihre Zwecke nutzen können.

Was TriCAT von anderen virtuellen Umgebungen unterscheidet, ist die 3D-Darstellung in allen Bereichen. Ziel ist, ein räumliches und soziales Präsenzempfinden herzustellen, um alle Vorteile virtueller Umgebungen zu nutzen und dennoch möglichst nah an unserer physischen Wirklichkeit zu bleiben. In TriCAT Spaces können zum Beispiel Teilnehmer in einem Online-Training einen Avatar auswählen, diesem bestimmte Eigenschaften zuweisen und sich dann durch die virtuelle Trainingswelt bewegen. Nach der einfachen Anmeldung in das System gelangt der Teilnehmer in ein Foyer mit einem Welcome Board, das Informationen zur Veranstaltung bereithält. Es gibt große und kleine Meeting-Räume, die mit interaktiven Mediawalls, Logoflächen und Farbanpassungen auf die Corporate Identity eines Unternehmens abgestimmt werden können. Breakout Rooms oder Einzelbüros sowie ein Trainingscenter erweitern die räumlichen Möglichkeiten der Plattform. Teilnehmer, die in der Welt der Serious Games zu Hause sind, werden sich sehr schnell in einer solchen Trainingsumgebung wohlfühlen. Für alle anderen Teilnehmer ist der Einstieg möglicherweise zunächst fremdartig, was durch die Steuerung des eigenen Avatars hervorgerufen wird. In kurzer Zeit entwickelt sich jedoch jede Online-Veranstaltung auf dieser Plattform zu einem kommunikativ-sozialen Erlebnis.

Um die virtuelle Umgebung individuell an die Anforderungen der Nutzer anpassen zu können, gibt es die Möglichkeit, Raumpakete zu buchen. Eine Basisvariante beginnt bereits bei einmalig anfallenden zwölf Euro für den Raum pro Veranstaltung, an der bis zu acht Personen teilnehmen können. Der Preis je Teilnehmer beträgt 2,50 Euro und wird pro angefangene Stunde berechnet. Sie können sich unterhalten und gemeinsam Videos, Bilder und Präsentationen betrachten. Mit der Comfort-Ausstattung können bis zu zwölf Teilnehmer gemeinsam an Dokumenten arbeiten, im Internet browsen, Programme installieren und Videos abspielen. Als zusätzliches Feature ist ein 3D-Viewer zur Darstellung und Animation von 3D-Daten integriert. Eine genaue Preiskalkulation findet sich im Kundenportal, wo die exakten Kosten für eine Veranstaltung nach den individuellen Anforderungen aufgelistet werden.

Marketing

Eine der schwersten Aufgaben eines Trainers ist die Vermarktung des eigenen Angebotes. Die Zeit und das Geld würden viele Trainer lieber in andere Aufgaben oder Dinge investieren. Jedoch sichert ein fortlaufendes Marketingkonzept jedem Trainer das zukünftige Einkommen.

In diesem Abschnitt geht es nicht explizit um die Expertise des Trainers und die Vermarktung seines gesamten Angebotes, sondern vielmehr um das Marketing für ein Live-Online-Seminar, das als neues Angebot offeriert wird. Die folgenden Schritte begleiten Sie bei dem Prozess bis hin zum fertigen Marketingkonzept.

Das Ziel präzise definieren

Zu Beginn des Marketingprozesses steht die Frage nach den eigenen Zielen, die mit der Einführung des neuen Angebotes erreicht werden sollen:

- Angebot erweitern
- Neue Kunden gewinnen
- Umsatz steigern
- Spezialisten-Status herausstellen
- Kompetenzen ausbauen
- Zukunftsfähig bleiben
- Nebenverdienst aufbauen

Diese Ziele definieren Sie so genau wie möglich, da sie die Basis für das Marketingkonzept bilden. Es ist ein großer strategischer Unterschied, ob Sie neue Kunden gewinnen oder Ihren Spezialisten-Status herausstellen wollen.

Das Portfolio auf die Eignung für ein Live-Online-Training überprüfen

Im Zuge Ihrer Tätigkeit als Trainer entdecken Sie von Zeit zu Zeit neue Themenfelder, die für Sie interessant erscheinen und zur Erweiterung Ihres Angebotes beitragen. Nicht immer behalten Sie dabei im Blick, ob das Gesamtportfolio noch stimmig und für den Kunden nachvollziehbar ist. Schnell entsteht ein »Bauchladen« aller möglichen Themen. Für die Erweiterung Ihres Angebotes ist es ratsam, die bestehenden Themen im Hinblick auf die Eignung für Online-Trainings zu überprüfen. Folgende Fragen helfen dabei:

■ Ist der Anteil der Wissensvermittlung größer als der Anteil der Vermittlung durch Ihre physische Präsenz? | Anteil der Wissensvermittlung

Grundsätzlich eignet sich jedes Thema, das einen großen Anteil an Wissensvermittlung enthält. Weniger geeignet sind Themen, bei denen es auf die körperliche Anwesenheit von Teilnehmern und Trainer ankommt – wie zum Beispiel bei Verkaufs-, Verhaltens- und Kommunikationstrainings. Allerdings hilft hier der Blick auf die 3D-Räume, die das Potenzial haben, körperliche Empfindungen hervorzurufen (siehe dazu das Interview mit Anja Röck im letzten Kapitel).

■ Spielt ein bestimmtes Lernobjekt (zum Beispiel eine Maschine oder ein Fahrzeug) bei dem Seminar eine Rolle? | Webcam

Wenn die Teilnehmer an ihrem Standort keinen Zugang zu diesem Objekt haben, kann der theoretische Teil der Ausbildung online stattfinden. Bestimmte Demonstrationen können Sie per Webcam übertragen. Ist es möglich, das Lernobjekt per Post im Voraus zu versenden, demonstrieren Sie ebenfalls die Handhabung durch die Übertragung per Webcam und lassen die Teilnehmer den Vorgang selbst anwenden.

■ Wird eine Software geschult? | Softwaretraining am Arbeitsplatz

Der Teilnehmer benötigt die Software auf seinem Rechner, um die gezeigten Vorgänge während der Schulung anwenden zu können. Ist dies gewährleistet, kann es sogar von großem Vorteil für ihn sein, an seinem Arbeitsplatz zu lernen. Die Software-Umgebung in vorinstallierten Schulungsräumen ist nie identisch mit der Oberfläche, die der Teilnehmer an seinem Arbeitsplatz vorfindet. Wenn es Probleme bei der Ausführung des neu Gelernten in der eigenen Anwendung gibt, helfen Sie ihm direkt durch die Übertragung des Bildschirmes.

Die Bestandskunden ansprechen

Wenn Sie die möglichen Themen festgelegt und die entsprechenden Konzepte erstellt haben (siehe Kapitel 3), ist der nächste Schritt im Marketingprozess die Ansprache der Bestandskunden. Berücksichtigen Sie dabei nicht nur Kunden aus aktuellen Projekten, sondern auch Kunden, mit denen Sie in der Vergangenheit zusammengearbeitet haben. Durch eine persönliche Kontaktaufnahme per Telefon wird schnell klar, inwieweit diese für neue Lernformen offen sind.

Allein die Frage nach der Nutzung virtueller Räume stellt einen Einstieg in die (erneute) Zusammenarbeit dar. Denn viele Firmen haben bereits seit längerer Zeit eine Virtual-Classroom-Technologie für Besprechungen im Hause installiert und beginnen erst, diese auch für Trainings zu nutzen. Gerade Firmen, die an mehreren Standorten oder sogar weltweit agieren, nutzen diese Technologien. Und auch wenn das Thema »Online-Lernen« bei einigen Kunden noch keine Rolle spielt, bringen Sie sich damit wieder in Erinnerung und werden als möglicher Ansprechpartner für zukünftige Online-Schulungen vermerkt. Eine schriftliche Darstellung des neuen Angebotes dient als zusätzliche Erinnerungsquelle. Um die bestehenden Kontakte über das erweiterte Angebot zu informieren, eignet sich ein sogenannter »One-Pager« (Deutsch: Einseiter), der die Eckdaten des neuen Angebotes darstellt und den Sie im PDF-Format an Bestandskunden und andere Kontaktpersonen versenden. Angelika Eder beschreibt in ihrem Blog (www.trainerlotse.de/trainermarketing-trainerprofil-fuenf-richtlinien/) die fünf wichtigsten Merkmale eines Trainerprofils wie folgt:

One-Pager gestalten

- Ein professionelles Foto sorgt für den ersten Eindruck: Wenn die Kunden und Kontakte bisher ein »normales« Foto von Ihnen gewohnt sind, ersetzen Sie dieses durch ein Foto mit Headset. Das signalisiert sofort, dass es eine Veränderung gegeben hat.
- Die Kontaktdaten schreiben Sie gut sichtbar in die Kopf- oder Fußzeile.
- Ihre Leistungen fassen Sie in einer Kernaussage zusammen, sodass der Nutzen für den Interessenten gleich deutlich wird: Neben dem inhaltlichen Nutzen stellen Sie die Vorteile der Online-Vermittlung des Fachthemas dar und begründen, warum Sie Ihr Angebot erweitern und welche Vorteile dies für Ihren Kunden hat.

Aktuelles Trainerprofil erstellen

- Die Kompetenzen und Erfahrungen stellen Sie anhand von Jobstationen, Zahlen, Daten, Fakten, Teilnehmerstimmen und Referenzen dar: Auch wenn es zu Beginn noch nicht so viele Beispiele gibt, stellen Sie erste Projekte, Ihre neu erworbenen Kompetenzen und Ihre Zukunftsvision dar.
- Die Interessenten fordern Sie mit kostenlosen Angeboten wie Schnuppertrainings, Vorträgen, Checklisten oder Podcasts zum Erstkontakt auf. Hilfreich ist es, eine Reihe von kostenlosen Webinaren anzubieten.

Neue Kunden über Weiterbildungsakademien finden

Wie zu Beginn des Buches dargestellt, befindet sich der Markt für Live-Online-Trainings noch am Anfang. Dies ist eine große Chance für Sie, diesen Markt für sich zu entdecken und mit ihm zu wachsen. Viele Weiterbildungsinstitutionen schaffen immer mehr Online-Lernangebote und erweitern damit ihr Angebotsspektrum, das jahrzehntelang dem Präsenzgeschäft galt. Dies ist eine ideale Möglichkeit für Sie, den Einstieg zu wagen und von der bestehenden Struktur zu profitieren. Die Institutionen sorgen für die Vermarktung, die Bereitstellung der Technik inklusive Support und Organisation. Sie werden durch die Veröffentlichung im Seminarkatalog sichtbar und als Experte für Live-Online-Trainings wahrgenommen. So können Sie sich voll auf die Durchführung konzentrieren.

Von der steigenden Nachfrage profitieren

Unter anderen bieten folgende Institutionen Live-Online-Trainings an (Stand Sommer 2015):

- alfatraining Bildungszentrum e. K., Karlsruhe
- Akademie für Führungskräfte der Wirtschaft GmbH, Überlingen
- Bitkom Servicegesellschaft mbH, Berlin
- DIHK Service GmbH, Berlin
- edudip GmbH, Aachen
- Haufe Akademie GmbH & Co. KG, Freiburg
- TÜV Rheinland AG, Köln
- TÜV Süd AG, München
- WBS Training AG, Stuttgart

Neue Kunden durch Akquise finden

Parallel zur Ansprache der Bestandskunden beginnen Sie die Suche nach neuen Kunden. Hier stehen Ihnen – wie für Präsenzangebote – zahlreiche Kanäle zur Verfügung. Allerdings entwickeln Sie zunächst ein für Sie geeignetes Marketingkonzept, damit Sie sich in den vielfältigen Möglichkeiten nicht verzetteln. Dabei helfen die folgenden Fragen:

Eigenes Marketing-konzept entwickeln

- Wie viel Budget steht mir für das Marketing zur Verfügung?
- Wie viel Zeit bin ich bereit zu investieren?
- Wie viel Talent und Know-how habe ich zur Gestaltung von Websites und Texten?
- Liegt es mir, bei Unternehmen ohne vorherigen Kontakt anzurufen?

Wie Bernhard Kuntz in seinem Buch »Die Katze im Sack verkaufen« rät, sollte mindestens ein Drittel der Einnahmen in das eigene Marketing fließen. Wer dies nicht aufwenden kann oder will, muss Zeit investieren und sich fit machen für die Nutzung verschiedener Marketingkanäle.

Auf Ihrer Website stellen Sie die neue Form des Trainings anschaulich dar. Dabei können – neben der Beschreibung des Ablaufes und der Rahmenbedingungen – auch kurze Videos einen Einblick in die neue Vermittlungsform geben. Für Menschen, die noch keine Erfahrung mit dem Thema »Online-Lernen« gemacht haben, ist dies eine anschauliche Demonstration, die bei der Entscheidung helfen kann. Denn nur wer sich vorstellen kann, wie ein Live-Online-Training abläuft, wird es auch buchen. Das Video ist mithilfe der Aufzeichnungsfunktion des virtuellen Raumes schnell erstellt. Dazu schneiden Sie eine kurze Frequenz aus einer Einheit mit. Zur Veröffentlichung auf der Website wandeln Sie die Aufnahme im Anschluss beispielsweise in ein MP4-Format um.

Demo-Video

Das Thema »Online-Lernen« ist auf vielen Messen und Kongressen aktuell und wird es auch für die nächsten Jahre bleiben. Die technologischen Entwicklungen schreiten weiter voran, und dabei ist es für uns Weiterbildner wichtig, die passenden Lernkonzepte dafür bereitzustellen. Vorträge auf Messen und Kongressen zu halten ist die beste Eigenwerbung und wird oft vom Veranstalter finanziert. Das Publikum ist sehr interessiert an den neuen Entwicklungen und Konzepten. Es kann allerdings mitunter ein bis zwei

Vorträge auf Messen und Kongressen

Jahre dauern, bis sich ein Interessent aufgrund eines Vortrags meldet und Ihnen einen Auftrag erteilt. Hier ist Geduld gefragt.

Abonnieren Sie die Newsletter der wichtigsten Messen und Kongresse für den eigenen Fachbereich sowie der Adressen, die sich mit Weiterbildung beschäftigen. Sie verpassen damit keine Veranstaltung, an der Sie sich beteiligen möchten. Bei einem »Call for Paper« senden Sie den Vorschlag für einen Vortrag mit einer kurzen Beschreibung des Inhaltes und der Lernziele an den Veranstalter. Dieser entscheidet, ob Ihr Vorschlag in das Vortragsprogramm aufgenommen wird.

Wer schon einmal für mehrere Tage an einem Messestand gearbeitet hat, weiß, wie anstrengend und kräftezehrend diese Veranstaltungen sind. Für mittelständische und große Unternehmen ist es ein »Muss«, auf diesen Fachmessen präsent zu sein. Für Trainer und kleine Institutionen lohnt es sich meistens nicht. Der Kostenaufwand steht in keinem Verhältnis zum Ertrag. Trotzdem sind die Fachmessen einen Besuch wert, um Trends aufzuspüren und Gespräche mit potenziellen Kunden zu führen.

Trends aufspüren

Folgende Messen sind in Deutschland momentan für das Thema »Online-Lernen« interessant (vgl. www.bildungsserver.de/Messen-und-Konferenzen-zu-E-Learning-in-der-Erwachsenenbildung-9737.html):

- Learntec (www.learntec.de): Die internationale E-Learning-Fachmesse findet jedes Jahr Ende Januar oder Anfang Februar in Karlsruhe statt. Sie ist ein Muss für jeden, der mit Medien sein Wissen vermittelt. Hier werden sowohl Technologien als auch Lernkonzepte vorgestellt. Auf dem angeschlossenen Kongress halten namhafte Referenten aus Wirtschaft und Wissenschaft Vorträge über die Entwicklungen am Markt und stellen Unternehmenskonzepte zum Online-Lernen vor.
- Online Educa Berlin (www.online-educa.com): Die internationale E-Learning-Konferenz zieht jedes Jahr Anfang Dezember viele Akteure aus der ganzen Welt an. An drei Tagen finden Workshops, Vorträge und Präsentationen in ausschließlich englischer Sprache zwecks Austausch und Kollaboration statt.
- Didacta (www.didacta.de): Köln, Hannover und Stuttgart wechseln sich im Dreijahresturnus als Messestandort ab. Im Februar oder im März treffen sich hier jedes Jahr Bildungsinteressierte aus Europa, um sich über

aktuelle Trends vom Kindergarten bis hin zur Erwachsenenbildung zu informieren. Im Rahmenprogramm werden in verschiedenen Veranstaltungsformaten bildungspolitische und pädagogische Entwicklungen aufgezeigt und diskutiert.

- E-Learning-Expo (www.elearning-expo.de): Die erste E-Learning-Fachmesse, die ausschließlich im Internet stattfindet, ging aus einer Kooperation der Zeitschrift »wirtschaft & weiterbildung« mit der Learntec hervor und bietet in den vier Bereichen »Technologie«, »WBT/CBT«, »Consulting« und »Dienstleister« eine große Auswahl an Anbietern.
- EduCamp (https://educamps.org): Das Barcamp für E-Learning, Corporate Learning, Lehren und Lernen findet jedes Jahr zu einer anderen Zeit und in verschiedenen Städten Deutschlands statt. Es beruht auf dem Veranstaltungskonzept von Franz Patzig. Bei einem Barcamp gestalten die Teilnehmer das Programm selbst. Im Vorfeld werden mögliche Vortragsthemen gesammelt und zu Beginn der Konferenz nach Mehrheitsbeschluss ausgewählt.

Persönliche Kontakte sind eine der wichtigsten Quellen zur Neukundengewinnung und werden mittlerweile häufig über soziale Netzwerke geknüpft. In Plattformen wie Xing (www.xing.com), LinkedIn (www.linkedin.com), Facebook (www.facebook.com) oder Google + (https://plus.google.com) treffen Sie auf unzählige Freunde, Bekannte und Trainerkollegen, aber auch auf Unternehmen und Institutionen aus Ihrem Fachbereich. Diese Foren dienen nicht nur der Darstellung eines Portfolios, sondern auch der Diskussion in verschiedenen Fachgruppen zu unterschiedlichen Themen. Dies ist für Sie eine sehr gute und kostenlose Gelegenheit, die eigene Expertise einzubringen und als Fachmann beziehungsweise Fachfrau wahrgenommen zu werden.

Kontaktpflege in sozialen Netzwerken

> Trennen Sie unbedingt die Darstellung Ihres Trainerprofils von Ihrer privaten Freundesseite.

Viele Personalverantwortliche suchen Trainer über fachspezifische Datenbanken. Durch die Eingabe von Such- und Ausschlusskriterien sind geeignete Trainer schnell gefunden. Ein Nachteil, der momentan noch besteht, ist das häufige Fehlen des Suchkriteriums »E-Learning« oder »Online-Lernen«. Hier einige Beispiele:

In Trainerbanken gefunden werden

- www.businesstrainer-datenbank.de
- www.coaching-datenbank.de
- www.trainer.de
- www.weiterbildungsprofis.de
- www.bv-online-bildung.de/expertenpool/

Über die Social-Media-Kanäle Twitter und Blog können kostenlose Informationen in Windeseile verbreitet werden. Wer sich regelmäßig in den fachbezogenen Foren aufhält, wird als Experte auf seinem Gebiet wahrgenommen. Allerdings braucht es für die Bedienung dieser Kanäle eine gewisse Zeit zur Einarbeitung und Erstellung der Informationen. Wer einen Blog unterhält, muss regelmäßig im Abstand von etwa zwei Wochen aktuelle Beiträge posten. Durch die Verbreitung kleiner Lernhappen werden die Empfänger mit fachspezifischen Inhalten »gefüttert« und kommen bei Trainingsbedarf auf Sie zu. Bedenken Sie aber den hohen Zeitaufwand und die möglichen Reaktionen auf Ihre Einträge. Social-Media-Kanäle sind keine Einbahnstraßenkommunikation. Hier können auch negative Erfahrungen aus Trainings auftauchen, mit denen Sie als Trainer gekonnt umgehen müssen.

Schon seit vielen Jahren hat sich der Versand von Newslettern und Info-Mails als Marketinginstrument bewährt. Ähnlich wie in einem Blog erhält der Empfänger in regelmäßigen Abständen aktuelle Themen in kleinen Dosierungen. Allerdings ist hier keine Kommentarfunktion integriert. Wenn Sie Kommentare durch die Antwortfunktion des Mail-Programms erhalten, bleiben diese zumindest den anderen Lesern verborgen. Es ist ein höherer Zeitaufwand nötig, um die Informationen zusammenzutragen, und eine gewisse Begabung zum Schreiben von Texten sollte auch vorhanden sein. Hinzu kommt, dass Sie die Adresslisten stets auf die Verwendbarkeit für bestimmte Themengebiete überprüfen müssen. Hier helfen neuartige Mailingverfahren, die mit Tags arbeiten. Dabei werden die Kontakte mit Schlagwörtern versehen und stehen bei der jeweiligen Aktion schnell zur Verfügung. Mögliche Plattformen:

- www.klick-tipp.com
- www.cleverreach.de

Um den Kunden ein möglichst umfassendes Angebot an Trainingsinhalten zur Verfügung zu stellen, schließen sich Trainer zu Kooperationen zusam-

Social-Media-Kanäle

Newsletter versenden

Kooperationen bilden

men. Dadurch haben sie mehr Chancen, an größere Projekte zu gelangen und bei Ausfällen schnell für Ersatz zu sorgen. Auch die gemeinsame Außendarstellung reduziert den Kosten- und Zeitaufwand für jeden Einzelnen. Allerdings sollten solche Kooperationen immer auf einer gemeinsamen Geschäftsstruktur und auf Verträgen basieren. Jeder muss sich positionieren können. Eine regelmäßige und konstruktive Kommunikation ist der Schlüssel zum Erfolg.

Ein eigenes Buch zum Fachthema zu veröffentlichen ist zweifelsfrei die beste Strategie, um seine Expertise nachzuweisen. Dafür benötigen Sie eine langjährige Berufserfahrung, viel Theorie- und Praxiswissen sowie Talent zum Schreiben. Ein Buch kann sich über mehrere Jahre hinziehen und erfordert viel Disziplin. Helfen können hier Aufzeichnungen aus Trainingssituationen und die ständige Beobachtung von Branchentrends. Bedenken Sie auch, dass die Zeit für das Schreiben nicht für Trainings zur Verfügung steht. Sie sollten sich im Klaren darüber sein, dass dies eine Investition in die Zukunft ist.

Fachartikel und eigenes Buch publizieren

Da viele (kostenlose) Instrumente für das Trainermarketing zur Verfügung stehen, entfällt auf das Schalten von Anzeigen in Magazinen und Fachzeitschriften nur ein sehr geringer Anteil. Diese sind meist mit hohen Kosten verbunden und ergeben wenig bis keinen Ertrag. Anders verhält es sich, wenn in der Fachpresse ein Artikel des Trainers erscheint. Wer es schafft, sich als regelmäßiger Publizist zu etablieren, wird von potenziellen Kunden und Mitbewerbern als Experte wahrgenommen.

Ein ebenfalls mit Kosten verbundenes Marketinginstrument sind Google-Adwords-Anzeigen. Hier gibt der Internet-Nutzer zunächst einen bestimmten Suchbegriff ein. Beim Aufrufen der Treffer erscheint dann die Anzeige auf der rechten Seite der Suchmaschine in einem Rahmen. Google-Adwords-Kunden zahlen pro Klick auf diese Anzeige. Die erfolgten Klicks werten sie über eine Plattform aus und passen ihre Strategie entsprechend an. Wichtig sind – wie auf der eigenen Website – die Keywords, die sie eingestellt haben. Diese sollten möglichst genau den Begriff enthalten, den der Nutzer für seine Suche eingibt.

Google Adwords

Wer als Trainer nicht selbst zum Telefonhörer greifen möchte, wendet sich an eine Trainervermittlung. Zu einem bestimmten Prozentsatz des Honorars oder für einen Festpreis übernehmen diese Vermittlungen die Akquise für Sie. Oft haben sie weitere Angebote wie die Profilerstellung oder -schärfung im Programm. Wer sich einer Trainervermittlung anvertraut,

Trainervermittlung

sollte genau hinsehen, ob sie die nötige Erfahrung etwa im Umgang mit Personalverantwortlichen besitzt. Trainer werden zum Beispiel vermittelt über:

- www.trainerlotse.de
- www.roehl-trainer.de
- www.trainertreffen.de

Was liegt näher, als sein neues Trainingsangebot dort vorzustellen, wo es später umgesetzt wird: im virtuellen Raum. Mit kostenlosen Schnupperseminaren – bewusst Webinare genannt – zeigen Sie Ihren Kunden und Interessenten, wie die Trainingsthemen in der neuen Lernumgebung umgesetzt werden. Dabei erreichen Sie zum einen, dass die Entscheidungsträger sich mit der Lernumgebung vertraut machen und für ihre Arbeit neue Impulse mitnehmen. Zum anderen nehmen Sie direkten Kontakt zu Ihren potenziellen Neukunden auf. Die Kaltakquise ist damit schon erledigt und ein erster Schritt für weitere Gespräche gemacht. Das Webinar sollte nicht länger als 45 bis 60 Minuten dauern und folgende Fragen beantworten:

- Warum bieten Sie jetzt Live-Online-Trainings an? Welche Vorteile entstehen dabei für den Kunden?
- Wie läuft ein Live-Online-Training zum Thema »xy« ab, demonstriert an einer kurzen Sequenz?
- Welche Werkzeuge stehen zur Vermittlung des Wissens und zur Kollaboration zur Verfügung? (Dies entspricht der Demonstration der technischen Möglichkeiten.)
- Welches Zusatzangebot halten Sie bereit? Hierbei ist der Zusatznutzen wichtig, zum Beispiel die Organisation der Veranstaltung (Einladungen, Vorabbefragung der Teilnehmer, Raumeinrichtung).
- Welche Erfahrung haben Sie mit Online-Trainings gesammelt? Diese werden durch Ausbildung, Qualifizierungen und Referenzen untermauert.

Über die folgenden Plattformen können Webinare und Live-Online-Seminare angeboten werden:

- www.edudip.com (Themen: Business, Gesundheit und Leben, Recht und Lehre, Software und Design, Tiere und Freizeit)

- www.smile2.de (Themen: Leadership, Sales, Finance- und Business-Kompetenz)
- www.webinarguide.com (Themen: Business und Trade)
- www.onlineuniversity24.net (Themen des Lebens)
- www.webinar-planer.de (Themen: B2B und B2C)
- www.de.amiando.com (xing-events ist eine Plattform zum Bewerben sämtlicher Veranstaltungen wie Online- und Offline-Seminare)
- www.seminarboerse.de (verschiedene Themen der Weiterbildung inklusive Online-Seminare in der Suchfunktion)
- www.seminarmarkt.de (für eine Jahresgebühr werden die Seminare auf der Plattform veröffentlicht)
- www.questico.de (esoterische Themen)

Honorar festlegen

Immer wieder eine spannende Frage ist die nach dem Honorar. Für Präsenzseminare gibt es zur Orientierung bereits Studien wie die des Magazins »Training aktuell« (managerSeminare) aus dem Jahr 2013 oder die des bdvt e.V. aus dem Jahr 2012. Da das Live-Online-Training noch nicht so verbreitet ist, können zu diesem Zeitpunkt nur Schätzungen abgegeben werden:

■ Bezeichnung	■ Honorar/Stunde
Training durch Vermittlung	30–180 Euro
Training durch eigene Akquise	150–300 Euro
Einzeltraining	100–180 Euro
Konzeption	80–150 Euro
Allgemeine Organisation (Vorbereitung und Betreuung der Teilnehmer)	40–80 Euro

Grundsätzlich sollte sich der Honorarsatz an dem für die eigenen Präsenzseminare orientieren und auf einen Stunden- oder Modulsatz angepasst werden. Ein Blick auf die Angebote von Mitbewerbern kann an dieser Stelle nicht schaden. Wenn in der Präsenz eine Trainingszeit von 9 bis 17 Uhr (inklusive

Online-Trainings wie Präsenztrainings abrechnen

75 Minuten Pause) veranschlagt wird, entspricht dies sechs Online-Stunden oder vier eineinhalbstündigen Online-Einheiten. Die marginale zeitliche Verkürzung ergibt sich aus dem wesentlich konzentrierteren Online-Ablauf im Gegensatz zu Präsenztrainings.

Ein weiterer Teil des Honorars kann für die Nutzung eines eigenen virtuellen Raumes veranschlagt werden. Wird dieser nicht vom Kunden gestellt, setzen Sie eine Gebühr pro Teilnehmer an. Der Betrag richtet sich nach den eigenen Kosten für die Nutzung und dem eventuell bereitgestellten Support des Produktanbieters.

Raumkosten und Support kalkulieren

Wenn der Kunde den virtuellen Raum zur Verfügung stellt, aber die Organisation für die Einrichtung des Raumes oder die Teilnehmer-Einladungen nicht selbst übernimmt, rechnen Sie Organisationskosten an.

Bei der Kostenanalyse dürfen die Vor- und Nachbereitungszeiten nicht vergessen werden. Für Präsenztrainings werden in der Regel Flipchart-Bögen und Arbeitsblätter erstellt. Im Live-Online-Training tritt an diese Stelle die Erstellung der Präsentation, die als Leitfaden die Veranstaltung begleitet. Weiterhin bereiten Sie entsprechende Teilnehmerunterlagen vor (siehe Kapitel 3: Teilnehmermaterialien). Ist das Live-Online-Training Bestandteil einer Blended-Learning-Trainingseinheit, listen Sie die Kosten separat auf.

Vor- und Nachbereitung berechnen

Inhouse-Online-Trainings

Eine besondere Herausforderung entsteht für die meisten Trainer, wenn sie ein Live-Online-Training bei einem Kunden planen, organisieren und durchführen. Dabei hat es nur eine untergeordnete Bedeutung, ob es sich um ein Unternehmen der freien Wirtschaft, eine öffentliche Institution, einen Verein oder Verband handelt. Es gilt in jedem Fall, einige besondere Aspekte zu beachten, die in dieser Form bei einem freien Training am Markt nicht unbedingt auftreten.

Der Trainer als Berater und Organisator

Zunächst nehmen Sie oft nicht nur die Rolle des Wissensvermittlers und Lernbegleiters, sondern teilweise auch die des Beraters ein. Sie unterstützen den Kunden bei der Organisation des Trainings, geben Hinweise zum Medieneinsatz oder zum Online-Lernen. Viele Kompetenzen eines Live-Online-Trainers sind dabei in unterschiedlicher Ausprägung gefragt und werden durch Ziele und Zielgruppe, Trainingsumfeld, Inhalte und technische Infrastruktur bestimmt. Ein entscheidender Aspekt für den Beginn der Zusammenarbeit zwischen Trainer und Kunde liegt darin, wieviel Erfahrung der Kunde bereits mit Live-Online-Trainings hat, beziehungsweise, ob diese webbasierte Trainingsform bereits fester Bestandteil des Aus- und Weiterbildungsangebotes ist. Je stärker Live-Online-Trainings bereits in Lernformate eingebunden sind, desto gezielter kann der Kunde seine Anforderungen und Rahmenbedingungen Ihnen gegenüber deutlich machen. Von Beginn an ist es wichtig zu erfahren, ob der Kunde ein einmaliges Training buchen möchte oder sogar mit einem bestimmten Thema eine Trainingsreihe plant. Viele, besonders größere Unternehmen und Organisationen, besitzen eine eigene interne Weiterbildungsakademie. In deren Angebotskatalog könnte nach einem Testlauf das Live-Online-Training aufgenommen werden.

In jedem Fall ist aufseiten des Kunden ein fester Ansprechpartner wichtig, der vom Auftraggeber (zum Beispiel Leiter der internen Weiterbildungsakademie) benannt wird. Speziell beim ersten Mal durchlaufen Sie mit diesem Partner alle Phasen der Vorbereitung, Durchführung und Nachbereitung des Trainings. Vor der intensiven Zusammenarbeit beim eigentlichen Training liegt bereits das Erstgespräch, in dem Sie ein Angebot unterbreiten.

Ansprechpartner benennen und Absprachen schriftlich festhalten

Neben den Rahmenbedingungen für das Training, Zeitdauer sowie genaue inhaltliche Aufteilung des Themas, und der Kostenplanung gehört dazu auch die Absprache zur Verwendung der Trainingsunterlagen. Dies hat vor allem rechtliche Gründe. Es muss geklärt werden, wem die Unterlagen gehören, ob inhaltliche Veränderungen beziehungsweise Ergänzungen vorgenommen werden dürfen oder das Firmenlogo eingesetzt werden darf (siehe Kapitel 3: Urheberrecht). Kauft der Kunde die Unterlagen, gehen die Rechte an dem Trainingsmaterial in der Regel auf ihn über und er darf die oben genannten Anpassungen durchführen.

Für die Durchführung des Trainings ist eine genaue Kenntnis über die Anforderungen und Bedürfnisse der Zielgruppe nötig. Entscheidend dabei ist, ob die Trainingsteilnehmer zum Beispiel aus dem Vertrieb (oft unterwegs), aus der IT-Abteilung (hohe technische Affinität) oder aus dem Management (wenig Zeit) kommen. Innerbetriebliche Abläufe bestimmen die zeitlichen Möglichkeiten für das Training. Von dienstags bis donnerstags sind in vielen Unternehmen und Organisationen fachliche Zusammenkünfte, Besprechungen oder Teammeetings an der Tagesordnung, sodass für Trainings manchmal nur die Randzeiten des Arbeitstages bleiben. Bringen Sie in Erfahrung, wann generell Pausenzeiten geplant sind (zum Beispiel mittags). Auch ist es für Sie wichtig zu erfahren, von wo aus sich Teilnehmer einloggen (zum Beispiel von verschiedenen Standorten) und welche technische Anbindung für sie vor Ort gegeben ist. Es kann vorkommen, dass IT-Verantwortliche an den Standorten in die Vorbereitungen einbezogen werden, sowie es generell ratsam ist, auch einen Ansprechpartner in der IT-Abteilung für den Support zu haben.

Eine besondere Zielgruppe bilden interne Trainer des Kunden, die selbst Tagesseminare durchführen und deshalb nur in den Abendstunden an Live-Online-Trainings teilnehmen können. Bei diesen Train-the-Trainer Ausbildungen gibt es häufig technische Fragen zu klären, denn die Teilnehmer loggen sich mitunter von einem Hotel oder Tagungsort teilweise mit mobilen Endgeräten ein. Das WLAN kann dort eine schwächere Anbindung ans Internet haben, was die Audioqualität oder die gesamte Übertragungsleistung im virtuellen Raum beeinträchtigen kann.

Selbstverständlich sind die Erfahrungen der Zielgruppe mit der virtuellen Umgebung entscheidend. Wenn die Teilnehmer im Arbeitsalltag den virtuellen Raum zur Kommunikation (wie bei Marketing und Vertrieb) nutzen, gibt es keine oder nur sehr wenige Fragen und Probleme bei der Bedienung

Zielgruppe analysieren

Train-the-Trainer-Seminare durchführen

der Teilnehmeroberfläche. Auch eine anfängliche Zurückhaltung in einer ungewohnten virtuellen Umgebung ist für diese Zielgruppe nicht typisch und muss daher nicht überwunden werden. Darüber hinaus kennen sich viele Teilnehmer bereits vorher, was sich positiv auf ein Live-Online-Training auswirken kann. Teilnehmer aus der IT zeigen oftmals starkes Interesse an der Nutzung der verschiedenen technischen Möglichkeiten des virtuellen Raumes, sodass Sie methodisch-didaktische Aspekte in den Vordergrund stellen und den Einsatz der Werkzeuge darauf abstimmen können. Im Gegensatz dazu benötigen Teilnehmer, die zum ersten Mal an einem Training im virtuellen Raum teilnehmen, mehr Unterstützung bei der Orientierung in dieser Umgebung. Hier stellen Sie sich auf eine detailliertere Einführung zur Teilnehmeroberfläche ein und geben den Teilnehmern Gelegenheit zum Ausprobieren. Bei einer solchen Zielgruppe ist es vielleicht sogar ratsam, eine kurze Testeinwahl vor dem eigentlichen Training anzubieten, was mit dem Ansprechpartner beim Kunden abgestimmt wird.

Abschließend sei darauf verwiesen, dass viele Kunden ein Feedback der Teilnehmer zum Live-Online-Training wünschen. Einige Unternehmen und Organisationen haben selbst ein Bildungscontrolling etabliert, während andere den Trainer bitten, am Ende eines Live-Online-Trainings ein Feedback einzuholen. Das genaue Prozedere muss an dieser Stelle mit dem Kunden abgestimmt werden. Selbstverständlich ist auch der Trainer selbst an einem Rücklauf zu seinem Training interessiert, um Verbesserungen beim Ablauf oder bei den Inhalten vorzunehmen. Daraus können sich thematische Erweiterungen ergeben, die ein Anschlusstraining nahelegen. Auch ist es möglich, dass Kunden den Trainer bitten, sie beim Transfer der Trainingsergebnisse in die Praxis zu unterstützen, so zum Beispiel Beratungs- oder Coaching)-Angebote für bestimmte Teilnehmer und ausgewählte Zielgruppen anzubieten.

Der folgende Fragenkatalog unterstützt Sie bei Ihrer Angebotserstellung für ein Live-Online-Training bei einem Kunden:

Feedback einholen und das Live-Online-Training auswerten

■ Fragestellung

Allgemeine Fragen
- Wo ist das Training zugeordnet (organisatorische Einheit/Unternehmensstruktur)?
- Gibt es einen Ansprechpartner/Trainingsverantwortlichen?
- Ist es ein Pilotprojekt?

Angefragte Dienstleistung
- Training
- Moderation
- Konzepterstellung
- Coaching für interne Projektmitarbeiter
- Evaluierung des Piloten
- Transferbegleitung bei Rollout
- Coaching für ausgewählte Mitarbeiter
- Teilnehmerorganisation

Trainingsformat
- In welcher Form sind die Trainings gewünscht?
  - Online
  - Blended Learning
  - Präsenz
- Wenn Präsenz: An welchem Ort findet das Training statt?

Zeitplanung
- Welcher Zeitrahmen ist für das Training vorgesehen?
- Sind bei der konkreten Zeitplanung Besonderheiten wegen betrieblicher Abläufe zu beachten?
- Wann sollte das erste Training (bei mehreren geplanten Durchläufen) stattfinden?

Zielsetzung
Was ist das Ziel des Trainings?
(Kurzbeschreibung in Stichpunkten)

Zielgruppe
- Wie viele Teilnehmer sind für das Training geplant?
- Aus welchen Personen setzt sich die Zielgruppe zusammen?
- Welche Position haben die potenziellen Teilnehmer?
- Welche Voraussetzungen hat die Zielgruppe?
  - Technikaffinität
  - Erfahrung mit der Virtual-Classroom-Software
  - Erfahrung mit Präsentationen
  - pädagogischer Hintergrund
  - methodisch-didaktische Erfahrungen

Inhalte
- Welches Thema soll bearbeitet werden?
- Gibt es betriebsinterne Besonderheiten zum Thema?
- Welche inhaltlichen Fragen sind dem Auftraggeber besonders wichtig?

Medien
- Gibt es bereits vorliegende Medien zu dem Projekt/Training?
  - PowerPoint-Präsentation
  - Video
  - Printmedien
  - Präsentationsleitfaden
  - Unterlagen/Anleitungen für Teilnehmer
- Welche Medien müssen noch erstellt werden?
- Gibt es eine Infrastruktur, in der das Projekt/Training eingebunden ist?
  - Learning Management System (LMS)
  - Foren im Intranet
  - Blog

Virtual Classroom
Welche Virtual-Classroom-Software wird zum Einsatz kommen?

Weitere Informationen

Was muss ich bei der Planung beachten?

↗ 03

Leitfrage

Was muss ich inhaltlich, methodisch-didaktisch und organisatorisch vorbereiten und welche rechtlichen Vorgaben sind dabei zu beachten?

Nachdem Sie die Grundvoraussetzungen für ein Live-Online-Training geschaffen haben, erwartet Sie eine Vielfalt an Aufgaben. Dies beginnt bei den konzeptionellen Überlegungen, bei der Festlegung von Zielen und der Analyse der Zielgruppe und setzt sich fort über die Auswahl geeigneter Inhalte, deren mediengerechter Aufbereitung und methodisch-didaktischer Darbietung. Dazu kommt die Planung von Interaktion und Kommunikation bis hin zu möglichen Tests und Feedbacks. Eingebettet ist das Ganze in eine detaillierte Organisation und Administration des Trainingsumfeldes. Allem voran steht Ihre individuelle Situationsanalyse: Was ist mein persönlicher Ausgangspunkt für ein Live-Online-Training?

In der Praxis bieten sich dafür sehr viele mögliche Szenarien: Recht häufig werden bisherige Präsenztrainer oder auch Fachreferenten mit der Anforderung konfrontiert, ein bestimmtes Thema in einem Online-Training beziehungsweise Webinar darzubieten. Scheinbar ist das eine leichte Aufgabe, denn alle Unterlagen und Trainingsmaterialien sind bereits als Präsentation mit begleitenden Teilnehmerunterlagen in Papierform vorhanden. Außerdem besitzt der Trainer ein erprobtes und erfolgreich umgesetztes Konzept als Tagesseminar. Genau hier liegt das Problem: Viele Trainer stellen sich sehr bald die Frage: »Wie bekomme ich mein Tagesseminar in 90 Minuten online dargestellt?«

Nicht sehr viel besser fühlen sich Menschen, die ihre berufliche Laufbahn als Trainer erst beginnen und einen Einstieg über das Live-Online-Training suchen. Sie besitzen noch gar keine Trainingsmaterialien oder Unterlagen und teilweise keine konkrete inhaltliche Vorstellung von einem Thema. Ihre Erfahrungen stammen oftmals aus Online-Sessions beziehungsweise aus der Ausbildung zum Live-Online-Trainer, was bereits einen guten Ausgangspunkt bildet.

Wieder andere Trainer sind in der Berufsbildung tätig, wo eine bisherige Präsenzausbildung in Blended Learning überführt werden soll. Dabei werden Ausbildungsinhalte den Studenten oder Auszubildenden wie bisher auch in Präsenzveranstaltungen dargeboten. Darüber hinaus besteht ein

Die individuelle Situationsanalyse

Neueinsteiger

Blended-Learning-Szenario

wichtiger Teil der Ausbildung aus Live-Online-Trainings, die sich mit den Präsenzveranstaltungen abwechseln. Das bedeutet, dass ein und dasselbe Thema sowohl in Face-to-Face-Kommunikation als auch virtuell von den Lernenden mit Unterstützung des Trainers bearbeitet wird. Der Trainer stellt die Verbindung zwischen den beiden unterschiedlichen Szenarien her, was bedeutet, dass er sowohl Experte in der webbasierten Lernumgebung als auch im Präsenztraining sein muss.

Schließlich gibt es Ausgangssituationen, die auch erfahrene Live-Online-Trainer immer wieder vor neue Anforderungen stellen. Im Besonderen betrifft das den Unterschied zwischen einem Online-Training, das der Trainer bei einem Kunden inhouse durchführt, und einer Veranstaltung, die er als offenes Seminar im Internet anbietet. Bei einem Inhouse-Training (siehe Kapitel 2: Inhouse-Online-Training) übernimmt der Kunde einen beträchtlichen Teil der Organisation, Vorbereitung und Administration für das Live-Online-Training. In diesem Fall bedarf es einer präzisen Absprache zwischen Kunde und Trainer und einer hohen Zuverlässigkeit bei der Durchführung der Aufgaben auf beiden Seiten. Erfolgreiche Online-Trainings sind auch das Ergebnis einer guten Zusammenarbeit.

Bei einem offenen Online-Seminar am Markt ist der Trainer für alle Trainingsphasen selbst zuständig. Das reicht von der Konzeption, Planung, Organisation, Administration, von einem Bezahlmodus und der Vermarktung bis hin zur eigentlichen Durchführung des Trainings mit Betreuung und Nachbereitung für die Teilnehmer.

Offenes Seminar versus Inhouse-Seminar

Phase 1: Inhaltliche Vorbereitung

Nach der Situationsanalyse ist Ihnen klar, welche Aspekte der Vorbereitung Sie selbst übernehmen und für welche der Kunde zuständig ist. Zu Beginn wenden Sie sich der inhaltlichen Vorbereitung zu, die im Wesentlichen drei wichtige Schritte beinhaltet:

Ziele definieren

Zunächst notieren Sie, welche Lern- und Bildungsziele mit dem Training erreicht werden sollen. Diese Ziele beschreiben die Fähigkeiten und Fertigkeiten, die die Teilnehmer durch Ihr Training vertiefen, erweitern oder aufbauen. Sie formulieren deshalb ganz klar, woran die neu erworbenen Fähigkeiten ablesbar sind, was die Teilnehmer nach dem Training beherrschen oder verbessern werden. Beispiel: Die Teilnehmer kennen die Bedienoberfläche des Virtual Classroom und können die Werkzeuge der Situation angemessen bedienen.

Danach stellen Sie dar, mit welchen Mitteln und Methoden Sie die Ziele mit den Teilnehmern erreichen und in welchem Zeitrahmen dies geschieht. Die so beschriebenen Ziele dienen gleichzeitig als Maßstab dafür, ob das Training erfolgreich war. Die Trainingsergebnisse, die am Ende zum Beispiel durch Tests untermauert werden, gleichen Sie mit den anfänglichen Zielen ab. Bei Inhouse-Trainings kann dieser Vorgang Bestandteil des Bildungscontrollings sein und darüber entscheiden, ob das Training nach einer erfolgreichen Testphase beim Kunden angeboten wird.

> Definieren Sie die Ziele Ihres Live-Online-Trainings in der beschriebenen Weise auch als Bestandteil Ihres Angebotes, das Sie beim Kunden platzieren.

Inhalte und Ziele auf die Zielgruppe abstimmen

Zielgruppe analysieren

Die Analyse der Zielgruppe erfordert von Ihnen detaillierte Kenntnisse darüber, welche Vorkenntnisse die potenziellen Teilnehmer zum geplanten Thema haben, welche Fähigkeiten sie im Umgang mit der Technik besitzen und wie groß die Teilnehmerzahl sein wird. Zudem ist es wichtig zu erfahren, welchen Trainingsbedarf die Zielgruppe besitzt und ob es spezielle Anforderungen an das Training gibt.

Zur genauen Analyse der Zielgruppe definieren Sie Fragen und senden diese spätestens drei Wochen vor Trainingsbeginn an die Teilnehmer.

Beispiele für Vorabfragen

- Welche Erfahrungen haben Sie mit dem Thema »xy« gemacht?
- Welche Veränderungen wollen Sie durch die Teilnahme an dem Training herbeiführen?
- Haben Sie einen speziellen Bedarf in Bezug auf das Training, zum Beispiel neue Trends im Fachgebiet besprechen oder bestimmte Inhalte vertiefen und auffrischen?
- Gibt es für Sie zeitliche Einschränkungen und Rahmenbedingungen? Wenn ja, welche?
- Wie viel Erfahrung haben Sie im Umgang mit den Werkzeugen des virtuellen Raumes »xy«?
- Welche Fragen oder Wünsche haben Sie das Training betreffend?

Bei Bedarf erstellen Sie eine Skala zur Befragung:

■ Frage	■ sehr gut	■ gut	■ mittel	■ gering
Welche Fähigkeiten besitzen Sie im Umgang mit dem Internet und Office-Anwendungen?				
Wie gut kennen Sie sich im Virtual Classroom aus?				

Den Zeitpunkt für den Rücklauf des Fragebogens legen Sie genau fest. Auch bieten Sie eine Antwortmöglichkeit an, wie zum Beispiel ein vorbereitetes Formular, das per E-Mail an Sie zurückgesandt wird.

Bei der Auswertung der Bögen wird deutlich, ob Ihre potenziellen Teilnehmer eine homogene Gruppe bilden oder unterschiedliche Vorkenntnisse haben. An dieser Stelle machen Sie sich bereits konkrete Gedanken darüber, wie Sie den Einstieg in das Training gestalten, damit Sie für alle Teilnehmer einen guten Start gewährleisten und die Gruppe möglichst bald auf einen gemeinsamen Wissensstand bringen.

Inhalte definieren und auswählen

In Hinblick auf das Lernen mit Online-Medien wird viel diskutiert, welche Themen sich dort abbilden lassen und welche ausschließlich in Präsenztrainings geschult werden sollten. Für den virtuellen Raum gilt, dass fast alles möglich, aber nicht immer sinnvoll ist. Tatsächlich hängt die Auswahl der Inhalte und deren Kompatibilität mit der virtuellen Umgebung stark von den definierten Zielen und den zur Verfügung stehenden Medien ab. Lautet das Lernziel »Die Teilnehmer können die Balance beim Fahrradfahren halten«, so können Sie dies im virtuellen Raum nicht umsetzen, sehr wohl aber das Lernziel »Die Teilnehmer kennen die Bestandteile eines Fahrrades«. Fehlen bei einem Rollenspiel Mimik und Gestik, weil der Raum keinen Webcam-Einsatz zulässt, entscheiden Sie, wie wichtig diese Tatsache für den Lernerfolg ist. Als Ersatz für die Webcam eignen sich zum Beispiel Folien mit den Teilnehmerfotos, die Sie bei der Übung einblenden. Hier ist Kreativität gefragt. Grundsätzlich sind alle Themen mit einem stark kognitiven Lerninhalt vermittelbar. Bei Soft-Skill-Themen wird die Entscheidung durch die technischen Möglichkeiten beeinflusst.

Ist die Themenwahl abgeschlossen, entscheidet der Zeitfaktor über die weitere Einteilung. Wir empfehlen eine zeitliche Begrenzung pro Trainingseinheit auf maximal 90 Minuten. Das hat mit der Aufnahmefähigkeit der Teilnehmer zu tun. Diese sinkt danach drastisch, sodass Sie mindestens eine Pause von 15 Minuten bei Fortsetzung des Trainings einplanen sollten. Stellen Sie sich die Frage, wie viel im genannten Zeitraum bearbeitet werden kann. Das Augenmerk muss ganz klar darauf gerichtet sein, dass die

Ziele und Medien bedingen die Inhalte

Teilnehmer den dargebotenen Inhalt verarbeiten können. Teilen Sie deshalb den zu vermittelnden Inhalt in Häppchen auf, sodass er gehirngerecht dargeboten werden kann (siehe Phase 2: Methodisch-didaktische Vorbereitung).

Wie viel und wie schnell die Teilnehmer Inhalte verarbeiten, hängt von ihren Kenntnissen und Erfahrungen ab. Dies bezieht sich sowohl auf das Fachthema als auch auf den Umgang mit der Lernumgebung. Für Sie bedeutet das, zusätzliche Hintergrundinformationen und Inhalte bereitzuhalten, um diese ad hoc einsetzen zu können.

Wichtig beim Blended Learning in puncto Inhalte ist das Aufteilen und Zuweisen einzelner Abschnitte zu den vorgegebenen Präsenz- und Onlinephasen. Sie entscheiden für den gesamten Ablauf, welche Inhalte in die Präsenzphase eingebettet werden (zum Beispiel Erfahrungsberichte, Feedbacks in der Gruppe, Einführung von Fallstudien) und was der Onlinephase zugeordnet wird (zum Beispiel Präsentationen von Gruppenarbeitsergebnissen, Vermittlung von Inhalten in Form von Präsentationen). Zwischen beiden Phasen kann es Überbrückungen und einen Austausch geben, wenn zum Beispiel Fragen aus der Online-Präsentation in den Präsenzteil übernommen werden oder das Gruppenfeedback in die Online-Präsentation einfließt.

Blended Learning in Präsenz- und Onlinephasen aufteilen

Phase 2: Methodisch-didaktische Vorbereitung

Gestaltungsprinzipien für Präsentationsfolien

Steht der Trainer im Präsenzseminar im Fokus der Aufmerksamkeit, so tritt im Live-Online-Training die Präsentation an seine Stelle. Wenn ein Videobild des Trainers fehlt, weil keine Webcam zum Einsatz kommt, übernimmt die Darstellung auf den Folien diese Rolle. Die Visualisierung der Inhalte in Kombination mit der Stimme des Trainers erhöht den Grad des Erinnerns (siehe Kapitel 4: Stimme). Somit kommt der Gestaltung von Folien eine große Bedeutung zu. In Anlehnung an die »Grundsätze zur Erstellung von Multimediaerlebnissen« von Richard E. Mayer (2001) sind folgende Prinzipien bei der Gestaltung von Präsentationsfolien zu beachten (vgl. https://de.wikipedia. org/wiki/Kognitive_Theorie_des_multimedialen_Lernens):

■ Prinzip	■ Beschreibung	■ Bedeutung für die Gestaltung von Präsentationen
Kohärenz	Menschen lernen besser, wenn Informationen weggelassen werden, die nicht unmittelbar mit dem Lerninhalt zusammenhängen.	■ Den Hintergrund der Folien gestalten Sie in einer hellen Grundfarbe (zum Beispiel weiß) ohne Grafiken und Muster. ■ Die Darstellung des Corporate Design ist für das Lernen unerheblich und kann entfallen. Wenn dies aufgrund interner Vorgaben nicht möglich ist, reduzieren Sie das Corporate Design auf das Wesentliche. Der Platz für die Darstellung der Inhalte beträgt mindestens 90 Prozent der Folie. ■ Bilder, die in keinem unmittelbaren Zusammenhang mit dem Inhalt stehen, lassen Sie weg.
Redundanz	Menschen verstehen Erklärungen besser anhand von Bildern und dem gesprochenen Wort.	■ Seit jeher werden Informationen in Form von Geschichten übermittelt. ■ Geschieht dies in Kombination mit Bildern, erhöht es den Grad des Erinnerns, denn die Informationen werden in Form von Bildern in den Köpfen der Teilnehmer gespeichert. ■ Wird neben Ton und Bildern auch Text auf der Folie dargestellt, hemmt dies die Informationsaufnahme. Texte sollten sich auf Fachbegriffe, Fremdwörter, Kennzeichnungen und kurze Stichpunkte beschränken.

■ Prinzip	■ Beschreibung	■ Bedeutung für die Gestaltung von Präsentationen
Signalisierung	Menschen lernen besser, wenn sie eine Struktur und Ordnung erkennen können.	■ Die Teilnehmer benötigen zur Orientierung einen roten Faden in der Präsentation, der ihnen verdeutlicht, welches Thema zu welchem Zweck behandelt wird. ■ Agenda-Folien, die vor jedem neuen Themenabschnitt eingeblendet werden, unterstützen die Orientierung. Auf diesen Folien heben Sie jeweils das aktuelle Thema hervor. ■ Auf den Folien selbst dienen die Überschriften als Orientierung. Für jede Folie formulieren Sie eine Kernaussage, die in einer kurzen und prägnanten Aussage das zusammenfasst, worum es im Inhalt geht, zum Beispiel »Verschiedene Folienlayouts bieten Orientierung«. ■ Eine weitere Orientierung bieten Folienlayouts: Die Agenda-Folien geben strukturelle Orientierung, Inhaltsfolien präsentieren die Informationen und Interaktionsfolien geben den Teilnehmern das Signal, dass eine Aufgabe folgt. ■ vgl. www.elearning-psychologie.de/gliederung_ordnung.html
Multimedia	Menschen lernen besser durch grafische Darstellungen.	■ Anstatt die Informationen über einen Text zu vermitteln, setzen Sie verstärkt Grafiken, Tabellen, Karikaturen oder passende Bilder ein. ■ Erklären Sie die Zusammenhänge mündlich und zeigen Sie mithilfe des Zeigewerkzeugs (zum Beispiel Pointer) des Whiteboards auf die entsprechende Stelle in der Grafik.

Wenn Sie Bilder und Fotos in Präsentationen einfügen, achten Sie auf die Dateigröße der Bilder. Es kann sehr schnell geschehen, dass Präsentationen so groß werden, dass sie auf manchen Plattformen nicht mehr in einer Datei hochgeladen werden können. Eine Präsentation sollte nicht größer als acht Megabyte sein. Welche Grenze beim Upload von Dateien besteht, ist von System zu System unterschiedlich und muss vorher in Erfahrung gebracht werden. In der Hilfefunktion des Virtual Classroom oder beim Upload selbst werden die Informationen über die maximale Dateigröße angezeigt. Im Notfall kann man die Datei teilen, um sie hochzuladen. Verwenden Sie in einer Präsentation entweder ClipArts oder Bilder. Ein Mix aus beiden Grafikarten wirkt unprofessionell.

Ein Richtwert bei Präsentationen sind etwa 25 bis 30 Folien für eine 90-minütige Veranstaltung. Die Anzahl der Folien richtet sich jedoch nach den geplanten Methoden. Eine Folie während einer Diskussionsrunde wird meist viel länger eingeblendet als eine Folie für einen Trainer-Input.

Verschiedene Fragearten

Wie im Präsenztraining sind Fragen ein Hauptbestandteil von Live-Online-Trainings. Dadurch werden Meinungen, Erfahrungen und Wissen abgefragt. Im virtuellen Raum setzen Sie dazu verschiedene Medien und Fragearten ein:

Bei Auswahlfragen bekommen die Teilnehmer eine bestimmte Anzahl von Antworten vorgegeben. Die Frageart unterteilt sich in Einfachwahl- und Mehrfachwahlfragen. Bei Einfachwahlfragen muss der Teilnehmer sich auf eine Antwort festlegen, während er bei Mehrfachwahlfragen mehrere Antworten auswählen kann. Bieten Sie bei Fragen nach Erfahrungen und Meinungen die Auswahl »Sonstiges« an, damit der Teilnehmer keine unpassende Antwort ankreuzen muss. Gibt er eine zusätzliche Antwort, fragen Sie im Anschluss an die Befragung bei diesem Punkt nach. In den meisten virtuellen Räumen stellen die Umfragewerkzeuge beide Fragetypen zur Verfügung. Diese kommen auch in großen Gruppen zum Einsatz und erhöhen die Interaktivität. In kleinen Gruppen können Auswahlfragen über das Whiteboard gestellt werden. Hierzu erstellen Sie eine Folie mit der Frage und den Antwortmöglichkeiten. Zur besseren Übersicht werden diese in eine Tabelle eingetragen, wobei eine Spalte für die Beantwortung frei bleibt. Anschließend aktivieren Sie die Zeichenwerkzeuge für die Teilnehmer. Diese erhalten die Anweisung, zum Beispiel einen Stern oder den eigenen Namen in die Spalte neben der gewählten Antwort zu setzen.

Skalafragen sind bei Erfahrungsumfragen oder Feedback-Runden beliebt. Dabei werden zwei Extremwerte vorgegeben, zwischen denen eine individuelle Einstufung durch den Teilnehmer erfolgt (zum Beispiel »Wie viele neue Aspekte haben Sie während des Trainings entdeckt?« auf einer Skala von »gar keine« bis »sehr viele«). Skalafragen erstellen Sie mithilfe einer Folie. Im Training nutzen Sie die Markierungswerkzeuge des Whiteboards. Dabei zeichnen Sie eine Linie auf der Folie und stellen die beiden Extremwerte dar. Die Teilnehmer setzen ein Zeichen an der gewünschten Position. Dadurch entsteht schnell ein Bild von der Gruppenmeinung beziehungsweise -erfahrung. Wenn man mit einer kleinen Gruppe von maximal zwölf Teilnehmern arbeitet, kann auch der Textchat eingesetzt werden. Ein Beispiel: »Auf einer Skala von null bis zehn: Wie würden Sie Ihre Fähigkeiten im Umgang mit den virtuellen Werkzeugen einschätzen?« Die Teilnehmer antworten, indem sie eine Zahl zwischen null und zehn im Textchat eintragen. Es entsteht eine Übersicht, und Sie können die Antworten den einzelnen Teilnehmern zuordnen. Wenn die Gruppe größer ist oder eine schnelle Abfrage gemacht werden soll, eignet sich die Umfragefunktion auch für Skalafragen. Hier müssen die Skalawerte exakt vorgegeben werden, damit der Teilnehmer sie mit einer Einfachwahl anklicken kann.

Offene Fragen

Offene Fragen eignen sich besonders für Diskussionen, Meinungsaustausch oder Kreativität. Machen Sie die Frage für den Teilnehmer auf einer Folie sichtbar und stellen Sie sie verbal. Zu den offenen Fragen gehören Denkfragen (zum Beispiel: »Was ist der Unterschied zwischen der Situation A und der Situation B?«), Erfahrungsfragen (zum Beispiel: »Wie viel Erfahrung haben Sie mit dem Thema xy gemacht?«), paradoxe Fragen, rhetorische Fragen, und so weiter (siehe auch Kapitel 4). Geben Sie für ein Brainstorming einen Satzanfang vor, den die Teilnehmer ausformulieren sollen. Hierzu eignet sich das Whiteboard oder der Textchat. Ansonsten werden offene Fragen verbal von den Teilnehmern beantwortet (vgl. www.riepel.net/umfragen/Fragetypen.pdf).

Das Whiteboard als Interaktionsfläche

Das Whiteboard bietet eine Reihe von Möglichkeiten, um mit den Teilnehmern zu interagieren (siehe Kapitel 2: »Die verschiedenen Werkzeuge kennen«). Zur Erstellung solcher Übungen bereiten Sie eine Folie mit Elementen vor, die während der Durchführung nicht verändert werden (zum Beispiel eine Tabelle oder Bilder, die zugeordnet werden sollen). Diese Folie wird über die Upload-Funktion hochgeladen. Dann werden im virtuellen Raum die Whiteboard-Werkzeuge genutzt.

Wer während der Interaktion verschiebbare Elemente benötigt (z. B. Textfelder), sollte die Übung direkt mit dem Whiteboard erstellen. Dies kann nur in wenigen Räumen vorab geschehen und muss sonst kurz vor Beginn des Live-Online-Trainings erledigt werden. Außerdem muss dafür das Whiteboard interaktiv sein, was der Trainer vor einer Online-Veranstaltung überprüfen sollte.

Checklisten für den Praxistransfer

Viele Teilnehmer haben wenig Zeit, um die Inhalte nach dem Training ausgiebig in Leitfäden nachzulesen. Für sie sind Checklisten ein echter Mehrwert beim Praxistransfer. Wenn Sie eine Checkliste erstellen, sollte diese mit dem Leitfaden übereinstimmen, was die Inhalte und die Reihenfolge betrifft.

Leitfaden als Nachschlagewerk

Da die Inhalte im Training auf Präsentationsfolien dargestellt werden, liegt es nahe, diese im Anschluss zu versenden. Viele Trainer neigen jedoch dazu, die Folien mit viel Text anzureichern. Dies ist nicht lernförderlich. Eine Präsentation ist dazu da, das gesprochene Wort mit visuellen Eindrücken zu verstärken. Sie ist allein für den Einsatz in der synchronen Trainingssituation gedacht und beinhaltet nur wenig Text. In den Teilnehmerunterlagen oder in einem Trainingsleitfaden hingegen, der den Teilnehmern im Anschluss an die Trainingseinheit zur Verfügung gestellt wird, stellen Sie die Inhalte im Detail dar. Den Leitfaden erstellen Sie in einem Textverarbeitungsprogramm und fügen die Folien ein, die während des Trainings verwendet werden. Damit kann sich der Teilnehmer besser an den Zusammenhang erinnern.

Wer nicht so viel Aufwand betreiben möchte, kann die Inhalte im Notizenfeld der jeweiligen Folie darstellen. Anschließend erstellen Sie aus der Präsentation ein PDF-Dokument. Dazu wählen Sie im Menü »Drucken« des Präsentationsprogramms zunächst die Form »Notizen« und anschließend den Dateityp »PDF«. Der Nachteil an dieser Variante ist, dass der Teilnehmer pro Folie mindestens eine Seite erhält und sich beim Nachlesen durch die komplette Präsentation klicken muss. Das kann bei einer 90-minütigen Einheit schnell einen Umfang von 20 bis 40 Folien annehmen.

Informationen und Begleitmaterial im Vorhinein senden

Eine viel diskutierte Frage unter Trainern ist die nach dem Begleitmaterial, das im Vorhinein an die Teilnehmer versendet wird. Dies ist für manche Teilnehmer – im Speziellen die visuellen Lerntypen – ein wichtiges Medium zum Lernen. Sie machen sich während der Trainingseinheit Notizen zu den Inhalten und haben dafür gerne eine vorbereitete Vorlage. Diese Vorlage sollte nicht der komplette Leitfaden sein, sondern nur eine Struktur der Inhalte vorgeben. Sonst besteht die Gefahr, dass die Teilnehmer während des Trainings durch das Blättern und Lesen im Dokument abgelenkt werden.

Für Live-Online-Trainings eignet sich als Begleitmaterial der Ausdruck der Folien im Handzettel-Format (drei Seiten auf einem Blatt). So ist für den Teilnehmer noch ausreichend Platz, um eigene Notizen zu den Folien zu machen. Ein Nachteil dieser Vorgehensweise besteht darin, dass die Teilnehmer die Themendarstellung schon kennen und die Präsentation keine Neugierde mehr weckt. Wenn Sie dies umgehen wollen, erstellen Sie ein Dokument mit einer Struktur, jedoch ohne die Darstellung der Inhalte.

Wenn Sie sicher sein möchten, dass alle Teilnehmer zu Beginn der Trainingseinheit auf dem mehr oder weniger gleichen Wissensniveau sind, versenden Sie Informationen zu dem Thema im Vorhinein oder stellen diese über eine Lern-Management-Plattform zur Verfügung. Weisen Sie in einem kurzen Begleittext darauf hin, dass diese Informationen als Grundlage des Trainings dienen und deshalb vorab zu bearbeiten sind. Für den Teilnehmer ist dies eine Chance, sich in seinem eigenen Lerntempo das Wissen anzueignen und konkrete Fragen dazu während der Trainingseinheit zu stellen. Sie erörtern dann in der Trainingseinheit mit den Teilnehmern diese Fragen und wenden das Wissen an einem Fallbeispiel an. Damit wird der Austausch zum Thema gefördert und die Input-Phase verkürzt.

Ablaufplan erstellen

Für Präsenztrainings werden Abläufe erstellt, die als Leitfaden für ein Tagesseminar dienen. Noch wichtiger sind Ablaufpläne für Live-Online-Trainings, da dort wesentlich weniger Zeit für eine Lerneinheit zur Verfügung steht. Sie sind wenig flexibel in Bezug auf spontan zu erstellende Medien und Änderungen im Ablauf. Im Präsenztraining wird kurz eine Skizze auf das Flipchart gezeichnet, wenn dies erforderlich ist. Das lässt sich im virtuellen Raum nicht ganz so einfach gestalten, da eine Zeichnung mit der Maus schwierig ist.

Zur Erstellung eines Ablaufplanes eignen sich Tabellenkalkulations- oder Textverarbeitungsprogramme. Die folgenden Aspekte sollten Sie in einem Ablaufplan berücksichtigen:

- *Foliennummer:* Da sich jede Aktion auf eine Folie bezieht, bildet die Reihenfolge der Folien auch die Reihenfolge des Ablaufes ab. Wenn Sie mit einem Co-Moderator arbeiten, können Sie sich mit diesem unkompliziert absprechen.
- *Thema/Inhalt/Frage:* Ein Stichwort zum Inhalt erleichtert den Überblick über die Themen, zum Beispiel »Kostenstellen erklären«. Notieren Sie an dieser Stelle eine Frage, wenn dies geplant ist.
- *Zeit:* Den Zeitrahmen unterteilen Sie in Start und Ende. Notieren Sie die Dauer in Minuten. In einem Tabellenkalkulationsprogramm kann die Dauer vom Programm errechnet werden. So wissen Sie, wie viele Minuten Sie für eine Aktion zur Verfügung haben und wann Sie damit fertig sein müssen. Während der Veranstaltung genügt ein Blick, um zu wissen, ob Sie in der Zeit liegen. Bei der Planung ist die Zeitmessung ein wesentlicher Anhaltspunkt dafür, ob ein bestimmter Themenumfang und die entsprechenden Methoden in die vorgesehene Trainingseinheit passen oder auf mehrere Einheiten verteilt werden müssen.
- *Zuständigkeit:* Diese Spalte entfällt, wenn Sie allein arbeiten. Die Zuständigkeit ist nur dann wichtig, wenn ein Co-Moderator ins Spiel kommt. Es muss klar sein, wer für welche Aufgabe zuständig ist. In einem Testlauf erproben Sie den angefertigten Plan und bessern ihn gegebenenfalls nach.
- *Medium:* Um während des Trainings nicht lange überlegen zu müssen, mit welchem Medium die Aktion ausgeführt wird, tragen Sie zum Beispiel »Whiteboard« ein. Wenn Sie noch unsicher im Umgang damit sind oder zu Nervosität neigen, vermerken Sie, wie Sie zum Beispiel die Whiteboard-Werkzeuge für die Teilnehmer freischalten.
- *Methode:* Zu jedem Inhalt wird eine bestimmte Aktion ausgeführt. Die Methode beschreibt, was für eine Form der Vermittlung stattfindet, zum Beispiel »Gruppenarbeit«, »Vortrag«, »Diskussion«.
- *Text:* In Stichpunkten notieren Sie, was Sie zu dem Thema sagen wollen oder welche Zusatzinformationen Sie zu einer Befragung geben möchten.
- *Lernziel:* Damit jederzeit klar ist, was Sie mit dem Inhalt erreichen wollen, ist die letzte Spalte unerlässlich für die Orientierung an den Zielen.

Zur besseren Orientierung markieren Sie die Spalten, die für Interaktionen vorgesehen sind, in Farbe. Das kann auch einem Co-Moderator helfen, seine Aktionen besser wahrzunehmen.

Ablaufplan

Trainer:

Gesamtzeit:

Thema:

Co-Moderator:

Folien-nummer	Thema/Inhalt/Frage	Zeit Start	Zeit Ende	Dauer	Zustän-digkeit	Medium	Methode	Text	Lernziel
1		17:00:00	17:00:30	0:00:30					
2		17:00:30	17:01:00	0:00:30					
3		17:01:00	17:02:00	0:01:00					
4		17:02:00	17:04:00	0:02:00					
5		17:04:00	17:07:00	0:03:00					
6		17:07:00	17:07:30	0:00:30					
7		17:07:30	17:08:00	0:00:30					
8		17:08:00	17:11:00	0:03:00					
9		17:11:00	17:12:00	0:01:00					
10		17:12:00	17:13:00	0:01:00					
11		17:13:00	17:15:00	0:02:00					

Beispiel für
einen Ablaufplan

Exkurs: Rechtliche Aspekte beim Einsatz von Medien

Folgende Trainingssituationen ereignen sich täglich in virtuellen Räumen:

- Der Trainer zeigt als Einstieg in ein neues Thema einen YouTube-Clip, den er über die Browserfunktion des virtuellen Raumes aktiviert.
- Die Teilnehmer erhalten ein zehnseitiges Dokument mit einem Auszug aus einem bekannten Fachbuch und der Bitte, dies bis zur nächsten Trainingseinheit zu lesen.
- Bei einem Live-Online-Training zum Thema »Mitarbeitermotivation« ist auf der Titelfolie der Präsentation ein Staffelläufer zu sehen. Das Bild wurde vom Trainer aus dem Internet heruntergeladen.

Diese Liste könnte endlos fortgeführt werden. Sie verdeutlicht, dass der Trainer im Zuge der Vorbereitung und Durchführung von Live-Online-Trainings mit verschiedenen Medien in Berührung kommt, die er teilweise selbst erstellt oder von Dritten übernimmt. Bei der Darstellung dieser Medien werden jedoch häufig Fehler gemacht, die schwerwiegende Folgen haben können – bis hin zu Rechtsstreitigkeiten und hohen Geldstrafen. Um das zu vermeiden, werden in diesem Kapitel die wichtigsten Regeln zum Einsatz von eigenen und fremden Medien erläutert und entsprechende Fallbeispiele dargestellt. Besonderheiten für den Unterricht an Schulen und Hochschulen werden nicht einbezogen.[*]

---

[*] Dieses Kapitel beschäftigt sich mit der Anwendung des Urhebergesetzes (UrhG) auf den Einsatz von Medien in Live-Online-Trainings. Wir weisen darauf hin, dass wir dieses Thema nach bestem Wissen und Gewissen recherchiert haben. Es liegt in der Natur der Sache, dass ein Buch die Entwicklungen im Internetrecht nicht auf dem aktuellen Stand halten kann. Bei Unklarheiten empfehlen wir die rechtliche Beratung eines Spezialisten.

Urheberrecht

Wenn Medien wie Bilder, Texte, Musik und Videos in Trainingsszenarien zum Einsatz kommen, betrifft dies das Urheberrecht. Es dient dem Schutz von Werken aus Wissenschaft, Literatur und Kunst, die von Dritten erstellt und ohne Genehmigung genutzt werden. Das Gesetz kommt zur Anwendung, wenn das Werk oder ein Teil des Werkes eine »persönliche geistige Schöpfung« darstellt und ein bestimmter Grad an individueller Kreativität vorliegt. Das Urheberrecht schützt dabei nur sogenannte »Werke«, also auf einem Medium verkörperte Schöpfungen, und die sogenannten Leistungsschutzrechte. Diese gewähren bestimmten Berufsgruppen, wie zum Beispiel den ausübenden Künstlern, den Film- oder Tonträgerherstellern, ein eigenes, den Urheberrechten gleichgestelltes Schutzrecht. Nicht geschützt ist das geistige Gedankengut, die Idee oder das Konzept, worauf die kreative, geschützte Schöpfung beruht. Unter bestimmten Bedingungen können Werke Dritter für Trainingszwecke genutzt werden, ohne vorher eine Genehmigung des Schöpfers oder Nutzungsrechteinhabers einzuholen (vgl. www. eteaching.org).

Grundsätzlich gilt, dass das Werk eines Schöpfers bis zu 70 Jahre nach seinem Tod geschützt ist. Die jeweiligen Erben treten dann mit allen Rechten und Pflichten in die Urheberstellung ein. Danach ist das Werk gemeinfrei, das bedeutet, dass das Werk zur freien Nutzung durch jedermann zur Verfügung steht. Für besondere Werke gelten kürzere Fristen, wie zum Beispiel für Filmproduzenten, bei denen die Schutzfrist bereits nach 50 Jahren ab Erstausstrahlung endet.

Gesetzes- und Urteilstexte unterliegen nicht dem Urheberrecht (vgl. www.urheberrecht-portal.de/allgemeines-zum-urheberrecht/was-ist-urheberrechtlich-geschuetzt/). Allerdings gilt dies nicht für Kommentare zu Gesetzestexten, Entwürfe oder unvollendete Werke (http://uni-potsdam.de/agelearning/themen/rechtsfragen-im-e-learning/).

Creative-Commons-Lizenz (Open Content)

Nicht immer hat der Urheber ein Interesse daran, dass sein Werk in der ursprünglichen Form geschützt und damit nur eingeschränkt nutzbar ist. Zuweilen möchte er gerade, dass sein Werk zu eigenen Werbezwecken möglichst viel genutzt wird. Hier bietet das Internet vielfältige Möglichkeiten, seine Lizenzen zur Nutzung der Werke einfach und rechtssicher zu verwalten. Sie haben zum Beispiel die Möglichkeit, Ihr Werk unter eine sogenannte »Open-Content-Lizenz« zu stellen. Dabei wird die Nutzung eines Werkes – zumeist Fotos – kostenfrei zu beliebigen Zwecken ermöglicht, wobei nur die Namensnennung des Urhebers erforderlich ist.

Eine sehr verbreitete Lizenzform ist die »Creative-Commons-Lizenz«, die 2001 dank einer Initiative des US-amerikanischen Rechtsprofessors Lawrence Lessig ins Leben gerufen wurde. Gestalten Sie zum Beispiel eine Präsentation aus zehn Folien und stellen diese über eine Internetplattform wie »slideshare« (www.de.slideshare.net) zur Verfügung, müsste jeder, der die komplette Präsentation für eigene Veranstaltungen nutzen will, eine Nutzungslizenz bei Ihnen beantragen. Dies kann kostspielig und zeitaufwendig sein. Um es Nutzern einfacher zu machen und sich als Experte noch stärker zu profilieren, beantragen Sie als Urheber dazu die Creative-Commons-Lizenz bei der Organisation »Creative Commons« (Abkürzung: CC). Sie stellt Texte für Lizenzverträge zur Verfügung, welche regeln, wie das jeweilige Werk genutzt werden darf. Hier legen Sie zum Beispiel fest, dass die komplette Präsentation während einer Trainingseinheit gezeigt werden darf. Ein Werk, das unter einer Creative-Commons-Lizenz angemeldet ist, kennzeichnen Sie durch dieses Zeichen: ⓒⓒ

Folgende Einschränkungen kann der Schöpfer festlegen:

vgl. http://
de.creativecommons.org/

■ Icon	■ Kürzel	■ Bedeutung	■ Erklärung
ⓘ	BY	Attribution	Die Nennung des Namens ist erforderlich.
Ⓢ	NC	Non commercial	Der Lizenzgegenstand darf nur zu nicht überwiegend Gewinn- oder Erwerbszwecken verwendet werden.
⊜	ND	No derivatives	Veränderungen des Lizenzgegenstandes sind nicht erlaubt.

■ Icon	■ Kürzel	■ Bedeutung	■ Erklärung
	SA	Share alike	Die Weitergabe des veränderten Lizenzgegenstandes ist nur unter den Bedingungen der Ausgangslizenz gestattet.

Einzelne Lizenzelemente von Creative Commons (© Thomas Hartmann)

Der Lizenzvertrag kann auch aus Kombinationen der verschiedenen Einschränkungen bestehen, zum Beispiel BY-ND. Die Lizenz sowie die genauen Bedingungen und Anleitungen finden sich unter: https://creativecommons. org.

Nutzungsrechte

Damit Sie Material nutzen können, das urheberrechtlich geschützt ist, müssen Sie dafür die Nutzungsrechte in Form von Lizenzverträgen erwerben. Die Ausnahmen werden in den sogenannten Schrankenbestimmungen des Urhebergesetzes geregelt (siehe nächster Abschnitt). Mit den Lizenzverträgen wird Ihnen die Nutzung entweder in jeder Form oder nur in einer bestimmten Weise gestattet. Der Inhaber der Rechte ist entweder der Urheber selbst, eine Person, der die Rechte übertragen wurden (zum Beispiel Erben), oder ein Unternehmen, dem er die Lizenzrechte übertragen hat, wie zum Beispiel eine Verwertungsgesellschaft (zum Beispiel für Musik die GEMA oder GVL).

Da die geschützten Werke auf unterschiedlichen Medien und in unterschiedlicher Form, insbesondere auch in digitaler Form genutzt werden (zum Beispiel zum Hochladen auf der Homepage, in Präsentationen, in Teilnehmerunterlagen), gelten unterschiedliche Nutzungsrechte. Dazu zählen das Vervielfältigungsrecht (§ 16 UrhG), das Verbreitungsrecht (§ 17 UrhG), das Recht auf öffentliche Zugänglichmachung (§ 19 a UrhG) oder das Vorführungsrecht (§ 19 UrhG).

Schrankenbestimmungen

Um die Nutzung von Werken nicht nur dem Urheber zuzugestehen, sieht das Urhebergesetz Schrankenbestimmungen vor, unter deren Voraussetzungen die Werke genutzt werden können, ohne auf eine entsprechende Erlaubnis des Urhebers Rücksicht nehmen zu müssen. Hierunter fallen insbesondere das Zitatrecht (§ 51) und das Recht auf Privatkopie (§ 53 UrhG). Die wichtigsten Medien und die Regeln für ihre Verwendung in Trainings werden im Folgenden dargestellt.

Texte anderer Autoren verwenden

Möchten Sie Texte von anderen Autoren verwenden, sollten Sie immer die Erlaubnis einholen. Ausgenommen sind Gebrauchstexte wie Bedienungsanleitungen oder AGBs. Sie dürfen ein Werk nicht ohne Zustimmung des Autors bearbeiten und umgestalten, solange das Ursprungswerk noch erkennbar ist (§ 23 UrhG). Machen Sie daraus allerdings ein eigenständiges Werk mit Ihrer individuellen Darstellungsweise, müssen Sie nicht die Zustimmung des Autors einholen (§ 24 UrhG). Auch Abbildungen müssen einen eigenständigen Charakter aufweisen.

Für die Einbeziehung fremder Texte eignen sich Zitate (§ 51 UrhG). Diese dienen im Training dazu, die inhaltlichen Zusammenhänge zu verdeutlichen. Sie dürfen jedoch nicht zur bloßen »Verschönerung« der Darstellung dienen (vgl. http://uni-potsdam.de/agelearning/themen/rechtsfragen-im-e-learning/).

Ein Zitat kennzeichnen Sie durch Anführungszeichen zu Beginn und am Ende. Wenn eine Textstelle, die zitiert werden soll, einen Rechtschreibfehler aufweist, darf dieser nicht korrigiert werden. Dies gilt ebenso wie inhaltliche Fehler. Wenn Sie ein Zitat in der Länge kürzen, kennzeichnen Sie dies durch eine eckige Klammer mit drei Punkten: […] (vgl. www.ub.uni-frankfurt.de/musik/tfm/zitate/Zzitat.html).

Für Texte, Zitate und Pressemitteilungen gilt eine Pflicht zur Quellenangabe. Dabei nennen Sie den Autor, den Titel, den Verlag bzw. die Zeitschrift und das Erscheinungsjahr (bei Zeitschriften auch die jeweilige Ausgabe). Ein Beispiel für Text-Fundstellen: Achim Zimmermann, Rechts-Abc für Trainer und Coaches, Beltz 2014.

Eigene Texte in Teilnehmerunterlagen veröffentlichen

Erstellen Trainer ein Skript für ihre Teilnehmer, so haben sie das Recht zu bestimmen, ob und wie ihr Werk veröffentlicht wird (§ 12 UrhG). Dazu gehört auch das Recht, eine eindeutige Kennzeichnung mit dem eigenen Namen als Urheber beziehungsweise Autor (§ 13 UrhG) zu verlangen oder darauf zu verzichten. Wenn Sie die Unterlagen an Ihre Teilnehmer versenden, dürfen diese sie nur zu eigenen Zwecken nutzen, aber nicht vervielfältigen und weitergeben (§ 16 UrhG und § 17 UrhG).

Musik abspielen

Wer Musik in seinen Trainings abspielen möchte, muss sowohl für die Komposition und den Liedtext als auch für Interpreten und Musikaufnahmen Lizenzen erwerben. Zuständig für Ersteres ist die GEMA (Gesellschaft für musikalische Aufführungs- und mechanische Vervielfältigungsrechte) und in Bezug auf die Interpreten die GVL (Gesellschaft zur Verwertung von Leistungsschutzrechten). Auf der Internetseite der GEMA sind alle Nutzungsbedingungen mit den dazugehörigen Tarifen erklärt: www.gema.de. Allerdings gibt es auch Plattformen, die GEMA-freie Musik anbieten, zum Beispiel www.musicfox.com.

Fotos, Bilder, ClipArts, Logos und Karikaturen darstellen

Die Rechte zur Nutzung an einem Bild oder ähnlichem sind entweder beim Fotografen selbst oder beim Rechteinhaber einzuholen (vgl. Zimmermann 2014, http://rechtsanwalt-schwenke.de/anleitung-zur-werbung-mit-prominenten-geld-sparen-wie-sixt/).

Der Rechteinhaber kann auch eine Plattform sein, die Lizenzen anbietet, wie zum Beispiel www.fotolia.de oder www.istockphoto.com. Aber Achtung: Auch hier ist zu klären, für welchen Zweck und für welche Reichweite der Fotograf das Bild freigegeben hat. Dies ist in der Regel der Beschreibung des Bildes zu entnehmen. Eine Quellendarstellung ist trotz freier Nutzbarkeit unerlässlich: Bildautor, Name der Quelle, laufende Nummer.

Wer gänzlich kostenfreie, umfassende Bilderlizenzen sucht, kann auf www.google.de im Bereich »Bilder« die erweiterte Suche auswählen und die Nutzungsrechte auf »frei zu nutzen – auch für kommerzielle Zwecke« einstellen (vgl. Nina Peters, managerSeminare, Heft 143, Februar 2010).

Werden Fotos von Teilnehmern für die Darstellung in einem Lern-Management-System oder im virtuellen Raum genutzt, müssen die Teilnehmer ihre Zustimmung dazu geben.

Film-Dateien verwenden

Lizenzen für Filme sind beim Autor beziehungsweise beim Filmverleih einzuholen.

Einbindung (Embedding) oder Textchat-Einträge von Internet-Links

Im Internet befinden sich viele Darstellungen zu Trainingsinhalten, die jedoch nur verwendet werden dürfen, wenn man davon ausgehen kann, dass der Urheber ein berechtigtes Interesse daran hat, dass seine Inhalte im Internet gefunden werden. Till Kreutzer empfiehlt in seinem Leitfaden »Rechtsfragen bei E-Learning«, die Verlinkung in regelmäßigen Abständen im Hinblick auf Aktualität und Auffindbarkeit zu prüfen (http://irights.info/artikel/leitfaden-erlaeutert-rechtsfragen-bei-e-learning-und-digitaler-lehre/25824). Auch hier ist eine Quellenangabe notwendig.

Wenn Sie Internetseiten in Ihr Training einbauen wollen, sollten Sie bei Inhouse-Trainings vorher prüfen, ob die Zugriffsberechtigungen im Unternehmen vorliegen. Viele Unternehmen sperren bestimmte Seiten für Mitarbeiter (zum Beispiel www.youtube.com). Diese sind dann auch im Live-Online-Training nicht aufrufbar.

Folgende Internetseiten bieten einen aktuellen Überblick über die Entwicklungen im Urheber- und Internetrecht:

- www.gesetze-im-internet.de/urhg
- www.uni-muenster.de/Jura.itm/hoeren/en/publikationen
- www.e-teaching.org/projekt/rechte/urheberrecht

Zitate kennzeichnen

- http://uni-potsdam.de/agelearning/themen/rechtsfragen-im-e-learning/
- http://irights.info/artikel/leitfaden-erlaeutert-rechtsfragen-bei-e-learning-und-digitaler-lehre/25824 (Leitfaden »Rechtsfragen bei E-Learning« Dr. Till Kreutzer 2015)
- www.uni-muenster.de/Jura.itm/hoeren/materialien/Skript/Skript_Internetrecht_April_2015.pdf (Internetrecht und IT-Recht von Thomas Hoeren)

Phase 3: Organisatorische Vorbereitung

Das Training terminieren

Die Terminierung eines Live-Online-Trainings ist nicht immer einfach, da anders als im Präsenztraining über mehr als einen Tag hinweg geplant werden muss. Dabei richtet sich die Gesamtlänge des Kurses nach dem Thema und dem Grad der Taxonomie. Je mehr die Teilnehmer das neu erworbene Wissen selbst anwenden sollen, desto ausgedehnter berechnen Sie die Kurszeit. Dies kann, je nach Konzept, einige Monate dauern. Zu berücksichtigen ist auch die Zeit, die die Teilnehmer außerhalb der geplanten Sessions für die inhaltliche Aufarbeitung benötigen. Ist diese Zeit eher gering, so können mehrere Einheiten pro Woche geplant werden. Müssen die Teilnehmer jedoch für die nächste Trainingseinheit etwas vorbereiten oder parallel ein Konzept entwickeln, kalkulieren Sie diese Zeit mit ein. Planen Sie jedoch nicht mehr als drei Einheiten an einem Tag und achten Sie auf genügend Pausen zwischen den einzelnen Sequenzen.

Es gibt keine Pauschalempfehlung für einen Rhythmus. Die Spannweite reicht von Kursen, die über mehrere Wochen täglich stattfinden, bis hin zu Blended-Learning-Kursen, in denen nur einmal im Monat eine Live Session stattfindet. Natürlich hängt es auch davon ab, wie viel Zeit die Teilnehmer mitbringen, um an einem Training teilzunehmen. Ein Kurs kann auch in unterschiedliche Phasen eingeteilt werden, bei denen man sich zunächst häufiger trifft (zum Beispiel einmal pro Woche) und dann in längerfristigen Abständen.

Die Tageszeit für das Training sollte sich danach richten, ob die Teilnehmer von ihren Unternehmen für die Weiterbildung freigestellt werden oder ob sie sich privat fortbilden. Gute Zeiten für Live-Online-Trainings sind:

Die Zielgruppe bestimmt die Uhrzeit

- 9 Uhr (da haben alle Teilnehmer in der Regel ihre E-Mails überprüft)
- 11 Uhr (die Zeit vor dem Mittagessen wird genutzt)
- 15 Uhr (die erste Müdigkeit nach der Mittagspause ist vorbei)
- 17 Uhr (die Zeit für private Weiterbildung beginnt)

- 18 Uhr (später sollte es nicht werden, da ansonsten die Aufmerksamkeit zu gering ist)

Anmeldeverfahren (bei offenen Seminaren)

Für »offene Seminare«, an denen jeder teilnehmen kann, gilt: Ist der Interessent überzeugt von der angebotenen Weiterbildung, sollte er sich unkompliziert dazu anmelden können. Folgende Verfahren sind möglich:

- Der Teilnehmer sendet eine Mail an Sie und erhält eine Bestätigungsmail. Das Bezahlverfahren per Rechnung erfolgt erst, wenn der Kurs stattfindet.
- Auf Ihrer Website veröffentlichen Sie einen Link zu einer Registrierungsseite. Einige Systeme bieten diesen Service an, der jedoch mit zusätzlichen Kosten verbunden ist. Diese hängen vom gebuchten Businessmodell ab und sind beim jeweiligen Anbieter zu erfragen.
- Wer sich um die Anmeldung und Bezahlung keine Gedanken machen möchte, nutzt kostenpflichtige Bezahlsysteme, welche die Seminaranmeldung- und Abrechnung übernehmen, wie zum Beispiel www.amiando.com, www.event.airlst.com oder www.javis.de.

Versenden Sie die Zugangsdaten nicht direkt mit der Bestätigungsmail, wenn nicht klar ist, ob die erforderliche Teilnehmerzahl erreicht wird. Es reicht aus, wenn die Teilnehmer die Zugangsdaten zwei Wochen vor Beginn erhalten.

Den Virtual Classroom und weitere Plattformen einrichten

Für die Einrichtung des Virtual Classroom sowie weiterer Kommunikationsplattformen sind Sie oder eine Person beim Kunden verantwortlich. Wenn Sie die Einrichtung übernehmen, bedeutet dies bei Inhouse-Seminaren einen höheren Zeitaufwand. Berücksichtigen Sie das in der Honorarkalkulation! Den Zugang zur Administration des Virtual Classroom erhalten Sie einige Wochen vor der ersten Veranstaltung. So können Sie in Ruhe den Raum einrichten, die entsprechenden Medien hochladen und die grundlegenden Einstellungen festlegen (zum Beispiel die Deaktivierung des privaten Textchats). Übernimmt ein Mitarbeiter beim Kunden diese Einrichtung, geben Sie diesem eine genaue Anweisung, was im Virtual Classroom an Medien zur Verfügung stehen muss und welche Einstellungen für Sie wichtig sind.

Sollte eine weitere Plattform, wie ein Lern-Management-System, für die asynchrone Kommunikation außerhalb der Trainings eingesetzt werden, eröffnen Sie einen entsprechenden Eintrag im Forum. Hier begrüßen Sie die Teilnehmer und fordern sie auf, ihre Erwartungen und Fragen im Forum zu notieren. Die Plattform sollte einen Ordner enthalten, in dem während der Kurszeit die Teilnehmerunterlagen zum Download zur Verfügung stehen.

Hotline und Support bereitstellen

Da der Start eines Kurses in Bezug auf die Audioeinstellungen die heikelste Situation darstellt und schnell zu Frust bei den Teilnehmern führen kann, sollte sich eine Person im Hintergrund bereithalten, um Teilnehmern mit Audio- oder Zugangsproblemen zu helfen. Für manche Plattformen bieten die Betreiber oder andere Dienstleister solche Dienste an, die in der Regel Kosten verursachen. Die Supportkosten sollten in der Kalkulation berücksichtigt werden. Damit die Teilnehmer bei Audioproblemen schnell Hilfe bekommen, blenden Sie die Telefonnummer des Supports auf der Titelfolie ein. Dies kann auch die Telefonnummer eines Kollegen sein, der im Notfall erreichbar ist. Benachrichtigen Sie die Supportstelle rechtzeitig vor dem Termin, damit diese sich darauf einstellen kann.

Sehr hilfreich und entlastend ist es, wenn zu Beginn der Session jemand im Virtual Classroom dabei ist, um Teilnehmer mit technischen Problemen direkt zu betreuen.

Teilnehmer einladen und Rückläufe bearbeiten

Während es bei Präsenztrainings ausreicht, den Ort, das Datum und die Uhrzeit in der Einladung zu nennen, sind für Trainings im virtuellen Raum folgende Informationen für den Teilnehmer wichtig:

- Link in den Virtual Classroom
- Zeitpunkt der Einwahl (15 Minuten vor Beginn)

- Informationen zur Audioeinwahl (VoIP oder Telefonkonferenz) und zu weiteren technischen Voraussetzungen
- Testmöglichkeit (Download und Installation des benötigten Clients oder anderer Applikationen, wie die aktuelle Version des Flashplayers)
- Support Telefonnummer

Die Einladung mit den Zugangsdaten sollte der Teilnehmer spätestens zwei Wochen vor der ersten Veranstaltung erhalten, damit er ausreichend Zeit zur Einrichtung und Erprobung hat. Die Erfahrung hat gezeigt, dass Standardmails, die über das System versendet werden, nicht immer ankommen oder nicht individuell genug gestaltet werden können. Hier verwenden Sie besser den eigenen Mail-Account und tragen die notwendigen Daten selbst ein. Die Daten erhalten Sie, indem Sie sich über das System eine eigene Einladung senden und die Daten in die E-Mail kopieren. Eine Erinnerungsmail verschicken Sie jeweils einen Tag und eine Stunde vor Trainingsbeginn.

Beispiel für den Einladungstext

Sehr geehrte Damen und Herren,

vielen Dank für Ihr Interesse an unserem Live-Online-Training/Webinar: ....
Heute erhalten Sie Ihre Zugangsdaten für den virtuellen Raum und die Telefonkonferenz. Bitte testen Sie einige Tage vor der Veranstaltung die Funktionalität des Raumes über diesen Link: ....

Zugang virtueller Raum: https://.....
Bitte wählen Sie sich ca. 10 bis 15 Minuten vorher ein, damit wir pünktlich beginnen können. Bei der Anmeldung geben Sie Ihren Namen und Ihre E-Mail Adresse ein und klicken auf »Betreten Sie den Raum«.

Einwahldaten für die Telefonkonferenz:
Telefonnummer: ....
Teilnehmer-Code: ....

Nachdem Sie die Nummer für die Telefonkonferenz gewählt haben, werden Sie gebeten, die o. g. Raumnummer gefolgt von der Raute (#) auf der Tastatur Ihres Telefons einzugeben. Achtung: Dafür benötigen Sie ein tonwahlfähiges Telefon!

Support: Bei technischen Problemen kontaktieren Sie bitte das Supportteam unter der Telefonnummer.

Sollte es Fragen oder Probleme geben, rufen Sie mich gerne an.

Wenn Sie sichergehen möchten, dass die Teilnehmer die Zugangsdaten griffbereit haben, senden Sie mit der Einladung einen Eintrag in den Kalender der Teilnehmer. In manchen Systemen ist dies per Klick auf einen Link möglich.

Absprachen mit dem Co-Moderator

Einige Tage vor der Veranstaltung treffen Sie sich mit dem Co-Moderator im Virtual Classroom für einen Testlauf und letzte Absprachen. Diese sollten im Ablaufplan vermerkt werden, damit für jeden klar ist, wer welchen Teil der Veranstaltung übernimmt (siehe Kapitel 4: Co-Moderator).

Testlauf

Bevor ein Testlauf mit allen Beteiligten durchgeführt wird, sollten Sie für sich eine Probe machen. Dabei überprüfen Sie den Ablaufplan und passen eventuell die Zeiten und Inhalte an. Erst dann erfolgt einige Tage vor dem Termin ein Testlauf mit dem Co-Moderator. Dieser ist unerlässlich für den reibungslosen Ablauf eines Trainings und sollte auch von erfahrenen Trainern durchgeführt werden, die ein neues Konzept trainieren.

Beim Testlauf treffen Sie letzte Absprachen mit dem Co-Moderator und bedienen die Medien zur Probe. Sind Sie noch unsicher, sollten Sie den kompletten Ablauf üben, um ein Gefühl für das Sprechen ohne direktes Publikum zu erhalten. Laden Sie dazu Kollegen und Freunde ein, die als »Test-Teilnehmer« fungieren und ein konstruktives Feedback geben.

Testlauf mit mehreren Personen durchführen

Persönliche Vorbereitungen des Trainers

Bevor Sie den virtuellen Trainingsraum betreten, platzieren Sie alle notwendigen Materialien in greifbarer Nähe:

- Teilnehmerliste: Die Teilnehmerliste enthält die Namen, die Mailadressen, ein Anwesenheitsfeld pro Termin und genügend Platz für zusätzliche Bemerkungen.

- Ablaufplan
- Uhr für den Zeitabgleich
- Ausdruck der Präsentationsfolien in der Notizenansicht: Wenn der Text zu den Inhalten zu umfangreich ausfällt, drucken Sie die Notizen aus dem Präsentationsprogramm aus. Wer keinen separaten Ablaufplan erstellt, kann hier auch Anmerkungen zu Zeiten und Interaktionen machen.
- Dateien öffnen, die während des Seminares benötigt werden; während der Veranstaltung kann es sonst zu Verzögerungen und technischen Schwierigkeiten kommen.
- Gang zum stillen Örtchen
- Glas stilles Wasser, damit die Stimme geschmeidig bleibt und das Aufstoßen verhindert wird
- Stift für Notizen
- Telefon und mobile Geräte stumm schalten: Was Sie von den Teilnehmern erwarten, sollten Sie auch selbst beherzigen.
- Telefonnummer für Support bereitlegen, falls es technische Probleme gibt. Wer es sich einfach machen will, öffnet parallel ein Dokument mit der Telefonnummer, die er bei Bedarf in den Textchat kopiert.
- Einwahldaten in den virtuellen Raum: werden benötigt, wenn Sie die Trainingseinheit nicht selbst starten, sondern den Virtual Classroom über einen Link betreten. Dazu gehören auch die Einwahldaten in die Telefonkonferenz.
- Headset-Anschluss prüfen: Es kann schnell passieren, dass sich der Stecker löst und die Verbindung unterbrochen ist.
- Dokument mit Anweisungen zur Technik öffnen: Wenn Sie ohne Support arbeiten, sollten Sie ein Dokument mit Anweisungen parat halten, die Sie im Falle von technischen Schwierigkeiten in den Textchat kopieren.
- Türschild anbringen, um Störungen zu vermeiden

Ein solches Türschild können Sie als Marketingmaßnahme im Vorhinein an die Teilnehmer versenden. Damit setzen Sie – neben dem inhaltlichen Mehrwert – ein Erinnerungszeichen und machen andere auf Ihre Leistung aufmerksam.

Wie läuft ein Live-Online-Training ab?

Leitfrage

Worin unterscheiden sich Trainings im virtuellen Raum von solchen vor Ort, und was kann ich tun, um die Teilnehmer aktiv am Geschehen zu beteiligen?

Der Ablauf eines Live-Online-Trainings ist an den eines Präsenztrainings angelehnt und unterteilt sich in folgende Abschnitte:

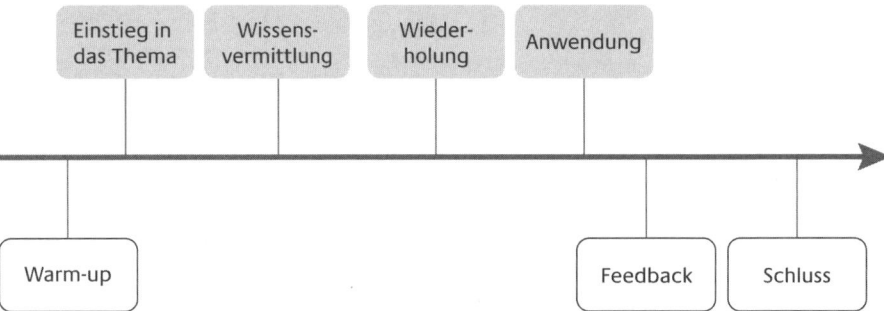

Trotz einiger Gemeinsamkeiten gelten für Trainings im virtuellen Raum besondere Vorgehensweisen in Bezug auf die Kommunikation, den Medieneinsatz und die Anwendung geeigneter Methoden. Diese werden im folgenden Kapitel beschrieben und mit Beispielen aus der Praxis veranschaulicht.

Kurz vor der Startzeit

Die ersten Minuten nach dem Betreten des virtuellen Raumes werden für einen letzten Technik-Check über den im Raum vorhandenen Audioassistenten genutzt. Wird parallel eine Telefonkonferenz geschaltet, ist nach dem Betreten des virtuellen Raumes die Einwahl in die Telefonkonferenz notwendig. Die Einwahldaten werden in der Regel beim Öffnen des virtuellen Raumes am Bildschirm sichtbar oder können über einen Menüpunkt angezeigt werden. Wenn die Audioverbindung hergestellt ist, laden Sie die Präsentation und weitere Medien hoch, falls dies nicht schon vorher geschehen ist (bei Adobe Connect notwendig).

Die ersten Minuten entscheiden über Lust oder Frust an der Teilnahme

Bei manchen Plattformen werden die Teilnehmer in eine sogenannte Lobby eingewählt, in der sie auf die Freigabe zum Betreten des Raumes warten. Dies sollte kurz vor Beginn des Seminares erfolgen. Da die Teilnehmer in der Einladung gebeten wurden, sich einige Minuten früher einzuwählen, geben Sie den Zugriff auf den Raum in diesem Fall aktiv frei.

Begrüßen Sie die Teilnehmer nach dem Eintreten mit dem Namen und führen Sie mit jedem einen Audio-Check durch. Hierzu eignet sich eine vorbereitete Folie, die die wichtigsten Funktionen wie Mikrofonzeichen und Melde-Button zeigt. Wenn ausreichend Platz zur Verfügung steht, kann die Darstellung auch auf der Titelfolie erfolgen. Zur Unterstützung der verbalen Anweisungen wird ein Pointer oder Zeigepfeil genutzt. Ein Vermerk auf der Teilnehmerliste zeigt an, wer den Audio-Check durchlaufen hat und startklar ist.

> Bitten Sie die Teilnehmer nach dem Betreten des Raumes, Ihnen ein Zeichen zu geben, ob sie Sie hören können. Dazu setzen die Teilnehmer eine Statusmeldung, wie zum Beispiel einen Haken für Zustimmung. Diese Zeichen lassen Sie so lange stehen, bis Sie mit allen Teilnehmern den Audio-Check durchgeführt haben. Das erleichtert Ihnen den Überblick.

Falls es bei einem Teilnehmer ein Problem mit dem Kopfhörer oder Lautsprecher gibt, schreiben Sie eine der folgenden Anweisungen in den Textchat:

- Bitte Headset-Stecker überprüfen.
- Bitte Audioassistenten über Menüpunkt ... durchlaufen und auf richtige Lautsprecher achten.
- Bitte Support anrufen: ...

Wenn es bei einem Teilnehmer ein Problem mit dem Mikrofon gibt, stellen Sie ihm folgende Fragen beziehungsweise geben Sie ihm einen der folgenden Lösungsvorschläge über die Tonspur:

- Ist Ihre Stummschaltung direkt am Headset aktiviert?
- Bitte durchlaufen Sie den Audioassistenten über den Menüpunkt ... und achten Sie darauf, dass das richtige Mikrofon ausgewählt ist.
- Überprüfen Sie Ihre Audio-Einstellungen in der Systemsteuerung.
- Bitte rufen Sie den Support an. Ich schreibe die Nummer in den Textchat: ...

Für weitere Maßnahmen haben Sie keine Zeit, da Sie sich um die anderen Teilnehmer und den Beginn des Seminares kümmern müssen. Um eine gewisse Unruhe durch Nebengeräusche oder schlecht eingestellte Mikrofone zu vermeiden, schalten Sie die Mikrofone der Teilnehmer nach dem Technik-Check auf stumm oder lassen Sie dies die Teilnehmer selbst tun. Bei Telefonkonferenzen, die parallel zum virtuellen Raum geschaltet sind, wird dazu entweder eine Tastenkombination auf der Tastatur des Telefons gedrückt oder das Mikrofon-Symbol in der Teilnehmerliste angeklickt. Die Tastenkombinationen sind in diesem Fall vorher zu erfragen und bereit zu legen.

Damit die weiteren Trainingseinheiten pünktlich beginnen, vereinbaren Sie mit den Teilnehmern, dass sich jeder fünf bis zehn Minuten vor dem Start einwählt. Auch wenn die Teilnehmer versichern, dass sich an den Audio-Einstellungen nichts ändert, kommt es immer wieder vor, dass das Mikrofon oder die Kopfhörer nicht funktionieren.

Wenn Sie die Audioeinstellungen aller Teilnehmer geprüft haben, ist noch Zeit für einen kurzen Smalltalk, zum Beispiel über das Wetter, die vorangegangene Seminar-Einheit oder private Dinge.

Bei Veranstaltungen mit großen Gruppen, bei denen die Teilnehmer ausschließlich über den Textchat kommunizieren, wird durch das Einspielen von Musik eine angenehme Willkommensatmosphäre geschaffen und der Audio-Check auf diesem Weg durchgeführt. Hierzu wird eine Audiodatei im mp3-Format in den virtuellen Raum hochgeladen. Das Musikstück sollte nicht länger als acht Minuten sein, da ansonsten das Hochladen zu lange dauert oder die maximale Upload-Größe überschritten wird. Zur Musik wird eine Folie eingeblendet, die beschreibt, wo die Teilnehmer eine Rückmeldung geben können, wenn sie die Musik hören (zum Beispiel Statussymbole oder Textchat).

Warm-up

Die ersten Minuten nach dem Start dienen der Orientierung und dem Kennenlernen. In Präsenzseminaren dauert diese Phase oft bis zu einer Stunde. Viele Trainer im virtuellen Raum halten diese Phase kurz, um Zeit zu sparen. Sie legt jedoch den Grundstein für ein erfolgreiches Miteinander und dient der Sozialisation der Lerngruppe. Deshalb ist es wichtig, ihr einen größeren zeitlichen Rahmen von mindestens zwanzig Minuten beim ersten Treffen und circa fünf bis zehn Minuten bei jeder weiteren Einheit einzuräumen. Die Warm-up-Phase unterteilt sich in die folgenden Abschnitte:

Die Teilnehmer begrüßen und das Ziel benennen

Ein Grundsatz von virtuellen Veranstaltungen ist der pünktliche Beginn. Dieser ist wichtig, da es einen straffen Zeitplan gibt und die Teilnehmer keine Verlängerung eingeplant haben. Somit werden auch keine Teilnehmer »bestraft«, die sich rechtzeitig eingewählt haben. Trotzdem behalten Sie in den ersten Minuten die Teilnehmerliste im Blick, um Nachzügler mit Namen begrüßen zu können. In manchen Fällen kommen diese zu spät, weil sie ein Problem bei der Einwahl hatten und daher schon angespannt sind. Wenn möglich, schalten Sie zur Begrüßung die Webcam ein, um den persönlichen Kontakt zu verstärken. Während der Begrüßung formulieren Sie in ein bis zwei Sätzen, was das Ziel dieser Trainingseinheit ist, damit die Teilnehmer ihre Erwartungen damit abgleichen können.

Wenn keine Webcam zum Einsatz kommt, zeigen Sie zur Vorstellung Ihrer Person auf einer Folie ein Foto (circa halbe Foliengröße) von sich und beschreiben mit wenigen Worten, was Sie als Fachexperte für das Thema ausmacht.

Die Agenda zeigt den Teilnehmern, wie sich der inhaltliche und zeitliche Ablauf gestaltet. Sie sollte nicht mehr als drei bis vier Kernthemen beinhalten. Die klassische Darstellung mit Aufzählungspunkten ruft bei den Teilnehmern eher Langeweile hervor. Der Einsatz von Bildern oder Formen, die im späteren Training wieder auftauchen, lockert die Agenda auf und dient der Orientierung.

Statusmeldungen, Textchat und Kommunikationsregeln

Während die Teilnehmer im Präsenztraining selbstverständlich kommunizieren und Medien wie Flipchart und Metaplanwand kennen, müssen sie im virtuellen Raum erst damit vertraut gemacht werden. Dazu stellen Sie auf einer Folie die Oberfläche des virtuellen Raumes dar und erläutern, welche Werkzeuge für das Handheben, eine kurze Statusmeldung und Nachrichten zu nutzen sind. Wenn der virtuelle Raum kein Symbol für das Handheben bereithält, vereinbaren Sie ein Zeichen, das die Teilnehmer in den Textchat eintragen. Das kann beispielsweise das Raute-Zeichen # als Handhebung sein. Um sicherzustellen, dass die Teilnehmer mit den Werkzeugen umgehen können, stellen Sie Fragen, die die Teilnehmer mit dem jeweiligen Werkzeug beantworten sollen. Zum Beispiel sollen alle Teilnehmer mit einem Zeichen aus den Statussymbolen bestätigen, dass Sie zu hören sind, oder im Textchat ihren aktuellen Standort eingeben. Wenn keine ausführliche Vorstellungsrunde geplant ist, stellen Sie Fragen nach dem Tätigkeitsschwerpunkt oder den Erwartungen. Damit sind alle darüber informiert, wer sich virtuell gegenübersitzt.

Parallel dazu erläutern Sie die Kommunikationsregeln:
- Fragen können jederzeit (oder nur nach bestimmten Abschnitten) gestellt werden. Dafür steht der Textchat oder das Mikrofon zur Verfügung.
- Die Teilnehmer melden sich, bevor sie anfangen zu sprechen, und lassen sich ausreden.
- Die Teilnehmer steuern das Mikrofon selbst (oder Sie übernehmen dies).
- Die Teilnehmer, die gerade nicht zuhören können, klicken auf das entsprechende Statussymbol, um ihre Abwesenheit zu signalisieren.
- Die Teilnehmerunterlagen werden am Ende der Einheit (oder im Anschluss per Mail) versendet.

Die Teilnehmer stellen sich vor

Anders als in Präsenztrainings haben die Teilnehmer keine Gelegenheit für ein persönliches Kennenlernen oder einen Smalltalk vorab. Da jedoch Vertrauen für eine Zusammenarbeit in der Lernzeit nur entsteht, wenn sich die Teilnehmer näher kennen, darf dieser Teil im Warm-up nicht fehlen. Bei kleinen Lerngruppen sollte jeder Teilnehmer kurz einen verbalen Beitrag leisten. Bei größeren Gruppen eignen sich dazu Medien, mit denen in kurzer Zeit möglichst viel über die Teilnehmer zu erfahren ist, wie zum Beispiel eine Umfrage oder der Textchat.

Auch bei Folge-Einheiten gestalten Sie eine Vorstellungsrunde mit unterschiedlichen Methoden, sodass die Teilnehmer immer mehr über die Personen hinter den Bildschirmen erfahren. Es sollte hierbei nicht nur um berufliche Themen gehen. Oft erleichtern Freizeitaktivitäten, wie ein gemeinsames Hobby, die Anbahnung der virtuellen Kommunikation.

Bezeichnung	Erfahrungsdiagramm
Ziel	In einem Diagramm werden die Erfahrungen der Teilnehmer visualisiert.
Gruppengröße	Maximal zwölf Teilnehmer
Dauer	Drei Minuten
Medien	Folie mit Whiteboard-Funktion
Vorbereitung	Auf einer Folie wird die Frage am oberen Bildschirmrand platziert (Beispiel: »Wie viel Erfahrung haben Sie in Bezug auf…?«). Darunter wird ein Diagramm mit zwei Achsen dargestellt. Jede Achse erhält einen anderen Aspekt (Beispiel: Präsenztrainings/Live-Online-Trainings).
Ablauf	Nach der Freischaltung der Whiteboard-Werkzeuge vermerken die Teilnehmer mit einem Kreuz oder Stern ihren jeweiligen Erfahrungsstand.
Hinweis	Vor der Durchführung werden die Teilnehmer mit den Werkzeugen des Whiteboards vertraut gemacht.
Variationen	Alternativ zum Zeichen trägt jeder Teilnehmer seinen Namen ein. Damit werden die Teilnehmer mit weniger Erfahrung und jene mit mehr Erfahrung identifiziert. Jeder Teilnehmer erhält anschließend die Gelegenheit, kurz über die Erfahrungen zu berichten, um diese zu konkretisieren.

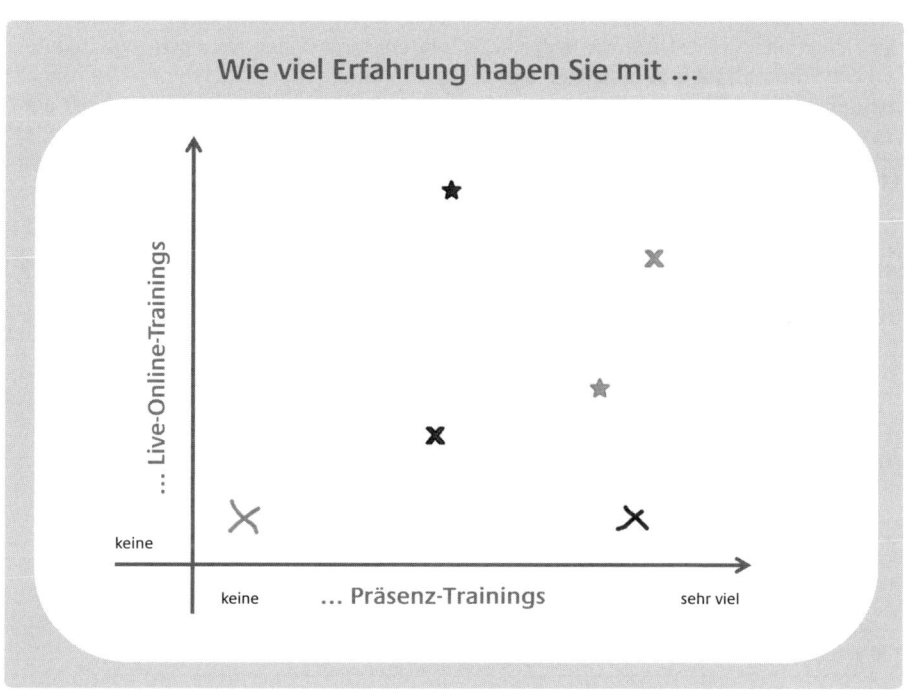

Wie viel Erfahrung haben Sie mit ...

... Live-Online-Trainings

keine

keine   ... Präsenz-Trainings   sehr viel

Methoden für das Warm-up

Bezeichnung	Ausgangspunkt-Methode
Ziel	Die Teilnehmer kennzeichnen ihren Ausgangspunkt zu Beginn der Trainingsmaßnahme in Bezug auf ihren Kenntnis- beziehungsweise Erfahrungsstand hinsichtlich des Themas.
Gruppengröße	Maximal 100 Teilnehmer
Dauer	Drei Minuten
Medien	Umfrage (Fragetyp: Multiple Choice)
Vorbereitung	In einer Umfrage wird die Frage gestellt: »Wie schätzen Sie Ihre Erfahrung in Bezug auf das Thema xy ein?« Folgende Antwortmöglichkeiten stehen zur Wahl: a – keine Erfahrung b – wenig Erfahrung c – ausreichend Erfahrung d – viel Erfahrung (Experte)

Ablauf	Nach der Freischaltung der Umfrage klicken die Teilnehmer auf eine Antwortmöglichkeit. Während der Stimmabgabe beobachten Sie die Rückmeldungen, um sich einen Überblick über den Kenntnisstand zu verschaffen. Wenn möglichst alle Teilnehmer eine Antwort gegeben haben, schließen Sie die Umfrage ab und machen die Ergebnisse für alle sichtbar.
Hinweis	Diese Methode eignet sich besonders für große Gruppen. Allerdings warten Sie nicht, bis der letzte Teilnehmer eine Antwort gegeben hat, da dies zu einer langen Wartezeit führen kann. Bei manchen Umfrage-Werkzeugen muss der Teilnehmer die ausgewählte Antwort bestätigen, um das Ergebnis abzusenden. Da hilft ein verbaler Hinweis von Ihnen.
Variationen	Die Antworten können je nach Thema weiter konkretisiert werden.

Bezeichnung	Teilnehmer-Matrix
Ziel	Teilnehmer lernen sich kennen und erhalten einen Überblick über Gemeinsamkeiten und Unterschiede
Gruppengröße	Maximal zwölf Teilnehmer
Dauer	Zehn Minuten
Medien	Folie mit Whiteboard-Funktion
Vorbereitung	Auf einer Folie wird eine Tabelle mit vier Spalten und sechs Reihen erstellt. In der ersten Spalte werden die Namen (optional auch die Fotos der Teilnehmer) eingefügt. Die weiteren Spaltenüberschriften sind frei wählbar: zum Beispiel Tätigkeit, Wohnort, Hobby oder Charaktereigenschaft. Da auf eine Folie nicht mehr als sechs Teilnehmeraussagen passen, duplizieren Sie die Folie, damit alle Teilnehmer sich darstellen können.
Ablauf	Die ersten sechs Teilnehmer von der Liste erhalten die Berechtigung, die Whiteboard-Werkzeuge zu nutzen, und machen ihre Eintragungen. Anschließend wird die nächste Folie eingeblendet, und die anderen sechs Teilnehmer vervollständigen die Tabelle. So entsteht schnell ein Überblick über die Gruppe in Bezug auf die gewählten Eigenschaften.
Hinweis	Gerade Teilnehmer, die sich nicht kennen und unterschiedliche Tätigkeitsschwerpunkte haben, erkennen schnell, wer einer ähnlichen Tätigkeit nachgeht.
Variationen	Sie können im Anschluss mithilfe der Markierungswerkzeuge die Gemeinsamkeiten farblich kennzeichnen. Wenn sich die Teilnehmer untereinander bereits bekannt sind, können Attribute gewählt werden, die neue Perspektiven eröffnen, wie zum Beispiel ein unerfüllter Wunsch oder das peinlichste Ereignis. Diese Aussagen dienen im Anschluss als Aufhänger für einen kurzen Smalltalk.

Bezeichnung	Vier Ecken
Ziel	Teilnehmer lernen sich kennen und erhalten einen Überblick über die Meinungen, Fähigkeiten und Erfahrungen der anderen Teilnehmer.
Gruppengröße	Maximal zwölf Teilnehmer
Dauer	Zwei Minuten pro Frage
Medien	Folie mit Whiteboard-Funktion
Vorbereitung	Die Folie wird in vier gleich große Rechtecke eingeteilt. Diese werden farblich voneinander getrennt. In jedes Quadrat wird eine Antwort geschrieben. Die Whiteboard- Funktion wird für alle Teilnehmer freigeschaltet.
Ablauf	Nach dem Einblenden der Folie stellen Sie mündlich eine Frage zum Kennenlernen (zum Beispiel »Wie lange arbeiten Sie bereits als Präsenztrainer?«). Die Teilnehmer suchen sich eine Ecke in der Folie aus, in die sie ihren Namen oder ein Zeichen aus der Whiteboard-Werkzeugbar eintragen.
Hinweis	Diese Methode stammt aus dem Präsenztraining und wird dort unter anderem »Landschaften stellen« genannt. Dabei stellen sich die Teilnehmer in die für sie zutreffende Ecke des Raumes. Im virtuellen Raum ordnen sie sich mithilfe einer Folie zu. Bei Fragen, bei denen es nicht wichtig ist, ob die Antwort mit der Person verbunden wird, oder bei Fragen, deren Antwort die Teilnehmer lieber anonym geben, verzichten Sie auf die Nennung des Namens (zum Beispiel »Was für ein Verhältnis haben Sie gewöhnlich zu Ihren Kursteilnehmern?«). Lassen Sie die Teilnehmer anstelle des Textfelds ein Zeichen auf die Folie setzen.
Variationen	Die Methode eignet sich auch für eine Wiederholungsrunde. Dort setzen die Teilnehmer ein Zeichen oder ihren Namen in die entsprechende Ecke.

< 1 Jahr Tanja	Sabine 1–3 Jahre Kai		

Wie lange arbeiten Sie als Präsenztrainer?

Svenja Norman 4 – 7 Jahre Henning	Manuela > 7 Jahre Kerstin

Bezeichnung	Vorstellungsfolie
Ziel	Die Teilnehmer lernen sich durch die Gestaltung einer eigenen Folie kennen.
Gruppengröße	Maximal acht Teilnehmer
Dauer	16 Minuten
Medien	Folie
Vorbereitung	Jeder Teilnehmer erstellt vor der ersten Live-Online-Seminareinheit eine Folie zur eigenen Vorstellung. Diese Folie wird von Ihnen vor oder zu Beginn der Einheit in den virtuellen Raum hochgeladen.
Ablauf	Jeder Teilnehmer stellt sich anhand der eigenen Folie vor. Dabei erhält er eine Zeitbeschränkung von einer Minute.
Hinweis	Bei dieser Methode beschäftigen sich die Teilnehmer schon im Vorhinein mit der ersten Einheit und gestalten ganz individuelle Folien. Alle Teilnehmer bekommen durch die Gestaltung und Präsentation einen ersten Eindruck von der Person des Mit-Lerners.
Variationen	Alternativ zum Hochladen der Folie durch Sie gibt der Teilnehmer seinen Bildschirm frei. Somit gibt er die Folie nicht aus den Händen.

Bezeichnung	Charaktereigenschaften
Ziel	Die Teilnehmer lernen sich kennen und entdecken gemeinsame Eigenschaften.
Gruppengröße	Maximal zwölf Teilnehmer
Dauer	Drei Minuten
Medien	Folie mit Whiteboard-Funktion
Vorbereitung	Auf einer Folie werden die Fotos zusammen mit den Namen der Teilnehmer dargestellt. Die Whiteboard-Werkzeuge werden für die Teilnehmer freigeschaltet.
Ablauf	Jeder Teilnehmer schreibt neben sein Foto und seinen Namen ein Adjektiv, das ihn kennzeichnet. Dieses Adjektiv muss mit dem Buchstaben des Vor- oder Nachnamens beginnen. Sie lesen anschließend vor: »Hier haben wir die schöne Susanne« oder »Hier haben wir den kommunikativen Karsten«.
Hinweis	Die Methode regt zur Kreativität an und lässt die Teilnehmer über sich selbst nachdenken.
Variationen	Jeder Teilnehmer erhält auf dem Whiteboard einen vordefinierten, abgegrenzten Bereich, in dem die Buchstaben seines Vornamens vertikal angeordnet sind. Die Teilnehmer tragen zu jedem Buchstaben ein Wort ein, das sie mit sich in Verbindung bringen. Der Trainer kommentiert die Einträge oder lässt jeden kurz eine Erklärung dazu abgeben. Diese Methode ist aufgrund des begrenzten Platzes auf der Folie nur für Gruppen mit bis zu sechs Teilnehmern geeignet.
Quelle	Angelehnt an die Methode »Anfangsbuchstaben« aus »150 kreative Webinar-Methoden« von Zamyat M. Klein, managerSeminare Verlag, 2015

Bezeichnung	Landkarte
Ziel	Die Teilnehmer tragen auf einer Landkarte ihren aktuellen Standort ein. Damit wird der Vorteil des ortsunabhängigen Lernens verdeutlicht und gleichzeitig der Umgang mit den Werkzeugen des Whiteboards geübt.
Gruppengröße	Maximal 20 Teilnehmer
Dauer	Drei Minuten
Medien	Folie mit Whiteboard-Funktion
Vorbereitung	Auf einer Folie zeigen Sie eine Welt- oder Deutschlandkarte und stellen die Frage: »Wo sitzen Sie gerade?«
Ablauf	Die Teilnehmer setzen mithilfe der Whiteboard-Werkzeuge ein Zeichen (zum Beispiel einen Stern) an der Stelle, an der sie sich gerade befinden. Sie können auch den eigenen Namen dazu schreiben.
Hinweis	Gerade bei der Ansicht einer Weltkarte wird deutlich, wie virtuelle Räume die Ländergrenzen überschreiten und Menschen von verschiedenen Kontinenten miteinander in Verbindung treten.
Variationen	Zusätzlich tragen die Teilnehmer das Wetter ein, das gerade an dem jeweiligen Standort herrscht.

Wo sitzen Sie gerade?

Bezeichnung	Teilnehmer-Puzzle
Ziel	Die Teilnehmer lernen sich kennen und üben den Umgang mit den Whiteboard-Werkzeugen.
Gruppengröße	Maximal acht Teilnehmer
Dauer	15 Minuten
Medien	Folie mit Whiteboard-Funktion
Vorbereitung	Auf einer Folie werden die Namen und, wenn vorhanden, die Fotos der Teilnehmer verstreut dargestellt.
Ablauf	Jeder Teilnehmer stellt sich kurz vor (maximal 30 Sekunden) und nennt seinen Beruf und sein Hobby. Sie schreiben diese Informationen ebenfalls verstreut (nicht neben den Namen des Teilnehmers) auf das Whiteboard. Bei der nächsten Trainingseinheit wird diese Folie wieder zu Beginn hochgeladen. Jetzt nennt jeder Teilnehmer die Informationen eines anderen Teilnehmers, an den er sich erinnert, und verbindet diese mithilfe der Stiftfunktion des Whiteboards. So entsteht ein Puzzle.

Hinweis	Die Teilnehmer werden zuvor mit den Whiteboard-Werkzeugen vertraut gemacht. Da nicht immer die richtigen Einträge miteinander verbunden werden, kommt es zum direkten Austausch unter den Teilnehmern.
Variationen	Es können auch andere Eigenschaften der Teilnehmer einbezogen werden (zum Beispiel: Charaktereigenschaft, Erfahrung mit dem Thema, Funktion im Unternehmen). Die Methode kann auch zur Wiederholung von Begriffen verwendet werden. Dabei werden die Begriffe und jeweils zwei Zusatzinformationen verteilt auf der Folie dargestellt. Die Teilnehmer verbinden der Reihe nach die Begriffe mit den Informationen, die zusammengehören.

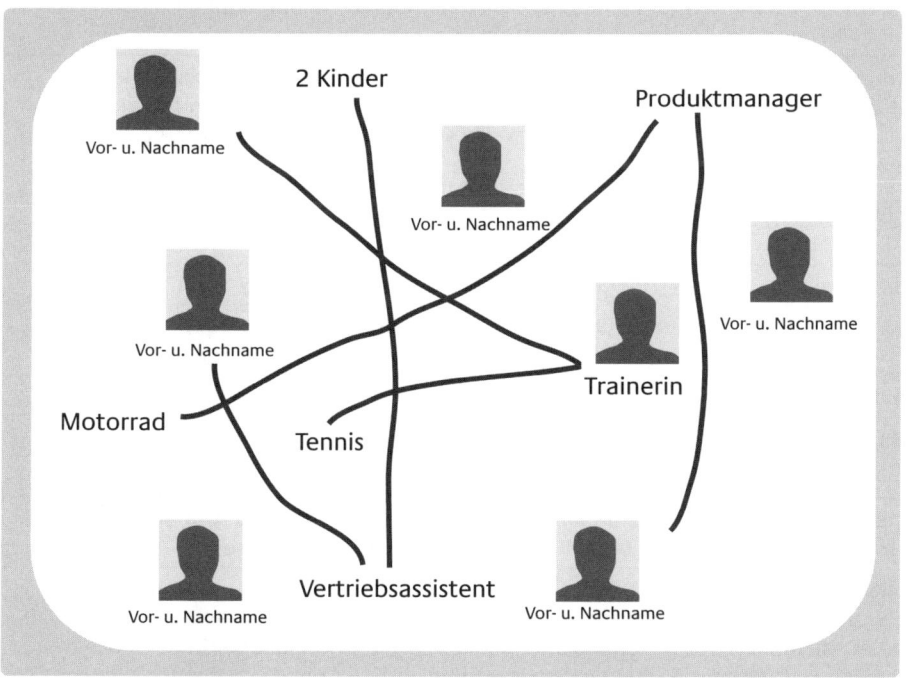

Bezeichnung	Wochenend-Vorschau/Rückblick
Ziel	Die Teilnehmer erfahren Privates über die Mitlernenden und entdecken Gemeinsamkeiten.
Gruppengröße	Maximal zwölf Teilnehmer
Dauer	Fünf Minuten
Medien	Folie mit Whiteboard-Funktion

Vorbereitung	Auf einer Folie werden verschiedene Freizeitaktivitäten durch Fotos dargestellt (zum Beispiel: Restaurantbesuch, Buch lesen, Sport treiben). Ein Fragezeichen ist auf der Folie ebenfalls als Platzhalter für weitere Aktivitäten zu sehen. Sie stellen den Teilnehmern die Frage »Wie war Ihr Wochenende?« oder »Was haben Sie am Wochenende geplant?« (Die Teilnehmer setzen nur ein Zeichen und sind nicht gezwungen, etwas zu erzählen, was sie nicht erzählen wollen.)
Ablauf	Die Teilnehmer setzen ihren Namen oder ein Zeichen aus den Whiteboard-Werkzeugen in die Nähe des Bildes, das ihren Aktivitäten entspricht. Anschließend sprechen Sie einige Teilnehmer an und befragen sie zu den Details. Wer sich für das Fragezeichen entschieden hat, wird nach der Aktivität befragt.
Hinweis	Diese Methode wird als Warm-up in einer weiterführenden Trainingseinheit eingesetzt oder für zwischendurch bei ganztägigen Trainings.
Variationen	Wenn die Bilder durch Abbildungen ausgetauscht werden, die eine Assoziation zum Thema zulassen, kann die Methode auch als Einstieg in ein Thema verwendet werden. Hier wird die Frage umformuliert: »Welches Bild verbinden Sie mit dem Thema xy und warum?«
Quelle	Reß/Hofmann 2003

Bezeichnung	Teilnehmerkreis
Ziel	Die Teilnehmer erfahren Privates über die Mitlernenden und entdecken Gemeinsamkeiten.
Gruppengröße	Maximal acht Teilnehmer
Dauer	Fünf Minuten
Medien	Folie mit Whiteboard-Funktion
Vorbereitung	Auf einer Folie werden die Namen und Fotos der Teilnehmer in einem großen Kreis dargestellt. In der Mitte sollte ausreichend Platz für spätere Eintragungen sein.
Ablauf	Sie stellen den Teilnehmern zu Beginn eine Frage. Zum Beispiel »Was machen Sie, wenn Sie nicht arbeiten?« Die Teilnehmer berichten reihum von ihren privaten Aktivitäten. Während sie erzählen, notieren Sie einige Stichpunkte zu jedem Teilnehmer in der Mitte des Teilnehmerkreises. Platzieren Sie die Einträge möglichst nicht in der Nähe des Namens. Zu Beginn der nächsten Lerneinheit blenden Sie diese Folie wieder ein und bitten die Teilnehmer reihum, sich an einen Mitlerner und dessen Aktivität zu erinnern. Ist die Kombination richtig, zieht der Teilnehmer eine Linie von dem Foto des Genannten zu dessen Aktivität. Jetzt ist dieser an der Reihe, sich an einen Mitlerner zu erinnern und so weiter.
Hinweis	Beziehen Sie sich in die Vorstellungs- und Erinnerungsrunde mit ein, um Nähe aufzubauen.
Variationen	Die Folie mit dem Teilnehmerkreis wird eingeblendet, und ein Teilnehmer zieht eine Linie zu einem anderen Teilnehmer, dem er eine berufliche oder private Frage stellt. Hat der Befragte geantwortet, zieht er eine Linie zu einem anderen Teilnehmer und befragt diesen. Dadurch entsteht ein Netz, das verbindet.

Themeneinstieg

Das Vorwissen aktivieren und dem Lernen einen Nutzen geben

Der Einstieg in ein neues Thema beschränkt sich oft auf die Darstellung und Erläuterung der Agenda. Dabei vernachlässigen viele Trainer, dass der Teilnehmer zunächst »abgeholt« werden muss. Hier können wir viel von Verkaufsgesprächen oder aus der Werbung lernen. Dort wird in der Regel zunächst ein Problem oder eine Situation geschildert, in der sich die Zielgruppe befindet. Dann wird dargestellt, was passiert, wenn dieses Problem nicht behoben wird. Anschließend wird das Produkt oder die Dienstleistung vorgestellt, die Abhilfe schaffen soll. Diese Vorgehensweise übertragen Sie auf die Wissensvermittlung. Überlegen Sie, welches Problem bei Ihrer Zielgruppe – sprich den Teilnehmern – besteht oder entstehen könnte, wenn sie das Wissen oder eine bestimmte Fähigkeit nicht erlangt. Um den Teilnehmern den Sinn und Zweck des zu Erlernenden zu verdeutlichen, holen Sie sie dort ab, wo sie gerade stehen. Durch das Aktivieren des Vorwissens und das Aufzeigen eines Problems oder einer Situation wird die Aufmerksamkeit auf den Lerninhalt gelenkt und das Interesse geweckt. Dabei spielen Emotionen eine große Rolle. Nur wer selbst spürt, dass eine Veränderung notwendig ist, wird sich Mühe geben, sein bisheriges Verhalten zu überdenken und zu ändern.

Methoden für den Themeneinstieg

- Menschen lieben es, Geschichten zu hören. Durch das Erzählen einer selbst erlebten Geschichte oder die Schilderung einer Situation, in der sich eine den Teilnehmern ähnliche Person befand, erfahren sie, in welcher Situation die Fähigkeit dabei geholfen hat, die Probleme zu lösen. Oder erzählen Sie eine Geschichte, die mit der Person, dem Modell, der

Geschichten erzählen

Theorie oder dem Produkt zu tun hat, um die es im Verlauf der Trainingseinheit geht.

- Der Klassiker in Verkaufsgesprächen ist die rhetorische Frage: Hierbei stellt man eine Frage, die man selbst beantwortet, um seine Aussage zu untermauern. Allerdings sollten Sie zwischen der Frage und der Antwort einige Sekunden verstreichen lassen, damit die Teilnehmer selbst über die Antwort nachdenken können. Dies erhöht die Spannung.

  Rhetorische Fragen stellen

- »Ein Bild sagt mehr als tausend Worte.« Dieses Sprichwort gilt im virtuellen Raum ganz besonders. Da die nonverbale Kommunikation entfällt, unterstützen visuelle Darstellungen das Verstehen des Gesagten. Daher ist es ratsam, ausdrucksstarke Fotos und Abbildungen einzusetzen. Auch ein passendes Zitat oder Sprichwort kann den Teilnehmern helfen. Lesen Sie es vor und geben Sie anschließend den Teilnehmern die Gelegenheit, es selbst zu lesen und zu verstehen. Seien Sie dabei still.

  Fotos, Zitate oder Sprichwörter einblenden

- Durch die Verbreitungsmöglichkeit der neuen Medien gibt es eine Vielzahl von sinnvollen und lehrreichen Videos, die sich zum Einsatz in virtuellen Seminaren eignen. Spielen Sie eine kurze Videosequenz von maximal fünf Minuten als Einleitung in das Thema ein, die zum Nachdenken anregt und im Anschluss diskutiert werden kann. Passende Videos finden sich auf www.youtube.com/education.

  Videos abspielen

- Wenn nicht klar ist, wie viel Erfahrung die einzelnen Teilnehmer zu dem Thema haben, bringt der Einstieg mit einer Interaktion Klarheit darüber. Dazu blenden Sie einen aktuellen Zeitungsartikel ein, den die Teilnehmer nach dem Lesen in einen Zusammenhang mit dem Thema bringen sollen. Hierbei wird klar, wer sich bereits Gedanken gemacht hat und wer noch ganz am Anfang mit seinen Gedanken steht. Dies kann in Form einer Umfrage, über den Textchat oder verbal erfolgen.

  Aktuellen Zeitungsartikel oder Text einblenden

- Es kommt vor, dass Teilnehmer die Frage, die sie gestellt bekommen, nicht beantworten können. Da bietet es sich an, eine paradoxe Frage zu stellen, die näher an dem Erfahrungsfeld der Teilnehmer angesiedelt ist. Wenn die Frage zum Beispiel darauf abzielt, auf welche Aspekte es beim Live-Online-Training ankommt, wird die Antwort Anfängern sicherlich schwer fallen. Wird die Frage umformuliert in »Was muss ich tun, damit meine Teilnehmer das Live-Online-Seminar verlassen?« werden die Teilnehmer schnell auf eine Lösung kommen. Wenn alle Antworten gegeben sind, machen Sie deutlich, dass es genau auf diese Aspekte ankommt, damit das Seminar im Umkehrschluss ein Erfolg wird. Mit der paradoxen

  Paradoxe Fragen stellen

Frage wird nach dem Gegenteil dessen gefragt, was eigentlich der Grund der Frage war.

- Eine beliebte Methode zum Einstieg ist die Schätzfrage. Dabei müssen die Teilnehmer aus ihrem Vorwissen schöpfen und ihre Meinung abgeben. Nach der Auflösung herrscht oft Verblüffung über die richtige Antwort, und die Teilnehmer werden zum Nachdenken über das eigene Wissen angeregt. Der erste Schritt für einen Veränderungsprozess ist gemacht.

Schätzfragen stellen

■ Bezeichnung	Wortwolke
■ Ziel	Teilnehmer kennen relevante Begriffe zum Thema und können bekannte und unbekannte Begriffe unterscheiden.
■ Gruppengröße	Maximal zwölf Teilnehmer
■ Dauer	Fünf Minuten
■ Medien	Folie mit Whiteboard-Funktion oder Textchat
■ Vorbereitung	Über ein kostenloses Programm im Internet (zum Beispiel www.wordle.net) wird eine Wortwolke aus Begriffen gebildet, die für das Thema relevant sind. Diese Wortwolke stellen Sie auf einer Folie dar.
■ Ablauf	Die Teilnehmer haben kurz Zeit, sich die Wortwolke anzusehen. Anschließend setzen sie mithilfe der Whiteboard-Werkzeuge ein Zeichen an die Wörter, die ihnen nicht bekannt sind. Sie erläutern kurz, was sich hinter den unbekannten Begriffen verbirgt, lassen einen anderen Teilnehmer dazu Stellung nehmen oder verweisen auf den Verlauf der Seminareinheit.
■ Hinweis	Die Teilnehmer müssen teilweise ihren Kopf verdrehen, um ein Wort lesen zu können. Damit kommt Bewegung ins Spiel und sie erleben eine neue Art der Darstellung.
■ Variationen	Die Teilnehmer schreiben die unbekannten Wörter in den Textchat, anstatt sie auf der Folie zu markieren. Die Teilnehmer erhalten die Aufgabe, zur nächsten Seminareinheit eine eigene Wortwolke zum Thema der letzten Einheit zu gestalten (mit Hinweis auf das kostenlose Programm). In der nächsten Einheit werden einige Wortwolken vorgestellt. Die vorherige Einheit wird dadurch zugleich wiederholt. Die Wortwolke ersetzt die Agenda. Das aktuelle Thema wird jeweils markiert, sodass der Fortschritt sichtbar wird.
■ Quelle	www.wordle.net

Welchen Begriff kennen Sie NICHT?

VirtualClassroom

BlendedLearning

Blog
Gamification

mooc

eLearning

Vermittlung und Erarbeitung der Inhalte

Ein Mix aus Information, Expertenwissen und Erfahrungsaustausch

Der virtuelle Raum hat im Gegensatz zu anderen Lernmedien den großen Vorteil, dass sich hier Menschen in einer Echtzeit-Situation begegnen. Um dem Geheimnis erfolgreicher Live-Online-Trainings auf die Spur zu kommen, muss zunächst die Frage gestellt werden: Was ist der Grund dafür, eine solche Echtzeit-Situation entstehen zu lassen? Immer wieder zeigt sich, dass durch mangelnde Medienkompetenz oder nicht ausreichendes Training eine Frontal-Lernsituation entsteht. Der Trainer zeigt eine Präsentation, und zum Abschluss haben die Teilnehmer die Möglichkeit, Fragen zu stellen. Dabei entsteht beim Trainer die Unsicherheit, ob die Teilnehmer noch »dabei« sind oder schon andere Dinge tun. Die Teilnehmer fühlen sich nicht besser und fragen sich, ob der Trainer sie und ihre Bedürfnisse wahrnimmt. Dieser Unsicherheit begegnen Sie, indem Sie drei Aspekte einer Echtzeit-Lernsituation integrieren: Der erste Aspekt ist die Vermittlung von Wissen, sofern dies nicht im Vorhinein durch andere Medien abgedeckt wurde. Der zweite Aspekt ist die Anwesenheit des Trainers, der als Fachexperte eine wichtige Quelle im Lernprozess darstellt. Hier können Fragen zum Lernstoff gestellt, Fallbeispiele besprochen und Anregungen gegeben werden. Ein dritter Aspekt ist der Erfahrungsaustausch: Jeder Lerner in der Erwachsenenbildung bringt Erfahrungen und ein gewisses Vorwissen mit in das Training. Diese Erfahrung und der Austausch darüber sind unverzichtbar für den Fortschritt des Lernens. Dadurch werden Sichtweisen integriert, die der Trainer alleine oft gar nicht einbringen kann.

Die Teilnehmerliste und den Textchat im Auge behalten

Die Vermittlung der Inhalte erfolgt – wie im Präsenztraining – durch den Trainer oder einen Co-Moderator (siehe Abschnitt: Co-Moderator) und mithilfe unterschiedlicher Methoden. Unabhängig von der Wahl des Mediums zur Präsentation behalten Sie die Teilnehmerliste und den Textchat im Auge, um Reaktionen der Teilnehmer nicht zu übersehen. Auf Einträge oder Wortmeldungen reagieren Sie zeitnah. Sollte eine Frage nicht gleich von Ihnen beantwortet werden können, verweisen Sie auf einen späteren Zeitpunkt. Damit erkennt der Teilnehmer, dass Sie seine Frage wahrgenommen haben. Gerade für Live-Online-Trainer, die noch nicht so viel Erfahrung haben und sich erst an das gleichzeitige Präsentieren und Reagieren gewöhnen müssen, ist es hilfreich, vor der Input-Einheit eine Kommunikationsregel aufzustellen, wann Fragen gestellt werden können beziehungsweise beantwortet werden. Es verringert das Risiko einer Frustration der Teilnehmer, wenn Sie diese vorher informieren, dass die aufkommenden Fragen erst nach einem Input-Teil beantwortet werden.

Um den Textchat zu strukturieren und damit Fragen besser von anderen Einträgen unterscheiden zu können, fügen Sie eine Linie nach jeder Präsentations- und Interaktionseinheit ein. Dazu nutzen Sie einen Textchat-Eintrag und halten bei gedrückter Feststelltaste die Bindestrich-Taste gedrückt oder Sie drücken die Sterntaste so oft, bis eine Linie entstanden ist.

Den Textchat strukturieren

Die Präsentation mit der Whiteboard-Funktion kombinieren

Für viele Themen ist ohne Zweifel die Präsentation im virtuellen Raum das erste Mittel der Wahl, wenn es um die Darstellung der Inhalte geht (siehe Kapitel 3: Gestaltung von gehirngerechten Folien). Während im Präsenztraining bei der Vermittlung der Inhalte der Trainer im Vordergrund steht, übernimmt dies im virtuellen Raum die Präsentation. Dies gilt besonders, wenn keine Webcam zum Einsatz kommt. Doch nicht nur die Kraft der Bilder und Darstellungen unterstützt das gesprochene Wort, sondern auch der Einsatz der Zeichen-Werkzeuge. Sie erhöhen die Aufmerksamkeit der Teilnehmer, indem Sie zum Beispiel den Pointer oder Zeigepfeil einsetzen, wenn Sie Grafiken oder Tabellen besprechen. Sie führen damit das Auge des Teilnehmers und lassen ihn nicht alleine auf der Folie nach der Visualisierung des Gesagten suchen. Das Markierungswerkzeug kommt zum Einsatz, wenn Sie Text auf der Folie hervorheben.

Das Auge des Teilnehmers liebt nichts mehr, als Erklärungen zu folgen, die durch eine entstehende Zeichnung oder Skizze (zum Beispiel eines Prozesses) verdeutlicht werden. Die meisten Whiteboard-Werkzeuge halten für

Whiteboards zur Darstellung von Skizzen und Zeichnungen

diesen Zweck eine Stift-Funktion bereit. Achten Sie darauf, dass eine dünne Linie entsteht. Da das Zeichnen mit der Computermaus sehr unpräzise ist, lohnt sich der Kauf eines Zeichen-Tableaus, wenn Sie regelmäßig mit dieser Art der Darstellung arbeiten. Eine Alternative zum Whiteboard stellt ein Zeichenprogramm dar, das Sie über die Bildschirmfreigabe dem Teilnehmer anzeigen. In der Regel ist im Lieferumfang eines Zeichen-Tableaus ein solches Programm enthalten. Nützliche Zeichenprogramme sind zum Beispiel:

- Microsoft Paint (im Lieferumfang von Windows enthalten)
- www.paint.net (Bildbearbeitung; Freeware)
- www.artweaver.de (Zeichenprogramm; Freeware)

Die Webcam gezielt einsetzen

Ein erfolgreiches Training ohne Webcam ist für Trainer oft undenkbar. Allerdings ist von Fall zu Fall zu entscheiden, ob der Einsatz einer Webcam wirklich sinnvoll ist. Schalten Sie die Webcam ein, wenn

- die Aufmerksamkeit der Teilnehmer auf die Person des Trainers gelenkt werden soll: Die Teilnehmer schauen instinktiv eher auf das sich bewegende Bild vor Ihnen als auf die Inhalte, die auf der ebenfalls eingeblendeten Folie zu sehen sind. Damit haben die Teilnehmer die Chance, nonverbale Signale zu erfassen und Emotionen besser wahrzunehmen. Diese Aufmerksamkeit nutzen Sie beim Erzählen von Erlebnissen, Geschichten und Witzen oder beim Vormachen beispielsweise einer Yoga-Übung.
- ein Sachverhalt veranschaulicht werden soll, zum Beispiel wenn im Logistiktraining die Beladung eines LKW gezeigt wird. Damit die Objekte und Handbewegungen gut sichtbar sind, arbeiten Sie mit einer flexiblen Webcam. Dabei müssen Sie nicht komplett zu sehen sein. Vielmehr wird das Kamerabild auf die Aktionen am Schreibtisch gerichtet.
- es um zwischenmenschliche Themen geht und eine Reaktion sichtbar sein soll: In einem Kommunikationstraining haben Sie und ein Teilnehmer die Webcam aktiviert, um zu zeigen, wie ein Beteiligter auf einen verbalen Angriff reagiert, wie sich zum Beispiel sein Gesichtsausdruck ändert.
- ein Prozess in Form eines Erklär-Videos gezeigt wird (siehe Abschnitt: »Mit einer Erklär-Box Vorgänge simulieren«).
- die Gruppengröße acht Teilnehmer nicht übersteigt.

Eine Webcam zur Vermittlung von Inhalten ist nicht sinnvoll, wenn

- die zusätzlich benötigte Bandbreite die Tonqualität verschlechtert: In der Regel benötigt eine Webcam eine Bandbreite von circa 65 kilobits per second (kbps). Dies kann bei fehlender Bandbreite dazu führen, dass der Ton beim Teilnehmer gar nicht oder nur mit Verzögerung ankommt. Wenn ein oder mehrere Teilnehmer eine solche Rückmeldung über den Textchat absenden, schalten Sie die Webcam aus. Hier sollte als Ersatz ein entsprechender Foliensatz zur Verfügung stehen.
- diese auf der Folie visualisiert werden: Schalten Sie die Kamera aus, wenn Sie einen Prozess oder Sachverhalt mithilfe einer Folie darstellen. Ansonsten wechselt die Aufmerksamkeit der Teilnehmer ständig zwischen Ihnen und der Folie, was zu einer anstrengenden Lernsituation führt.
- bei Diskussionen nicht jeder Teilnehmer eine Webcam angeschlossen hat: Schnell kann es zu der Situation kommen, dass Teilnehmer sich ausgeschlossen fühlen, wenn sie keine Webcam haben und mitdiskutieren wollen. Auf der anderen Seite ist es auch nicht jedermanns Sache, sich über die Webcam zu zeigen. Hier fragen Sie vorsichtig nach, wenn sich ein Teilnehmer nicht zuschalten möchte.
- man selbst nicht gerne gefilmt oder fotografiert wird. Gerade zu Beginn der Tätigkeit als Live-Online-Trainer kommt es zu erhöhter Nervosität. Die Konzentration liegt auf dem Ablauf, der Bedienung der Medien und der Kontrolle des Geschehens auf dem Bildschirm. Wenn Sie jetzt noch zusätzlich Ihren Blick in die Kamera richten, kann Sie das schnell überfordern. Und das ist Ihnen anzusehen. Deshalb setzen Sie die Kamera erst ein, wenn Sie sich sicher fühlen. Ein ansprechendes Foto ist ausreichend.

- Der Abstand der Webcam, die in der Regel am oder oberhalb des Bildschirmes platziert ist, sollte circa 60 bis 70 cm betragen.
- Wenn die Webcam nicht im Bildschirm integriert, sondern separat angeschlossen ist, wählen Sie die Position so, dass Sie direkt in die Kamera schauen. Ist diese zu hoch platziert, erweckt das schnell den Eindruck, dass Sie die Augen geschlossen haben. Ist diese zu tief platziert, schauen Sie auf den Bildschirm und der Teilnehmer hat den Eindruck, dass Sie nicht zu ihm sprechen.
- Den Bildausschnitt wählen Sie so, dass Sie mit Ihrem Kopf und den Schultern zu sehen sind. Wenn Sie zu weit entfernt sitzen, kann der Teilnehmer den Gesichtsausdruck nicht gut erkennen.

- Wie die Sonnen- und Lichteinstrahlung die Sicht auf den Bildschirm erschweren können, so ist es auch mit dem Lichteinfall bei der Nutzung der Webcam. Deshalb sollten Sie für indirektes Licht sorgen und zu viel Tageslicht vermeiden. Eine Lampe direkt oberhalb des Bildschirms kann die Sicht auf Ihr Gesicht erhellen. Hier testen Sie im Vorhinein die optimale Darstellung und schließen gegebenenfalls die Rollläden, wenn die Sonneneinstrahlung zu hoch ist.
- Die Raumgestaltung nehmen Sie dem Anlass der Lerneinheit und der Zielgruppe entsprechend vor. Haben Sie die Vorstandsetage eines großen Konzerns vor sich sitzen, wählen Sie einen schlichten, neutralen Hintergrund wie zum Beispiel eine Wand oder einen Raumteiler. Eventuell befestigen Sie daran das Firmenlogo. In den meisten Fällen reicht ein aufgeräumtes Zimmer im Hintergrund aus und schafft eine natürliche Atmosphäre.
- Für den Anschluss von separaten Webcams folgen Sie den Installationshinweisen der Kamera und wählen diese im virtuellen Raum aus. Bei manchen virtuellen Räumen muss vor dem Betreten des Raumes festgelegt werden, ob ein Kameraeinsatz möglich sein soll.
- Da Sie jeder sehen kann, achten Sie auf die Wahl der Garderobe. Diese sollte zur Zielgruppe passen. Wenn keine Webcam eingesetzt wird, reicht legere Kleidung aus. Allerdings ist an Ihrer Stimme zu hören, wenn es zu lässig ist (zum Beispiel im Jogginganzug). »Wie man sich kleidet, so wirkt man« gilt auch hier.

Im Softwaretraining langsam und strukturiert vorgehen

Softwaretrainings im virtuellen Raum sind ein großer Vorteil für die Teilnehmer, da sie an ihren Rechnern sitzen und ihre gewohnte Software-Oberfläche nutzen. Ein Schulungsraum kann diese Einstellungen nie so widerspiegeln. Wenn Sie die Möglichkeit haben, schließen Sie einen zweiten Monitor an Ihren Rechner an, um auf dem einen Monitor das Geschehen im virtuellen Raum weiter wahrnehmen und auf dem anderen Monitor die Funktionen im Programm demonstrieren zu können.

Zu Beginn des Softwaretrainings erklären Sie den Teilnehmern, wie sie das Programmfenster und das Fenster des virtuellen Raumes am eigenen Bildschirm anordnen. Dazu erstellen Sie eine Folie, die die Anordnung zeigt. Diese blenden Sie vor dem Start der Software-Demonstration ein. Erst wenn alle Teilnehmer den Bildschirm eingerichtet haben, sind sie startklar für die Erklärungen und das anschließende Ausprobieren. Bei den einzelnen Schritten gehen Sie sehr langsam vor und erklären jeden Schritt genau. Hektische Bewegungen mit der Maus verwirren die Teilnehmer.

Nach dem Ausprobieren erhalten die Teilnehmer eine Aufgabe, bei der sie das Wissen aus der Input-Phase selbst anwenden. Dies geschieht in Einzelarbeit oder in kleinen Gruppen in Nebenräumen.

Da die Teilnehmer Probleme mit der Software gerne an der eigenen Oberfläche darstellen, prüfen Sie vorab, ob der virtuelle Raum den Teilnehmern die Möglichkeit bietet, ihren Bildschirm freizugeben.

Interessante Websites und Videos über den Webbrowser integrieren

Das Internet hält für alle Themenbereiche interessante Seiten und Angebote bereit, die sich mithilfe des Browser-Werkzeuges in die Vermittlung und Erarbeitung von Inhalten integrieren lassen. Dazu zählen Lernvideos genauso wie Seiten, auf denen Kreuzworträtsel erstellt und bearbeitet werden können.

- Bei den meisten Browser-Werkzeugen öffnet sich nach dem Start der Browser des Teilnehmers mit der ausgewählten Seite. Nur bei wenigen virtuellen Räumen ist der Browser integriert. Sollten die Teilnehmer aus dem Netzwerk des Unternehmens heraus an der Veranstaltung teilnehmen, informieren Sie sich vorab bei der IT-Abteilung, ob die Teilnehmer Zugang zu allen Seiten haben.
- Bei einigen virtuellen Räumen ist Ihr Mauszeiger im Browser-Werkzeug nicht sichtbar. Hier zeigen Sie vorher die Seite per Bildschirmfreigabe und geben notwendige Erklärungen. Anschließend öffnen Sie das Browser-Werkzeug des virtuellen Raumes, damit alle Teilnehmer die Seite unmittelbar betrachten können.

Videos als Anschauungsmaterial

Nicht nur in der Präsenz sind Videos ein beliebtes Lernmedium, um komplexe Dinge zu verdeutlichen oder Praxissituationen darzustellen. Diese Videos lassen sich auch im Live-Online-Training anwenden. Dafür sollte im virtuellen Raum die Möglichkeit bestehen, ein solches Video hochzuladen. Es ist nicht möglich, ein Video auf dem Rechner des Trainers laufen und per Bildschirmfreigabe beim Teilnehmer anzeigen zu lassen. Hier würde der Ton nur über den Lautsprecher des Trainers zu hören sein.

Die Bandbreite spielt beim Abspielen von Videos eine erhebliche Rolle. Es kommt zu starken Verzögerungen, wenn sie nicht ausreichend vorhanden ist.

- Beim Abspielen von Videos schließen Sie alle Mikrofone, da ansonsten der Ton doppelt übertragen wird. In Telefonkonferenzen, bei denen alle Teilnehmer auf »laut« geschaltet sind, müssen die Teilnehmer das Mikrofon unbedingt schließen. Denn der Ton des Videos wird über den Lautsprecher des Rechners übertragen und nicht über das Telefon.
- Da der Start eines Videos aufgrund von Bandbreitenverzögerungen oft nicht bei allen Teilnehmern gleichzeitig erfolgt, vereinbaren Sie ein Zeichen (zum Beispiel Handheben), wenn das Video beim Teilnehmer beendet ist. So vermeiden Sie, dass Sie noch laufende Videos unterbrechen.
- Achten Sie besonders auf Textchat-Einträge. Die Teilnehmer signalisieren Ihnen dort, wenn das Video oder eine bestimmte Seite nicht sichtbar ist. Geben Sie in dem Fall den Link zur Internetseite zusätzlich über den Textchat ein. Die Teilnehmer können versuchen, die Seite direkt in ihrem Browser zu öffnen. Diese Variante nutzen Sie ebenfalls, wenn der virtuelle Raum kein Browser-Werkzeug zur Verfügung stellt.

Mit der Erklär-Box Vorgänge simulieren

Eine neuartige Methode zur Vermittlung von Wissen ist das Erklär-Video. Dabei werden Hände gefilmt, die bestimmte Objekte vor einer weißen Fläche verschieben oder auch spontan Zeichnungen und Skizzen anfertigen, um einen Sachverhalt zu erläutern. Ein Beispiel dafür finden Sie unter www.youtube.com/watch?v=7qRCayXllpg. Diese Vorgehensweise ist auch im virtuellen Raum mithilfe einer Kamera möglich.

Eine Firma, die leistungsstarke Antriebsmotoren herstellt, setzt die Erklär-Box ein, um den Zusammenbau der einzelnen Komponenten einer Anlage besser darstellen zu können. Dabei wird der zentrale Antriebsmotor als Abbildung in die Mitte der Folie gelegt. Die weiteren Komponenten werden Stück für Stück ergänzt – sei es durch Teilskizzen oder spontane Zeichnungen.

Die Abbildung zeigt den Aufbau einer Erklär-Box.

Technische Vorbereitungen

- *Erklär-Box:* An einem Metallgerüst werden aus Holz gefertigte Seitenwände angebracht, die an einer Längsseite und der Oberseite Aussparungen vorsehen. Auf der Oberseite wird zusätzlich ein Gerüst installiert, an welchem die Kamera befestigt wird. An der oberen Innendecke werden Lampen angebracht, um die Box optimal auszuleuchten. Diese sollten möglichst einzeln ein- bzw. ausschaltbar sein, damit die Beleuchtung an den Zweck angepasst werden kann. Es ist darauf zu achten, dass der Raum, in dem die Erklär-Box steht, nur wenig zusätzliche Lichtquellen aufweist und nicht von grellem Tageslicht durchflutet wird. Im Optimalfall steht die Erklär-Box in direkter Nähe zum Computer, über den Sie den virtuellen Raum steuern. So gewährleisten Sie, dass während der Lerneinheit der Weg zur Erklär-Box kurz ist und Sie das Geschehen auf dem Bildschirm im Blick haben. Soll die Box in unterschiedlichen Räumen eingesetzt werden, ist es ratsam, das Gestell mit Rädern zu versehen. Die Box sollte eine Größe von ca. 1 x 1,30 m haben und im Inneren mattweiß gestrichen sein. In der Box wird ein Flipchart-Papier mit markierten Randbegrenzungen ausgelegt. Damit gehen Sie sicher, dass Sie während der Präsentation nicht den von der Kamera gefilmten Bereich verlassen. Die Objekte und Stiftlinien, die gezeigt werden, passen Sie in der Größe und Farbe an die Einstellungen der Kamera an.
- *Kamera:* Eine handelsübliche, mobile Webcam wird mithilfe eines langen USB-Kabels an den Computer angeschlossen. Wenn eine besonders gute Auflösung erforderlich ist, empfiehlt sich der Einsatz einer HD-Kamera. Die Kabelverbindung wird gut an Boden und Tischen befestigt, um Stolperquellen auszuschließen. Weiterhin ist darauf zu achten, dass der Akku der Kamera zu Beginn der Veranstaltung voll aufgeladen ist. Da die meisten Kameras nach einer gewissen Zeit in den Stand-by-Modus wechseln, beenden Sie diesen rechtzeitig vor der Demonstration.
- *Headset:* Damit Sie sich frei im Raum bewegen können, nutzen Sie ein kabelloses Headset. So ist auch gewährleistet, dass die Soundqualität der Sprachübertragung stets gleich bleibt. Auch hier achten Sie auf den Ladestand des Akkus.
- *Anzeige im virtuellen Raum:* Es hängt stark von der Software ab, in welcher Größe das Bild der Webcam übertragen wird. In manchen virtuellen Räumen ist dies individuell einstellbar, während andere eine feste Größe vorschreiben.

Vorbereitungen des Trainers

Da die Abläufe während der Veranstaltung reibungslos ineinander über-
gehen sollten, üben Sie sowohl die technische Handhabung als auch die
eigentliche Demonstration ein. Den Vorgang des Objektlegens und des er-
gänzenden Zeichnens halten Sie in einem Drehbuch fest. Zur Reflexion des
Vorgangs hilft es Ihnen, wenn Sie beim Üben eine Aufzeichnung anfertigen.
Für geübte Trainer ist die Durchführung auch ohne fremde Hilfe möglich.
Etwas komfortabler ist die Einbeziehung eines Co-Moderators, der während
Ihrer Demonstration das Geschehen im virtuellen Raum im Blick hat und
Fragen der Teilnehmer entgegennimmt.

Varianten der Methode

Neben der Demonstration von Vorgehensweisen und Prozessen eignet sich
die Methode auch dazu, den Teilnehmern eine Aufgabe zu stellen, deren
Antwort dann gemeinsam über die Erklär-Box visualisiert wird. Ferner erlaubt es diese Methode, auf Fragen der Teilnehmer mit einer spontanen Skizze zu reagieren. Da das im virtuellen Raum integrierte Whiteboard mit der
Maus nicht so einfach zu bedienen ist wie ein herkömmliches Flipchart,
ist die Erklär-Box eine gute Alternative für spontane Aktionen. Mit einer
Erklär-Box wird das Live-Online-Training zu einem spannenden und leben-
digen Lernerlebnis. Wem der Aufwand zum Erstellen einer Erklär-Box zu
groß ist, kann an dieser Stelle auch ein gewöhnliches Flipchart einsetzen
oder Erklär-Videos zeigen, die bereits vorproduziert wurden.

Den Lerninhalt teilnehmerorientiert vortragen

In Kapitel 3 wurde vorgestellt, wie Folien gehirngerecht gestaltet werden,
damit der Teilnehmer eine Chance hat, Ihrem Impulsvortrag zu folgen. Ein
Vortrag bedeutet immer eine starke kognitive Leistung des Teilnehmers.
Diese kognitive Leistung kann unterstützt werden, indem

- der Vortrag in kurze Einheiten eingeteilt wird, die nicht länger als fünf
  bis sieben Minuten dauern. Anschließend folgt eine Interaktion mit den

Nur fünf bis sieben
Minuten reden

Teilnehmern, etwa in Form einer Umfrage. Damit haben die Teilnehmer die Möglichkeit, dass Gehörte und Gesehene zu verarbeiten. Es erfolgt ein Abgleich von Bekanntem zu Unbekanntem und es wird abgewogen, wie das Neue einzuordnen ist.

- Wenn der Inhalt der Folie aus Text besteht, lassen Sie die Teilnehmer diesen zunächst durchlesen. Sie schweigen währenddessen. Anschließend zeigen Sie mit dem Pointer auf den Abschnitt, den Sie gerade erläutern.

- Das Personalisierungsprinzip nach Richard E. Mayer besagt, dass Menschen Informationen besser aufnehmen, wenn sie in einem informellen Stil vermittelt werden. Dies bedeutet, dass Sie ganz natürlich und ungezwungen erklären. Freies Sprechen bedeutet auch, dass Sie kurze Sätze formulieren und sich nicht in verschachtelten Satzbildungen verfangen. Ein absolutes Tabu ist das Vorlesen von Texten. Hier sinkt die Aufmerksamkeit der Teilnehmer in ganz kurzer Zeit rapide ab. Wenn es einen Text zu lesen gibt, kann dieser auf der Folie angebracht oder per Bildschirmfreigabe gezeigt werden. Die Teilnehmer lesen selbst.

- Während des Vortrags sprechen Sie die Teilnehmer direkt an, anstatt in der dritten Person zu sprechen. Zum Beispiel »Sie sehen an dieser Grafik...« anstatt »Man kann an dieser Grafik sehen...«. So geben Sie den Teilnehmern das Gefühl, als Person wahrgenommen zu werden.

- Sprechen Sie so, als wären Sie mit den Teilnehmern in einem Raum. Wenn es Ihnen hilft, kleben Sie ein Foto von einem Publikum an den Bildschirm oder die Wand hinter dem Bildschirm. Das mag vielleicht lächerlich klingen, hilft aber, die Hürde des Bildschirmes zu überwinden und die Teilnehmer direkt anzusprechen.

- Um der Stimme Lebendigkeit zu verleihen, stellen Sie sich während des Vortrages hin. Setzen Sie die Mimik und Gestik genauso wie in der Präsenz ein, auch wenn sie nicht zu sehen ist. Die Stimme überträgt dies und lässt Sie lebendig wirken. Ein Stehpult oder ein hochfahrbarer Schreibtisch unterstützt nicht nur die Stimme beim Sprechen, sondern stärkt auch Ihre Rückenmuskulatur.

- Wenn die Teilnehmer eine Aufgabe zum Nachdenken erhalten, schweigen Sie. So können die Teilnehmer sich besser konzentrieren und ihre Gedanken formulieren. Das Schweigen kündigen Sie vorab an, damit keine Unsicherheit entsteht. Einige Teilnehmer könnten sonst auf die Idee kommen, dass die Internetverbindung abgebrochen ist.

Einen Themenspeicher anlegen

Im Präsenztraining ist es einfach, die Fragen der Teilnehmer, die nicht gleich beantwortet werden, auf dem Flipchart zu notieren. Schnell entsteht ein Themenspeicher, der stetig ergänzt und miteinbezogen werden kann. Im virtuellen Raum steht diese Möglichkeit nicht zur Verfügung. Auf einen Themenspeicher müssen Sie trotzdem nicht verzichten:

- Da die meisten Räume über eine Whiteboard-Funktion verfügen, wird diese für den Themenspeicher genutzt. Auch wenn der Themenspeicher nicht ständig im Blickfeld der Teilnehmer sein kann (nur in Adobe Connect möglich), ist er doch immer wieder aufrufbar. Hierzu öffnen Sie ein leeres Whiteboard und blenden es ein, wenn Sie eine Frage hinzufügen.
- Verfügt der virtuelle Raum nicht über eine Whiteboard-Funktion, nutzen Sie ein separates Textverarbeitungsdokument, das Sie von Zeit zu Zeit per Bildschirmfreigabe anzeigen.
- Die meisten virtuellen Räume bieten den Nutzern eine Notizenfunktion an. Zu Beginn der Lerneinheiten entscheiden Sie mit den Teilnehmern zusammen, wer für den Themenspeicher zuständig ist. Erklärt sich ein Teilnehmer dazu bereit, notiert dieser die nicht beantworteten Fragen im Notizenbereich, speichert diese zum Ende der Einheit ab und sendet sie Ihnen anschließend per Mail zu. Sind Sie für den Themenspeicher zuständig, speichern Sie die Notizen vor dem Verlassen des virtuellen Raumes ab.

Mix der Lernmethoden

Dem individuellen Lerntempo in der Einzelarbeit gerecht werden

Wie im Präsenztraining wird die Einzelarbeit im virtuellen Raum als Methode eingesetzt, damit sich die Teilnehmer für einen vordefinierten Zeitraum mit einem Thema oder einer Aufgabe beschäftigen. Dafür wird nach der Aufgabenklärung eine Zeit vereinbart, in der die Teilnehmer in ihrem eigenen Lerntempo arbeiten. Die Gruppengröße sollte zwölf Personen nicht überschreiten. Fragen, die während der Einzelarbeit beim Teilnehmer aufkommen, klären Sie entweder über den Textchat oder per Mikrofon. Damit die anderen Teilnehmer durch die Fragen nicht gestört werden, können diese das Headset absetzen beziehungsweise die Lautsprecher stumm schalten. Zur Beachtung der fortschreitenden Zeit zeigen Sie diese auf dem Whiteboard deutlich sichtbar an und signalisieren das Ende der Einzelarbeit mit einer gesonderten Folie. Am Ende einer Einzelarbeit vergewissern Sie sich durch eine Statusabfrage, ob alle Teilnehmer wieder zuhören.

Wenn der virtuelle Raum eine Gruppenraum-Funktion zur Verfügung stellt, kann eine Einzelarbeit auch dort durchgeführt werden. Jeder Teilnehmer wird einem Gruppenraum zugeordnet, in dem er in Ruhe arbeiten und gegebenenfalls die Werkzeuge nutzen kann. Der Vorteil ist, dass Sie durch den Besuch der einzelnen Räume ungestört mit dem jeweiligen Teilnehmer sprechen und Fragen klären können. Ein Nachteil entsteht, wenn Sie sich im Gespräch mit einem Teilnehmer befinden und ein anderer Teilnehmer länger auf eine Nachricht oder Ihren Besuch warten muss. Um dies zu vermeiden, öffnen Sie einen Gruppenraum als Besprechungszimmer und betreten diesen mit einem Teilnehmer nur dann, wenn eine Frage geklärt werden muss. Die anderen Teilnehmer verweilen im Hauptraum.

Mit Gruppenarbeit die Zusammenarbeit fördern

Nur wenige virtuelle Räume bieten die Möglichkeit, separate Gruppenräume einzurichten. Diese sind jedoch die beste Voraussetzung, um die Teilnehmer interaktiv arbeiten zu lassen und das informelle Lernen zu fördern. Es gibt unterschiedliche Ziele, die mit einer Gruppenarbeit verfolgt werden können:

- Die Teilnehmer übertragen ihr gelerntes Wissen auf ein Fallbeispiel.
- Die Teilnehmer diskutieren die besprochenen Inhalte (siehe auch Murmelgruppen) und klären offene Fragen selbstständig.
- Die Teilnehmer erhalten eine konkrete Aufgabenstellung, die sie lösen, und bereiten eine Ergebnispräsentation vor.
- Die Teilnehmer erhalten Aufgaben, die sie in Einzelarbeit lösen; bei Fragen können sie ihre Mitlerner ansprechen.
- Die Teilnehmer lernen sich in Kleingruppen besser kennen.
- Der Gruppenraum dient als Krisenraum, wenn die Krise nur einen oder wenige Beteiligte betrifft.
- Die Teilnehmer arbeiten alleine im Gruppenraum und vertiefen das Gelernte.

Eine Gruppenarbeit im virtuellen Raum muss vorbereitet werden. Hierzu sind die folgenden Fragen zu klären:

Wie und wann wird der Gruppenraum vom Trainer vorbereitet?

Je nach virtuellem Raum werden die Gruppenräume vor der Veranstaltung vorbereitet (Adobe Connect) oder während der Lerneinheit erstellt (WebEx Training, Vitero). Sinnvoll ist es, die notwendigen Medien, wie zum Beispiel Folien oder Whiteboards, vorab in den Hauptraum hochzuladen und sie dann dem jeweiligen Gruppenraum zuzuordnen. Die Abläufe trainieren Sie einige Male ohne Teilnehmer, damit es während der Veranstaltung nicht zu unnötigen Verzögerungen kommt. Bei Adobe Connect wählen Sie sich einige Zeit vor der Lerneinheit in den virtuellen Raum ein und erstellen die Gruppenräume. Zum Einrichten betreten Sie diese und laden die Medien in jeden Gruppenraum hoch.

Wie wird die Gruppenarbeit eingeleitet?

Zu Beginn einer Gruppenarbeitsphase stellen Sie die Aufgabenstellung vor und bitten die Teilnehmer um die Rückmeldung, ob es dazu noch Fragen gibt. Dazu lassen Sie ihnen einige Minuten Zeit. Diese nutzen Sie zur Erstellung der Gruppenräume.

Bevor Sie die Gruppenarbeit starten, erläutern Sie den Teilnehmern ihre Rolle im Gruppenraum. Das ist in der Regel der Moderatoren-Status. So haben die Teilnehmer die Möglichkeit, die Medien selbst zu steuern. Je nach Software ist die Moderatorenrolle jedoch unterschiedlich definiert. Erkundigen Sie sich vorab, welche Möglichkeiten der Teilnehmer als Moderator im Gruppenraum hat. Dementsprechend treffen Sie die Vorbereitungen bezüglich der Medien.

Bei Arbeitsgruppen ab vier Teilnehmern ist es sinnvoll, vorab einen Moderator zur Leitung der Gruppe und zur Steuerung der Medien zu bestimmen.

Welche Regeln gelten während der Gruppenarbeit?

- Die Gruppe bestimmt zu Beginn einen Teilnehmer, der die Zeit im Auge behält.
- Die Teilnehmer geben ein Zeichen, wenn sie eine Frage haben oder mit der Gruppenarbeit vorzeitig fertig sind. Dies geschieht über die Statussymbole oder den privaten Textchat, wenn diese Funktion im virtuellen Raum zur Verfügung steht.
- Ein Mitglied der Gruppe speichert die Arbeitsergebnisse lokal auf seinem Rechner ab, wenn die Gruppe mit einem Programm gearbeitet hat. Wenn die Ergebnisse auf dem Whiteboard des virtuellen Raumes dargestellt werden, bleibt dieses im Gruppenraum stehen, wenn die Teilnehmer ihn am Ende verlassen. Überprüfen Sie in einem Probelauf die richtige Vorgehensweise.

Wie werden die Gruppen zusammengesetzt und wie viele Teilnehmer pro Gruppe sind sinnvoll?

Die optimale Anzahl pro Gruppe sind zwei bis vier Teilnehmer. Dadurch bleibt gewährleistet, dass sich jeder Teilnehmer in die Gruppenarbeit einbringt.

Es gibt jedoch keine eindeutige Regel, welche Zusammensetzung für eine Gruppe optimal ist. Wechseln die Gruppenteilnehmer regelmäßig, bringt das die Chance der Perspektivänderung und neuer Impulse mit sich. Auf der anderen Seite müssen sich Gruppen, die sich neu zusammenfinden, zunächst aufeinander einstellen. Das kostet Zeit. Auch der Mix aus Teilnehmern mit unterschiedlichem Wissens- und Erfahrungsstand hat Vor- und Nachteile. Bei einer Größe ab 15 Teilnehmern können erfahrene Teilnehmer Sie in den Arbeitsgruppen unterstützen.

Was muss der Teilnehmer im Gruppenraum beachten?

Die ersten Minuten der Gruppenarbeit dienen der Orientierung und der Absprache über die Vorgehensweise. Diese Zeit sollten Sie bei der Planung einkalkulieren. Wenn Teilnehmer an das Arbeiten in Gruppenräumen gewöhnt sind und in gleichbleibender Besetzung arbeiten, wird sich diese Zeit deutlich verringern. In kleineren Gruppen werden die Teilnehmer in der Regel aktiver. Jeder hat die Chance, seinen Beitrag zum Gruppenergebnis zu leisten. Kommt es während der Gruppenarbeit zu Unstimmigkeiten, werden Sie hinzugeholt, um die Situation zu klären.

Mit welchen Medien wird gearbeitet?

Ein beliebtes Medium für die Gruppenarbeit ist das Whiteboard. Es ist in den virtuellen Raum integriert und einfach zu handhaben. Eine Alternative dazu ist ein Programm, das auf dem Rechner eines Teilnehmers installiert ist. Dazu führt der Teilnehmer eine Bildschirmfreigabe durch und notiert die Rückmeldungen seiner Mitlerner. Da dies eine gewisse Übung erfordert, sollten die Medien nur eingesetzt werden, wenn die Teilnehmer sicher mit den Werkzeugen im virtuellen Raum umgehen können.

Wann ist der Besuch des Trainers während der Gruppenarbeitsphase sinnvoll?

Gerade Teilnehmern, für die das Lernen und Arbeiten im virtuellen Raum ungewohnt ist, vermitteln Sie ein Gefühl der Sicherheit, wenn Sie alle Gruppen nach dem Start besuchen. Sie haben dann die Gelegenheit zu prüfen, ob die Gruppe die Aufgabenstellung verstanden und die Vorgehensweise geklärt hat. Bei erfahrenen Teilnehmern kann ein Gruppenbesuch sinnvoll sein, wenn jede Gruppe eine andere Aufgabenstellung erhalten hat. Die Klärung erfolgt besser in den Gruppenräumen als vorab im Plenum. Auch bei länger angelegten Gruppenarbeiten besuchen Sie die einzelnen Gruppen zwischendurch und stehen für Fragen und Anregungen zur Verfügung.

Wie lange darf eine Gruppenarbeit dauern?

Die Dauer der Gruppenarbeit ist abhängig von der Gesamtlänge der Lerneinheit und der Aufgabenstellung. In einer 90-minütigen Lerneinheit kann die Gruppenarbeit die Hälfte der Zeit einnehmen, während die andere Hälfte zur Präsentation der Ergebnisse genutzt wird. Planen Sie für die Ergebnispräsentation ausreichend Zeit ein, da technische Schwierigkeiten auftauchen und Zeit kosten können. Sind mehrere Lerneinheiten an einem Tag geplant, kann eine Einheit für eine Gruppenarbeit und eine andere für die Präsentation geplant werden. Die maximale Zeit einer Gruppenarbeit sollte 90 Minuten nicht überschreiten.

Wie signalisiert der Trainer das Ende der Gruppenarbeit?

Das Ende der Gruppenarbeit signalisieren Sie in Etappen. Je nach Gesamtdauer erhalten die Teilnehmer eine Nachricht einige Minuten vor Ende und am Ende. So haben die Teilnehmer die Möglichkeit, die Medien zu sichern und letzte Absprachen zu treffen.

Was macht der Trainer während der Gruppenarbeit?

Auch wenn es verführerisch ist, die Zeit mit anderen Tätigkeiten zu verbringen, richten Sie die Aufmerksamkeit auf den eigenen Bildschirm und hier speziell auf die Teilnehmerliste. Denn jederzeit kann die Frage einer Gruppe aufkommen oder ein Teilnehmer durch technische Probleme aus dem Raum entlassen worden sein. Dieser erscheint nach dem erneuten Einwählen im Hauptraum und muss von Ihnen wieder dem entsprechenden Gruppenraum zugeordnet werden.

Murmelgruppen sorgen für Klarheit

Die eigentümliche Beschreibung für diese Art der Gruppenarbeit kommt von den Murmeltieren. Diese reiben zur Begrüßung ihre Nasen aneinander und stecken ihre Köpfe zusammen. Letzteres findet sich in den Murmelgruppen wieder. Anders als bei der bekannten Gruppenarbeit, bei der eine Aufgabe in Kleingruppen bearbeitet wird, geben Sie keine Fragestellung vor. Nach einer kurzen Inputphase teilen Sie die Lerngruppe auf die Gruppenräume auf. Die Kleingruppe sollte nicht aus mehr als drei Teilnehmern bestehen. Während der Zeit in den Gruppenräumen unterhalten sich die Teilnehmer über den behandelten Lernstoff. Dabei realisieren sie, ob der Lernstoff verstanden wurde und wiedergegeben werden kann oder ob noch Fragen offen sind. Diese besprechen die Teilnehmer entweder in der Murmelgruppe oder anschließend im Plenum. Halten Sie die Teilnehmer vor der Gruppenphase an, sich Notizen zu ungeklärten Fragen oder Situationen zu machen. Fordern Sie sie jedoch nicht auf, die Ergebnisse zu visualisieren. Die Murmelgruppenzeit setzen Sie zwischen fünf bis acht Minuten an.

Die Inhalte in Kleingruppen besprechen

Stimme und Persönlichkeit

Sie wissen als Präsenztrainer, dass der Erfolg der Veranstaltung stark von Ihrem persönlichen Auftritt, von Ihrer Wechselwirkung mit den Teilnehmern abhängt. Das ist im virtuellen Umfeld nicht anders. Entscheidend für den Trainingserfolg ist es, wie Sie die Teilnehmer dabei unterstützen, Wissen aufzunehmen, zu verarbeiten und in Können für die Praxis umzuwandeln. Für Ihren persönlichen Auftritt zählt vor allem, dass Sie authentisch auftreten (das tun, was Sie sagen), strukturiert und organisiert sind, sich aber auch der Situation Ihrer Teilnehmer anpassen. Die Teilnehmer werden sich in diesem Fall Ihrem Vorgehen öffnen und Feedback produktiv annehmen.

Im Virtual Classroom geht eine große Wirkung von Ihrer Stimme aus. Sie transportiert Ihre Gefühlslage, Ihre Haltung zu bestimmten Dingen oder Situationen im Training auch dann, wenn Sie diese Dinge gar nicht ansprechen. Tatsächlich sind weder Worte noch Aussprache oder Satzbau, entgegen den Erwartungen vieler Trainer, das wesentliche Medium für Informationen. Es zählt eher das Einfühlungsvermögen, das Sie für die Lernenden und ihre Situation im Training aufbringen und über den Audiokanal vermitteln. Teilnehmer reflektieren diese Einstellung, bewusst oder unbewusst, recht genau und bewerten danach unter anderem die Qualität der Veranstaltung.

Kommunizieren heißt wahrnehmen und verstehen

Die Ebenen der Kommunikation

In einem Präsenzraum wirken drei Ebenen der Kommunikation (vgl. Heilmann 2011):

- verbale Ebene
- paraverbale Ebene
- extraverbale Ebene

Über die verbale Ebene vermitteln Sie die Inhalte. Sie könnten diese Inhalte ebenso gut in schriftlicher Form darreichen und würden den gleichen Effekt erzielen: Die Teilnehmer nehmen Wissen auf. Mehr nicht. Erst wenn durch Ihre Stimme und die Art und Weise, wie Sie etwas sagen, die paraverbale Ebene (»para« Griechisch für »bei« oder »neben«) dazu kommt, bestimmen Sie durch das Spielen mit Emotionen den Grad der Sachlichkeit. Je mehr Emotion aus der Stimme herauszuhören ist, desto intensiver wird der Teilnehmer berührt. Zum Beispiel dienen Sprechpausen dazu, die Spannung und Wirkung des Gesagten zu erhöhen. Diese emotionale Berührung stellt einen Katalysator für das Lernen dar: Wer die zu lernenden Inhalte auf anregende und emotionsgeladene Art und Weise vermittelt bekommt, wird die Botschaft schneller aufnehmen und zu einer Verhaltensänderung motiviert.

Zur Darstellung von Emotionen trägt nicht nur die Stimme, sondern in großem Maße auch die Körpersprache bei. Diese wird als extraverbale Ebene bezeichnet. Beide zusammen bilden die nonverbale Kommunikation.

Laut der 55-38-7-Regel von Albert Mehrabian (Mehrabian/Ferris 1967) werden 55 Prozent der Aussage über die Körpersprache vermittelt, wenn es um emotionale Themen geht. 38 Prozent entfallen auf die Emotionen, die stimmlich ausgedrückt werden, und nur 7 Prozent auf den Inhalt des Gesagten. Dies bedeutet, dass eine negative Körpersprache den Teilnehmer zu einer Abwehrhaltung veranlasst, auch wenn das Gesagte positiv gemeint ist.

Wenn keine Webcam eingesetzt wird, fällt die Körpersprache komplett weg. Bei Sachthemen ist das eine Chance, sich auf die Inhalte zu konzentrieren. Bei stark emotionalisierenden Themen spielt die extraverbale Kommunikation jedoch eine wichtige Rolle und sollte durch eine Webcam übertragen werden. Somit kommt der Stimme im virtuellen Raum ein wesentlich höherer Stellenwert zu als im Präsenztraining.

Das Sprechtempo anpassen

Anders als in der Präsenz wird die Stimme über eine digitale Leitung transportiert, die Schwankungen in der Übertragung ausgesetzt ist. Um dem Teilnehmer das Zuhören zu erleichtern, wählen Sie ein mittleres Sprechtempo. Auch wenn die Stimme verzögert übertragen wird, ist sie trotzdem gut hörbar. Wenn Sie zu schnell sprechen, kann es zum sogenannten Mickey-Maus-Effekt kommen, bei dem die Stimme in hoher Geschwindigkeit und sehr verzerrt übertragen wird.

Neben dem technischen Aspekt dient ein langsameres Sprechtempo der besseren Konzentration und dem Vermeiden vieler Verzögerungslaute wie

»äh«, »ähm« oder »hm«. Diese Verzögerungslaute sind für die Zuhörer schon in der Präsenz anstrengend und wirken im virtuellen Raum durch die Übertragung per Kopfhörer um ein Vielfaches stärker. Dadurch können Teilnehmer so abgelenkt werden, dass sie der inhaltlichen Darstellung nicht mehr folgen.

In manchen virtuellen Räumen können die Teilnehmer aus den Statussymbolen ein Zeichen wählen, das Ihnen signalisiert, wenn Sie zu schnell oder zu langsam sprechen.

Lautstärke und Sprechtonhöhe

Ebenfalls angepasst werden muss die Lautstärke. Zum einen geschieht dies über die Audioeinstellungen im Raum und zum anderen über die eigene Stimme. Während die Audioeinstellungen schnell korrigiert werden können, ist die Anhebung beziehungsweise Senkung der Stimmlautstärke oft mit der eigenen Persönlichkeit verbunden und kann nur durch ein professionelles Stimmtraining verändert werden. Voraussetzung für eine kräftige und klangvolle Stimme ist eine ausreichend tiefe Atmung (Bauchatmung), bei der sich das Zwerchfell senkt und die Bauchdecke spürbar nach vorn wölbt. Ob die Bauchatmung richtig ausgeführt wird, kann jeder selbst ausprobieren: Durch das Auflegen der Hand auf den Bauch in der Nähe des Bauchnabels spürt man, dass sich die Bauchdecke beim Einatmen ausdehnt und beim Ausatmen einzieht. Diese tiefe Atmung wird durch eine optimale Sitzhaltung begünstigt:

- Der Rücken nimmt eine aufrechte Haltung ein.
- Beide Füße stehen auf dem Boden.
- Die Hände sind frei beweglich.
- Der Blick ist geradeaus gerichtet und nicht nach unten. Dazu muss eventuell der Bildschirm etwas höher gestellt werden.

Besonders wichtig für eine erfolgreiche Lernkommunikation ist die Sprechtonhöhe. Verschiedene Studien belegen, dass Lernende sich schlecht konzentrieren können und weniger vom Gelernten behalten, wenn Sie mit zu hoher und angestrengt klingender Stimme sprechen.

Die optimale Sprechtonhöhe

Machen Sie es sich im Sitzen bequem und beginnen Sie einfach, genüsslich in angenehmer Tonlage zu summen. Ganz wichtig dabei ist, dass es bei dieser Übung nicht um Leistung geht, sondern um die Wahrnehmung. Denken Sie einfach an Ihr Lieblingsessen, sodass Ihnen das Wasser im Munde zusammenläuft. Genießen Sie das Summen, so, als ob die Stimme von allein kommt und in bequemer Lautstärke. Machen Sie nun zusätzlich zum Summen Kaubewegungen. Die Kaubewegungen dürfen groß und ausladend sein. Wenn Sie das etwa eine Minute gemacht haben, fragen Sie sich: Wie klingt meine Stimme jetzt? Sicherlich etwas tiefer als sonst, oder? Nun legen Sie Ihre Hände auf die Brust und nehmen wahr, was sie spüren. Sicherlich nehmen Sie Vibrationen im Brustkorb wahr: Genau das ist Ihr »Eigenton«. In diesem Bereich fühlt sich die Stimme am wohlsten. Verlieben Sie sich einfach in diese Vibrationen im Brustkorb. Sie werden staunen, wie leicht Ihnen das fällt.

Da im virtuellen Raum mangels Webcam oft nur die verbale und die paraverbale Ebene für die Kommunikation genutzt werden, kommen dem Klang der Stimme und der Artikulation, also der Art und Weise, wie etwas gesagt wird, eine große Bedeutung zu. Ein Stimmtrainer hilft, die Stimme gezielt zu kräftigen, sodass sie nicht nur lauter klingt, sondern auch besser durchhält, ohne schnell heiser zu werden.

Zur Kräftigung der Stimme

- Entspannen Sie Ihren Kiefer, indem Sie mit beiden Händen von der Schläfe bis zur Kinnspitze streichen und dabei den Mund weit öffnen. Eine Kieferentspannung vertieft die Atmung und verhilft zu einer resonanzreichen Stimme.
- Wärmen Sie Ihre Stimme kurz vor dem Live-Online-Training auf. Dazu stellen Sie sich hin und finden durch leichtes Hin- und Herschwingen des Oberkörpers zur Ruhe und zu einem festen Stand. Atmen Sie gleichmäßig in den Bauch ein und aus. Durch das Auflegen der Hand auf den Bauch spüren Sie, wie der Bauch sich bei der Einatmung ausdehnt und bei der Ausatmung wieder einfällt. Nehmen Sie Ihren Atemrhythmus bewusst wahr. Nach einigen Atemzügen beginnen Sie beim Ausatmen folgende Laute zu formen: »ffff«, »ssss« oder »sch«. Achten Sie darauf, ganz gleichmäßig auszuatmen und die Luft dosiert abzugeben (vgl. blog. resource-people.de).
- Trommeln Sie vor der Lerneinheit mit den Fäusten sanft auf Ihren Brustkorb, tönen Sie dabei den »Urlaut«. Klopfen Sie weiter den gesamten Körper ab. So aktivieren Sie Körper und Stimme und finden Ihre natürliche Sprechtonhöhe.

- Wenn möglich, stehen Sie während der Lerneinheit. Dies fördert die Kraft in Ihrer Stimme und den Einsatz von Mimik und Gestik. Nebenbei tun Sie Ihrem Rücken etwas Gutes. Die Mimik und Gestik führen Sie auf jeden Fall durch, auch wenn keine Webcam angeschaltet ist. Sie wird über die Stimme mittransportiert.

- Den meisten Trainern fehlen die Gesichter, zu denen sie sprechen. Um Gesichter anzusprechen, kleben Sie sich ein Foto von einem Auditorium an den Bildschirm oder setzen eine reale Person an den Schreibtisch gegenüber, der Sie die Inhalte erzählen.

- In Pausen lutschen Sie ein Salbei-Bonbon, um die Schleimhaut im Hals feucht zu halten. Verzichten Sie dabei auf mentholhaltige Bonbons. Sie wirken zwar erfrischend, trocknen aber die Schleimhäute aus. Besser sind Bonbons mit Salbei, Isla Moos oder Emser Pastillen.

- Eine besondere Bedeutung kommt der Verwendung von Witz und Humor zu, sofern die nonverbale Kommunikation fehlt. Humor ist für das Lernen förderlich und schafft eine lockere und offene Atmosphäre. Kann der Teilnehmer Sie nicht sehen, sollten Sie es bei Witz und Humor belassen und auf ironische oder sarkastische Äußerungen verzichten. Hier lauert ein hohes Potenzial für Missverständnisse. Denn schließlich ist es das Wesen der Ironie, etwas zu sagen und das Gegenteil dessen zu meinen.

Mikrofon und Raumakustik

Das Mikrofon positionieren Sie unterhalb des Mundes in einem Abstand von circa vier Zentimetern, damit keine lauten Atemgeräusche zu hören sind und ein »Kratz-Ton« vermieden wird. Wenn Sie sich nicht sicher sind, ob die Lautstärke angenehm und der Abstand zum Mikrofon richtig ist, bitten Sie Ihre Teilnehmer um eine Rückmeldung.

Wer einmal in einem leeren Raum gesprochen hat, weiß, wie hohl sich dies anhört. Deshalb achten Sie darauf, dass der physische Raum, in dem Sie sich während des Live-Online-Trainings aufhalten, nicht »leer« klingt. Stoffe und Möbel tragen zu einer optimalen Akustik bei (vgl. http://blog.erfolgsfaktor-stimme.com).

Der Co-Moderator

In einigen Situationen kann es sinnvoll sein, mit einem Co-Moderator zu arbeiten:

- Sie sind (noch) nicht sicher im Umgang mit der Technik und/oder der virtuellen Lehrsituation.
- Das Thema wird von zwei Trainern präsentiert, um die Aufmerksamkeit der Teilnehmer besser steuern zu können. Zum Beispiel führt der Co-Moderator mit Ihnen ein Interview.
- Ein Teilnehmer hat mehr Erfahrung mit dem Thema und soll einen Themenbereich vorbereiten und präsentieren.
- Es sind mehr als zwölf Teilnehmer zum Seminar angemeldet.

Aufgaben des Co-Moderators

Die wichtigste Aufgabe des Co-Moderators ist die Handhabung der Technik. Damit Sie sich auf die Präsentation der Inhalte konzentrieren können, übernimmt der Co-Moderator zu Beginn des Trainings den Technikcheck mit den Teilnehmern, weist diese in die Handhabung der Statussymbole ein und moderiert die Warm-up-Phase.

Im Hauptteil beobachtet er den Textchat und notiert Fragen der Teilnehmer. Dazu öffnet er parallel ein Textverarbeitungsprogramm und kopiert diejenigen Fragen aus dem Textchat, die in einer Vortragspause von Ihnen beantwortet werden. Er reagiert selbst auf Fragen im Textchat, wenn diese sich auf die Technik des virtuellen Raumes beziehen. Wenn die Teilnehmer eine Übung am Whiteboard oder eine Umfrage machen, stellt der Co-Moderator diese Medien ein und überwacht den Ablauf. Auch die technische Leitung von Gruppenarbeitsphasen gehört zu seinen Aufgaben.

Wenn keine weitere Person für den Support zuständig ist, stellen Sie die Telefonnummer des Co-Moderators für technische Fragen vor oder während der Veranstaltung zur Verfügung. Dies kann in besonderen Fällen zu einer

Den Textchat beobachten

Medien bereitstellen

Technische Fragen beantworten

Doppelbelastung führen, da während der Veranstaltung weitere Anforderungen an den Co-Moderator gestellt werden. Die Durchführung der Veranstaltung darf nicht gefährdet werden. Ratsam ist ein externes Support-Team für telefonische Anfragen bezüglich der Technik.

Auf keinen Fall beantwortet der Co-Moderator inhaltliche Fragen parallel im Textchat. Dies führt sonst dazu, dass die Teilnehmer ihre Aufmerksamkeit vom eigentlichen Vortrag abwenden.

Notwendige Kompetenzen

Da der Co-Moderator in erster Linie für den reibungslosen Ablauf in Bezug auf die Technik verantwortlich ist, kennt er sich mit den Werkzeugen des virtuellen Raumes gut aus. Er kennt einige typische Fehlerquellen bei Audio- und Systemeinstellungen sowie die Besonderheiten des virtuellen Raumes. Hierzu zählen zum Beispiel die Einstellungen im Audio-Assistenten des Systems und Probleme mit der Darstellung der Inhalte am Bildschirm.

Weiterhin spricht der Co-Moderator eine einfache und sachliche Sprache und kann sich im Textchat schriftlich ausdrücken. Er besitzt Einfühlungsvermögen und kann aufgeregte Teilnehmer beruhigen. So können Sie sich voll und ganz auf Ihre inhaltliche Präsentation konzentrieren.

Den Co-Moderator auf seine Aufgabe vorbereiten

Ein intensives Techniktraining ist für diese Aufgabe nötig. Der Co-Moderator beschäftigt sich im Vorhinein mit den technischen Voraussetzungen für die Teilnahme und informiert sich darüber, welche Einstellungen an den Standard-Computersystemen in Bezug auf die Audioübertragung notwendig sind. Auf den Hilfeseiten der Anbieter virtueller Räume finden sich oft Listen über häufig gestellte Fragen, die viele Tipps bereithalten.

Für den reibungslosen Ablauf ist ein Testlauf mit Ihnen notwendig. Hier werden Aufgaben verteilt und Absprachen getroffen. Es muss für den Co-Moderator klar sein, an welcher Stelle er eingreifen soll und wann die Fragen der Teilnehmer von Ihnen beantwortet werden.

Einen Teilnehmer zum Co-Moderator ernennen

Teilnehmer mit einem größeren Erfahrungsschatz können für eine Themenpräsentation zum Co-Moderator ernannt werden. Hierfür sollten sie ein Grundlagenwissen über die technische Handhabung der Werkzeuge besitzen, ausreichend Zeit zur Vorbereitung und Erfahrung mit Präsentationen haben.

Große Gruppen und Webinare

Im virtuellen Raum sprechen wir von einer Großgruppenveranstaltung, dem sogenannten Webinar, wenn mehr als 20 Personen teilnehmen. Ganz ähnlich wie beim Präsenztraining schränkt die Gruppengröße den Grad der Interaktion ein. Die folgenden vier Aspekte sind bei Großgruppenveranstaltungen zu berücksichtigen:

Der Ablaufplan

Planen Sie den Ablauf eines Webinars ähnlich dem eines Live-Online-Trainings. Kürzen Sie jedoch einzelne Phasen oder lassen Sie diese weg:

- Begrüßung und Vorstellung des Referenten und Co-Moderators
- Erläuterung der Kommunikationsregeln und Einweisung in die Handhabung des Textchats und der Statussymbole (zum Beispiel werden Fragen über den Textchat eingegeben und nicht direkt per Mikrofon gestellt)
- Vorstellung der Agenda
- Einstieg in das Thema
- Wechsel zwischen Inputvortrag und Interaktion
- Zusammenfassung der wichtigsten Impulse
- Feedback-Befragung
- Abschluss (zum Beispiel: Wie geht es weiter? Wann und in welcher Form erhalten die Teilnehmer die Unterlagen zum Webinar?)

Die Zeit präzise einteilen

Aufgrund der Tatsache, dass sich die Teilnehmer nicht so sehr beteiligen können wie in einem Live-Online-Training, begrenzen Sie die Dauer auf maximal 60 Minuten. Die Aufmerksamkeit kann über diese Dauer gehalten werden, wenn ein Mix aus Impulsvortrag und Interaktionen geplant ist.

Dazu ist ein Ablaufplan unabdingbar (siehe Kapitel 3: »Ablaufplan erstellen«).

Die Werkzeuge reduziert einsetzen

Die Auswahl der Werkzeuge, die bei einem Webinar zum Einsatz kommen, ist begrenzt und hängt von der Vermittlungsmethode ab. Für die Darstellung der Inhalte stehen die Bildschirmfreigabe, die Präsentation und die Webcam zur Verfügung. Damit Sie Interaktionen schnell und überschaubar durchführen können, nutzen Sie die Statussymbole, die Abstimmungen und den Textchat.

- Die Statussymbole löschen Sie nach jeder Befragung sofort wieder.
- Bei Umfragen warten Sie nicht auf das Klicken des letzten Teilnehmers.
- Nutzen Sie den privaten Textchat, wenn die Teilnehmer ihre Nachrichten anonym halten wollen. Beim öffentlichen Textchat kann jeder Teilnehmer sehen, welche Fragen gestellt werden und von wem. Allerdings sind auch nicht-themenbezogene Anmerkungen zu sehen, die vom eigentlichen Inhalt ablenken. Wird der öffentliche Textchat genutzt, entsteht oft eine aufgelockerte und abwechslungsreiche Diskussion. Für ungeübte Trainer und Fachreferenten stellt der öffentliche Textchat eine große Herausforderung dar, da stets ein Blick auf ihn geworfen werden muss, um Fragen und Anmerkungen aufzugreifen.
- Da Sie auf Mikrofone verzichten, schreiben die Teilnehmer ihre Fragen in den Textchat. Bei vielen Fragen kann dieser schnell unübersichtlich werden. Als Hilfe geben Sie zu Beginn des Webinars die Kommunikationsregel an, dass die Fragen nach jedem Impulsvortrag beantwortet werden.

Methoden für den Austausch in großen Gruppen

In der Mehrzahl der Webinare findet die Veranstaltung im Plenum statt. Es liegt auf der Hand, dass in einem virtuellen Raum nicht 20 Personen und mehr miteinander in Austausch stehen können. Hierfür eignen sich Veranstaltungsarten, die aus der Präsenz bekannt sind:

Virtuelles World-Café

Die Methode »World-Café« wurde in den USA von Juanita Brown und David Isaacs für Präsenzmoderationen entwickelt, damit sich Teilnehmer einer Großgruppenveranstaltung in kleinen Gruppen austauschen können. Katja Königstein und Peter Tandler haben diese Methode im Jahr 2011 für virtuelle Räume angepasst. Hier nennt sich die Methode »Virtuelles World-Café« und dient in erster Linie dem Wissens- und Erfahrungsaustausch sowie dem Knüpfen neuer Kontakte. Zur Durchführung benötigen Sie einen virtuellen Raum, der die Nutzung von Nebenräumen anbietet. Sie eignet sich für eine Teilnehmergröße von 20 bis 50 Personen und wird wie folgt durchgeführt:

Zunächst treffen sich alle Teilnehmer und die Moderatoren im virtuellen Hauptraum. Dort findet eine Einweisung in die Methode und die damit zusammenhängende Technik statt. Es folgen einige Impulsvorträge, die in das Thema einführen.

Dann geht es in die erste Gruppenrunde: Die Teilnehmer werden in Kleingruppen von vier bis fünf Personen eingeteilt und verlassen das Plenum. Während einer Präsenzveranstaltung kommt es automatisch zu sozialen Kontakten, die im virtuellen Raum erst initiiert werden müssen. Dabei hilft es der späteren Kleingruppendynamik, wenn Sie bei der ersten Gruppenrunde Zeit für das gegenseitige Kennenlernen einplanen. Dies schafft Vertrauen und ist für die Offenheit während der Diskussion unabdingbar.

Anders als im Präsenz-World-Café wird jedem Kleingruppenraum ein Moderator zugeordnet. Dieser hat die Aufgabe, die virtuellen Werkzeuge zu bedienen, den Kontakt zum Hauptraum zu halten und Unsicherheiten bei der Vorgehensweise aufzufangen. Kommt die Diskussion in den Kleingruppen nicht von alleine in Gang, unterstützt der Moderator durch gezielte Fragen. Durch die Aufteilung in kleine Diskussionsrunden hat jeder Teilnehmer die Chance, sich einzubringen, die Perspektiven der anderen wahrzunehmen und neue Kontakte aufzubauen.

Zur Dokumentation dieser Ergebnisse dienen der Textchat und das Whiteboard. In den Kleingruppen nutzen die Teilnehmer zusätzlich das Mikrofon für Diskussionen. Daher ist es von großer Bedeutung, dass alle Teilnehmer vor der Veranstaltung auf das Mikrofon hingewiesen werden und einen Audiocheck durchlaufen.

Nach zwei bis drei Gruppenwechseln, die jeweils circa 20 Minuten dauern, kommen alle Teilnehmer wieder im Hauptraum zusammen, um die

Einzelergebnisse aus den Gruppen zu besprechen. Dafür werden die Whiteboards aus den Gruppenräumen im Hauptraum angezeigt und vom Moderator oder einem Gruppenmitglied präsentiert.

Den Abschluss bildet eine allgemeine Feedback-Befragung zur Vorgehensweise und das Versenden der Gesamtergebnisse nach dem virtuellen World-Café per Mail.

Podiumsdiskussion

In Podiumsdiskussionen vertreten einige, vorher festgelegte Teilnehmer bestimmte Standpunkte oder Meinungen. Dadurch erhält der Zuhörer eine Vielzahl an möglichen Perspektiven zu einem Thema und kann sich anschließend selbst eine Meinung bilden. Im virtuellen Raum werden Podiumsdiskussionen sowohl in Trainingsszenarien als auch in öffentlichen Veranstaltungen eingesetzt.

Folgende Vorbereitungen sind zu treffen:
- Wählen Sie vorab einige Personen aus, die während der Veranstaltung an der Diskussion teilnehmen. Im Training fragen Sie dann nach Freiwilligen.
- Geben Sie den Beteiligten ausreichend Zeit zur Vorbereitung.
- Weisen Sie Personen in die Handhabung des virtuellen Raumes ein, die damit nicht vertraut sind.
- Führen Sie eine Test-Einheit durch, um Absprachen zu treffen.
- Erstellen Sie eine Folie mit den Fotos und Namen der Diskussionsteilnehmer. Wenn klar ist, wer eine Pro- und wer eine Kontra-Meinung einnimmt, machen Sie dies auf der Folie kenntlich.

Auf folgende Dinge ist während der Veranstaltung zu achten:
- Geben Sie den Diskussionsteilnehmern den Moderatorenstatus. Je nach Software legen Sie dies vor dem Betreten des Raumes fest.
- Stellen Sie zu Beginn alle Beteiligten anhand der vorbereiteten Folie vor.
- Bitten Sie die Diskussionsteilnehmer, ihre Mikrofone nur zu öffnen, wenn sie angesprochen werden oder etwas sagen wollen. Dazu betätigen diese das Handsymbol. Damit vermeiden Sie unnötige Störgeräusche.

- Blenden Sie die Folie mit den Fotos und Namen dann ein, wenn diskutiert wird. Alternativ sind alle Beteiligten per Webcam sichtbar. Hier prüfen Sie zu Beginn, ob alle Teilnehmer die diskutierenden Personen ohne Unterbrechung hören können. Verzichten Sie im Zweifelsfall auf die Live-Übertragung.
- Fordern Sie nach der Vorstellungsrunde die Diskussionsteilnehmer auf, jeweils eine kurze Aussage zum Thema oder zur Fragestellung abzugeben.
- Stellen Sie sicher, dass sich während der Diskussion jeder beteiligt, und sprechen Sie gegebenenfalls einzelne Personen an.
- Binden Sie zwischendurch Fragen oder Anmerkungen aus dem Publikum mit ein, die im Textchat eingegeben wurden.
- Fassen Sie zum Schluss die Meinungen der Beteiligten zusammen und senden Sie diese im Nachgang an alle Teilnehmer.

Zusammenfassung und Wiederholung der Inhalte

Nach der Vermittlung der Inhalte beziehungsweise dem eigenständigen Erarbeiten ist es wichtig, das neu Erlernte zu wiederholen. Hierbei werden Methoden eingesetzt, bei denen es nicht darum geht, das neue Wissen anzuwenden, sondern lediglich auf eine andere Art und Weise oder mit anderen Sinnen zu wiederholen.

Methoden für Zusammenfassungen

- Blenden Sie eine Folie ein, auf der der Inhalt in Kurzform dargestellt ist, und wiederholen Sie die wichtigsten Punkte. Diese Folie wird als Erinnerungsfolie gekennzeichnet. Immer wenn eine solche Folie auftaucht, wissen die Teilnehmer, dass es sich um eine Zusammenfassung handelt.
- Jeder Teilnehmer sagt nacheinander etwas zu dem letzten Themenabschnitt und was ihm daraus in Erinnerung geblieben ist. Daraus ist für Sie ersichtlich, welche Inhalte behalten und welche wiederholt werden müssen.
- Gemeinsam oder in kleinen Gruppen erstellen die Teilnehmer eine Mindmap. Dies geschieht über eine Software, die Sie per Bildschirmfreigabe anzeigen und in die Sie die Vorschläge der Teilnehmer eingeben. Alternativ benutzen Sie die Whiteboard-Funktion.

Bitte beobachten Sie:

- Was ist neu für mich?

- Was kann ich schwer im Alltag umsetzen

- Was kann ich direkt aktiv umsetzen

Bezeichnung	Themenfilter
Ziel	Teilnehmer lenken die Aufmerksamkeit auf eine bestimmte Fragestellung und beschäftigen sich intensiver mit den Themenschwerpunkten. Die Teilnehmer erstellen selbst die Zusammenfassung des Lerninhalts.
Gruppengröße	Maximal zwölf Teilnehmer
Dauer	Erklärung der Methode zu Beginn: zwei Minuten; Durchführung über die Trainingseinheit verteilt; Zusammenfassung der Ergebnisse: zehn Minuten
Medien	Folie mit Whiteboard-Funktion oder Bildschirmfreigabe eines Textverarbeitungsdokumentes
Vorbereitung	Auf einer Folie werden zwei bis drei Fragen gestellt, die die Teilnehmer während der Einheit beantworten sollen. Für das Ende erstellen Sie eine Folie mit einer Tabelle mit je einer Spalte pro Frage. Oder nutzen Sie ein Textverarbeitungsprogramm, das Sie per Bildschirmfreigabe anzeigen.

Ablauf	Zu Beginn der Seminareinheit stellen Sie die Fragen vor und beseitigen eventuelle Unklarheiten. Die Teilnehmer notieren die Fragen auf einem Blatt Papier. Es kann dafür eine Tabelle mit einer Spalte pro Frage angelegt werden. Weisen Sie die Teilnehmer an, sich Notizen zu machen, sobald sie eine Information zu einer Fragestellung wahrnehmen. Am Ende tragen die Teilnehmer ihre Ergebnisse in die Spalten der vorbereiteten Tabelle auf dem Whiteboard ein oder Sie zeigen ein Dokument per Bildschirmfreigabe an und lassen sich die Ergebnisse zurufen. Sie tragen diese in die Tabelle ein.
Hinweis	Durch das Zusammentragen der Ergebnisse entsteht eine gute Übersicht darüber, was den Teilnehmern besonders aufgefallen ist und welche Punkte ihnen wichtig waren. Wenn Antworten fehlen, weisen Sie darauf hin. Dies ist ein Indiz dafür, dass der Inhalt bei den Teilnehmern scheinbar nicht nachhaltig angekommen ist. Wenn dazu eine Gruppenarbeit durchgeführt wird, diskutieren die Teilnehmer noch intensiver über die Ergebnisse und erfahren mehr über die Eindrücke der anderen Teilnehmer.
Variationen	Anstatt jedem Teilnehmer alle Fragen zu stellen, teilen Sie die Teilnehmer zu Beginn in Gruppen ein und weisen jeder Gruppe eine Frage zu. Nun notiert jeder Teilnehmer die seiner Gruppe zugewiesene Frage. Am Ende initiieren Sie eine Gruppenarbeit, bei der die Teilnehmer über ihre Beobachtungen diskutieren, um sie anschließend zu präsentieren. Die Fragen können konkret auf den Inhalt eines Themas bezogen (zum Beispiel »Welche Schritte kennzeichnen den Entwicklungsprozess xy?«) oder allgemein gehalten sein (zum Beispiel »Welche Handlungsweise ist für Sie im Arbeitsalltag anwendbar?«).
Quelle	Klein 2015

Methoden zur Wiederholung der Inhalte

Bezeichnung	Wer wird Millionär?
Ziel	Spielerisch überprüfen die Teilnehmer ihr Wissen.
Gruppengröße	Unbegrenzt
Dauer	Eine Minute pro Frage
Medien	Folie, Umfrage
Vorbereitung	Auf einer Folie stellen Sie die Frage und die vier Antwortmöglichkeiten dar. Parallel dazu erstellen Sie eine Umfrage mit den Antwortmöglichkeiten a, b, c, d.
Ablauf	Sie lesen die Frage und die möglichen Antworten vor. In der eingeblendeten Umfrage klicken die Teilnehmer auf die ihrer Meinung nach richtige Antwort. Anschließend geben Sie das Ergebnis für die Teilnehmer frei und kommentieren dieses.

Hinweis	Viele Teilnehmer kennen die Sendung aus dem Fernsehen und reagieren positiv auf die spielerische Abfrage ihres Wissens. Sinnvoll ist es, wenn Sie mehrere dieser Fragen nacheinander stellen.
Variationen	Bei einer Gruppengröße von maximal zwölf Teilnehmern teilen Sie die Gruppe in zwei Hälften. Jede Gruppe bestimmt einen Sprecher, der für sie antwortet. Die Gruppenmitglieder geben ihre Antworten über den privaten Textchat an den Gruppensprecher weiter, der dann entscheidet, welche Antwort genannt wird. Diese gibt er wiederum in den privaten Textchat an Sie weiter. Wenn Sie ein längerfristiges Training durchführen, integrieren Sie ein Punktesystem und rufen einen Preis aus.
Quelle	Reß/Hofmann 2003

Bezeichnung	Brainstorming von A bis Z
Ziel	Ideen oder bekannte Begriffe werden von der Gruppe zusammengetragen und verdeutlichen ihren Wissensstand.
Gruppengröße	Maximal zwölf Teilnehmer
Dauer	Fünf Minuten
Medien	Folie mit Whiteboard-Funktion
Vorbereitung	Auf einer Folie stellen Sie eine Tabelle dar mit einer Überschriftenzeile, vier Spalten und 13 Zeilen. In die Überschriftenzeile schreiben Sie das Stichwort, zu dem Inhalte gesammelt werden sollen. In die erste und dritte Spalte tragen Sie die Buchstaben von A bis Z ein. Die zweite und vierte Spalte bleiben leer für die Einträge.
Ablauf	Die Teilnehmer tragen neben den Buchstaben in die freie Spalte einen Begriff ein, der mit dem entsprechenden Buchstaben beginnt. Zuvor legen Sie fest, ob nur ein Eintrag pro Zeile erlaubt ist oder auch mehrere. Die Teilnehmer sammeln alle Begriffe, die ihnen während der Lerneinheit im Zusammenhang mit dem Stichwort in Erinnerung geblieben sind.
Hinweis	Vielen Teilnehmern fällt es leichter, einen Begriff zu finden, wenn ein Buchstabe vorgegeben ist.
Variationen	Diese Art des Brainstormings kann in verschiedenen Phasen im Training eingesetzt werden. Zum Beispiel fragen Sie zu Beginn nach den Erfahrungen der Teilnehmer und lassen diese am Ende die Tabelle ergänzen. So wird der Wissenszuwachs während des Trainings sichtbar. Wenn Sie keine Whiteboard-Funktion für alle Teilnehmer freischalten können oder wollen, lassen Sie sich die Begriffe zurufen und tragen diese in die Tabelle ein.

	Um den Wissensstand jedes einzelnen Teilnehmers zu erfahren, senden Sie jedem eine Datei mit der Tabelle per Dateitransfer zu. Die Teilnehmer erhalten eine Zeitvorgabe und füllen die Tabelle selbstständig aus. Anschließend werden im Plenum die Ergebnisse besprochen.
Quelle	Klein 2015

E-Learning

A		N	
B		O	
C		P	
D		Q	
E		R	
F		S	
G		T	
H		U	
I		V	
J		W	
K		X	
L		Y	
M		Z	

Bezeichnung	Zuordnung
Ziel	Die Teilnehmer ordnen Begriffe und Erklärungen zu.
Gruppengröße	Maximal zehn Teilnehmer
Dauer	Fünf Minuten
Medien	Folie mit Whiteboard-Funktion
Vorbereitung	Auf einer Folie stellen Sie rechts die Begriffe und links die Erklärungen dar. Die Begriffe erhalten jeweils die Kennzeichnung mit einer Zahl und die Erklärungen erhalten jeweils die Kennzeichnung mit einem Buchstaben.

Ablauf	Die Teilnehmer ordnen die Erklärungen den Begriffen zu und schreiben die Antworten in den privaten Textchat. Diesen schalten Sie vorher frei, wenn er nicht generell nutzbar ist. Die Teilnehmer werden angewiesen, alle Antworten in einen Eintrag zu fassen, da ansonsten die Übersicht bei der Überprüfung der Rückmeldungen schwierig wird. Ein Teilnehmer, der die richtigen Antworten gegeben hat, zeichnet anschließend die Lösung auf dem Whiteboard ein.
Hinweis	Wenn viele Teilnehmer die Lösung auf dem Whiteboard gleichzeitig eintragen, kann es schnell zu einer unübersichtlichen Darstellung und Überforderung jener Teilnehmer kommen, die nicht so schnell die Lösung gefunden haben. Diese sind frustriert, wenn die Lösung schon präsentiert wird, während sie noch darüber nachdenken. Daher ist der Umweg über den privaten Textchat eine gute Variante.
Variationen	Auch externe Softwarelösungen bieten Zuordnungsaufgaben, die in der Sitzung integriert werden können. Zum Beispiel »edugame« für Adobe Connect.
Quelle	Reß/Hofmann 2003

Ordnen Sie den Begriffen die Beschreibung zu:

A Live-Online-Meeting

B Webinar

C Podcast

D Web-Meeting

1 Besprechung im VC

2 Video-/Audio-Aufzeichung einer Veranstaltung

3 Lehr/Lernveranstaltung im VC

4 Informationsveranstaltung im VC

Bezeichnung	Virtuelles Activity
Ziel	Die Teilnehmer wiederholen die zu lernenden Begriffe, indem ein Teilnehmer sie in seinen eigenen Worten erklärt.
Gruppengröße	Maximal 20
Dauer	Drei Minuten pro Begriff
Medien	Mikrofon, privater Textchat, öffentlicher Textchat
Vorbereitung	Begriffe definieren
Ablauf	Sie senden einem Teilnehmer über den privaten Textchat einen Begriff, den er den anderen Teilnehmern erklären muss, ohne ihn zu nennen. Die Teilnehmer tragen ihre Ideen in den öffentlichen Textchat ein. Sie können leichte Hilfestellungen geben. Wer den Begriff zuerst erraten hat, bekommt von Ihnen einen weiteren Begriff zugesendet.
Hinweis	Diese spielerische Methode macht allen Teilnehmern viel Spaß und fordert dem erklärenden Teilnehmer Präzision und Kreativität ab. Es entsteht eine spannende Atmosphäre.
Variationen	Wenn Sie den Schwierigkeitsgrad erhöhen möchten, senden Sie dem erklärenden Teilnehmer neben dem eigentlichen Begriff noch zwei bis drei Wörter, die er zur Erklärung nicht verwenden darf. Bei dem Brettspiel »Activity«, das dieser Methode zugrunde liegt, können Begriffe auch gezeichnet werden. Dies ist im virtuellen Raum über die Whiteboard-Funktion ebenfalls möglich. Allerdings ist es eine Herausforderung, mit der Maus zu zeichnen.

Bezeichnung	Software-Schnipsel
Ziel	Die Teilnehmer wiederholen die Inhalte des Lernstoffs. Diese Methode ist speziell für Softwaretrainings geeignet.
Gruppengröße	Maximal 20 Teilnehmer
Dauer	Zwei Minuten pro Ausschnitt
Medien	Folie, Statussymbol (Hand) oder Textchat
Vorbereitung	Auf einer Folie stellen Sie einen Ausschnitt aus einem Bereich der geschulten Software dar, zum Beispiel ein Icon, ein Eingabefenster oder eine Symbolleiste.
Ablauf	Die Teilnehmer betrachten die Abbildung auf der Folie und überlegen, zu welcher Funktion oder zu welchem Bereich der Software sie gehört. Wer eine Idee hat, schreibt diese in den Textchat oder meldet sich per Handsymbol. Schweigen Sie während der Denkphase der Teilnehmer.

Hinweis	Die Aufmerksamkeit der Teilnehmer wird extrem erhöht, denn sie denken konzentriert darüber nach, wo sie den Ausschnitt schon einmal gesehen haben. Sie rufen sich die Bereiche in Erinnerung und festigen damit das Wissen.
Variationen	Wenn im Sprachtraining zuvor ein Wort mit einem Bild verknüpft wurde, zeigen Sie das Bild und fragen das Wort über den (privaten) Textchat ab.
Quelle	Reß/Hofmann 2003

Anwendung des Gelernten

Der spannendste Teil des Lernprozesses liegt in der Anwendung des erworbenen Wissens. Durch verschiedene Methoden prüfen die Teilnehmer, ob sie die Inhalte in der Praxis anwenden können. Hierfür halten Sie Aufgaben und Fallbeispiele bereit, die aus verschiedenen Perspektiven zur Anwendung des Wissens hinleiten. Da eine Seminareinheit maximal 90 Minuten oder zweimal eine Stunde dauert, kann dieser Teil des Lernprozesses in eine Selbstlernphase verschoben werden. Dabei arbeiten die Teilnehmer in asynchroner Form einzeln oder in kleinen Lerngruppen. Zur Unterstützung stellen Sie ihnen einen virtuellen Raum als Übungsraum zur Verfügung. Bei Fragen stehen Sie per Telefon oder Mail während der Selbstlernphase zur Verfügung.

Ein wesentlicher Bestandteil von Live-Online-Trainings ist der Austausch von Erfahrungen und neu gewonnenem Wissen in Form von Diskussionen. Was in Präsenzseminaren wenig bis keiner Erklärung bedarf, ist im virtuellen Raum ohne Plan nicht erfolgreich. Folgende Fallen können bei Diskussionen auftauchen und durch den Einsatz geschickter Methoden vermieden werden:

Alle Teilnehmer in die Diskussion einbinden

Es ist nicht sichtbar, wer gerade einen Redebeitrag abgeben möchte

Hier hilft nur die strikte Einhaltung der Rednerreihenfolge durch Handzeichen. Wird die Reihenfolge nicht automatisch vom virtuellen Raum angezeigt, notieren Sie diese, damit niemand übergangen wird. Die Handzeichen bleiben so lange sichtbar, bis der Redebeitrag vorbei ist.

Manche kommen nicht zu Wort

Wenn bekannt ist, dass sich der ein oder andere Teilnehmer generell still verhält, wird er in Diskussionen kaum die Hand heben. Hier sind Sie gefragt, ihn durch die direkte Ansprache »Herr xy, was sagen Sie zu dieser These?« in das Geschehen mit einzubinden. Zur Darstellung der Redebeiträge eignet sich eine Folie mit allen Teilnehmerfotos. Nach jedem Beitrag wird ein Zeichen an dem Foto des Teilnehmers platziert. So wird schnell sichtbar, wer viel redet und wer sich wenig bis gar nicht meldet. Sollen alle Teilnehmer zu Wort kommen, kann der Teilnehmer nach seinem Beitrag eine Linie zum nächsten Teilnehmer ziehen, der sich meldet oder der etwas sagen soll. Dadurch entsteht ein Netz, und alle müssen aufmerksam der Diskussion folgen. Man sollte jedoch immer sagen dürfen, dass man momentan keinen Beitrag zur Diskussion leisten kann oder möchte.

Die fehlende nonverbale Kommunikation kann zu Missverständnissen führen

In Präsenzseminaren sehen die Teilnehmer an der Körperhaltung, wie es den anderen Teilnehmern während der Diskussion ergeht. Daher ist es in virtuellen Diskussionsrunden vorteilhaft, alle Webcams einzuschalten. Das kommt fast einer Präsenzdiskussion gleich – sogar mit »echten« Handmeldungen.

Feedback

Gegen Ende einer Live-Online-Trainingseinheit werfen Trainer und Teilnehmer einen Blick auf den Ablauf und die Vorgehensweisen. Gerade für den Entwicklungsprozess neuer Live-Online-Trainer ist es wichtig, zu erfahren, wie die Teilnehmer die Einheit erlebt haben und an welcher Stelle Verbesserungsbedarf besteht. Wenn kein ausführliches Feedback geplant ist, sollten die Teilnehmer zumindest kurz Gelegenheit haben, eine Rückmeldung zu geben.

Methoden für Feedback

Bezeichnung	Skala-Abfrage
Ziel	Die Teilnehmer bewerten den Lernerfolg, den Wissenszuwachs oder den Ablauf der Veranstaltung.
Gruppengröße	Maximal zwölf Teilnehmer
Dauer	Drei Minuten
Medien	Folie mit Whiteboard-Funktion oder Umfrage
Vorbereitung	Auf einer Folie stellen Sie eine horizontale oder vertikale Skala dar (alternativ fügen Sie ein Foto mit einer Skala ein). Die Bezeichnungen sind frei wählbar und entsprechen den Abfragekriterien (zum Beispiel »Die Lernziele wurden ...« Skala: erreicht bis verfehlt).
Ablauf	Die Teilnehmer markieren ihre Antwort mit einem Zeichen (zum Beispiel Stern oder Kreuz) an der entsprechenden Stelle auf dem Whiteboard.
Hinweis	Achten Sie darauf, dass jeder Teilnehmer nur ein Zeichen setzt. Diese Methode eignet sich ebenfalls, um den Wissens- und Erfahrungsstand der Teilnehmer zu Beginn der Einheit abzufragen.
Variationen	Die Skala-Abfrage kann auch mündlich durchgeführt werden. Dabei notieren Sie eine Frage auf einer Folie, und die Teilnehmer geben auf einer Skala von null bis zehn im Textchat ihre Bewertung ab. Zum Beispiel: »Auf einer Skala von 0 bis 10: Wie schätzen Sie Ihre Fähigkeit im Umgang mit den Werkzeugen des virtuellen Raumes ein?« Wenn Sie die Whiteboard-Funktion nicht nutzen wollen, erstellen Sie eine Umfrage mit einer Skala.

Bezeichnung	Pro/Kontra-Feedback
Ziel	Die Teilnehmer stellen zwei Positionen gegenüber, die das Training bewerten.
Gruppengröße	Maximal zwölf Teilnehmer
Dauer	Fünf Minuten
Medien	Folie mit Whiteboard-Funktion oder zwei Textchat-Pods (Adobe Connect)
Vorbereitung	Auf einer Folie stellen Sie eine Tabelle mit zwei Spalten dar. Eine Spalte enthält die Pro- und die andere Spalte die Kontra-Meinung. Die Frage wird als Überschrift platziert. Zum Beispiel: »An der heutigen Veranstaltung hat mir gut gefallen, dass ... und nicht gefallen, dass ...«
Ablauf	Die Teilnehmer tragen ihre Meinung in die jeweilige Spalte ein. Anschließend kommentieren Sie die Einträge.
Hinweis	Die Visualisierung der Meinung macht diese transparent und es entsteht ein konstruktives Feedback. Wenn mehrere Teilnehmer einer Meinung sind, können auch Zeichen hinter einen Eintrag gesetzt werden. Wenn sich Einträge überlagern, verschieben Sie diese an eine andere Position auf dem Whiteboard. Wenn möglich, sollte das Feedback anonym abgegeben werden. Dazu ändern Sie gegebenenfalls die Einstellungen von Textfeldern oder Textchat-Funktionen.
Variationen	In Adobe Connect können mehrere Textchats aufgerufen werden. Anstelle einer Folie werden diese Textchats nebeneinander angeordnet. Dabei wird allerdings der Name des Eintragenden sichtbar, was die Anonymität aufhebt. Anstelle von Whiteboard oder Textchat können Sie auch das Umfrage-Werkzeug nutzen, wenn dieses die Funktion »Kurztext« beinhaltet. Erstellen Sie dazu je eine Umfrage für Pro- und Kontra-Argumente und blenden Sie diese nacheinander ein.

Bezeichnung	Blatt der Erkenntnis
Ziel	Die Teilnehmer realisieren die Kernaussagen zum Thema und deren Bedeutung für das eigene Handeln.
Gruppengröße	Maximal zwölf Teilnehmer
Dauer	Fünf Minuten
Medien	Folie mit Whiteboard-Funktion oder Textchat
Vorbereitung	Auf einer Folie wird ein Baum dargestellt mit einem Blatt pro Teilnehmer. Die Fläche der Blätter gestalten Sie groß genug, um den Text hineinschreiben zu können.
Ablauf	Zum Ende der Seminareinheit schreibt jeder Teilnehmer eine Kernbotschaft, die er aus der Lerneinheit mitnimmt, auf das ihm zugewiesene Blatt. Anschließend werden die Aussagen von Ihnen kommentiert.
Hinweis	Es entsteht ein Sammelwerk aus Eindrücken, die die Teilnehmer aus der Einheit mitnehmen. Wiederholungen sind nicht selten und zeigen den Schwerpunkt der Wahrnehmung auf.
Variationen	Die Methode kann auch in der Zusammenfassungsphase angewendet werden. Wenn keine Whiteboard-Funktion zur Verfügung steht, schreiben die Teilnehmer die Kernaussagen in den Textchat.

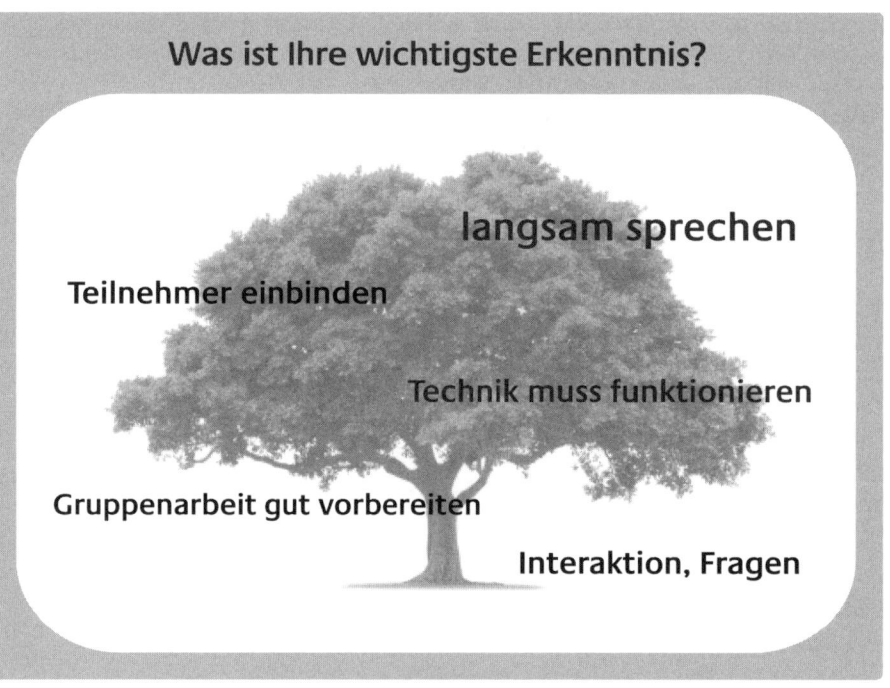

Bezeichnung	Spinnenfeedback
Ziel	Die Teilnehmer geben zu verschiedenen Aspekten des Seminares eine Rückmeldung ab.
Gruppengröße	Maximal zwölf Teilnehmer
Dauer	Drei Minuten
Medien	Folie mit Whiteboard-Funktion
Vorbereitung	Auf einer Folie wird eine Zielscheibe mit drei bis vier Ringen dargestellt. Die Zielscheibe wird durch quer verlaufende Linien in fünf Bereiche eingeteilt. In der Mitte befindet sich ein Plus-Zeichen und an den Enden der Einteilungslinien jeweils ein Minus-Zeichen. Die fünf Bereiche werden beschriftet (zum Beispiel mit Trainer, Praxistauglichkeit, Lerngruppe, …).
Ablauf	Die Teilnehmer setzen jeweils ein Zeichen (zum Beispiel einen Stern) in einen Bereich der Zielscheibe. Somit gibt jeder Teilnehmer zu jedem der fünf Bereiche eine Meinung ab. Je weiter innen das Zeichen gesetzt wird, desto positiver bewertet der Teilnehmer diesen Bereich. Je weiter außen das Zeichen platziert wird, desto negativer bewertet er diesen Bereich.
Hinweis	In kurzer Zeit und mit wenig Aufwand können dank dieser Methode verschiedene Aspekte des Trainings bewertet werden.
Variationen	Die Bezeichnung der Bereiche können die Teilnehmer selbst vornehmen. So können Sie vorab im Textchat Ideen sammeln und diese anschließend auf dem Whiteboard hinterlegen. Bei Gruppen bis maximal sechs Personen kann jeder einen Bereich beschriften; bei mehr Teilnehmern treffen Sie eine Auswahl.
Quelle	Reß/Hofmann 2003

Abschluss

Zum Abschluss des Live-Online-Trainings folgt

- der Hinweis auf die Trainingsunterlagen für die Teilnehmer. Diese stellen Sie per Dateitransfer im virtuellen Raum zur Verfügung oder verweisen auf den entsprechenden Speicherort auf der Lernplattform.
- die Angabe der Kontaktadresse, über die die Teilnehmer mit Ihnen in Verbindung bleiben können, falls sie Fragen im Nachgang haben.
- die Ankündigung weiterer Lerneinheiten oder vertiefender Medien.
- die Besprechung einer zu erledigenden Aufgabe. Wenn solche Aufgaben vorgesehen sind, sollte dies in der Seminarbeschreibung angekündigt sein, damit die Teilnehmer sich zeitlich darauf einrichten können.
- die Feedback-Umfrage in Bezug auf den gesamten Kurs. Dazu eignen sich im virtuellen Raum integrierte Umfragewerkzeuge oder webbasierte Befragungstools wie https://de.surveymonkey.com, www.google.com/intl/de_de/forms/about/, www.limesurvey.org/en/, www.einfacheumfrage.de.

Die Erfahrung hat gezeigt, dass das Feedback direkt im Anschluss an die Veranstaltung eingeholt werden sollte, da zu einem späteren Zeitpunkt deutlich weniger Rückmeldungen eingehen.

Wenn die Teilnehmer den Raum verlassen haben, erledigen Sie die letzten Punkte:
- Die Anmerkungen auf dem Whiteboard per Screenshot sichern, wenn der virtuelle Raum keine Speicherfunktion zur Verfügung stellt.
- Die Teilnehmerliste und den Textchat abspeichern.
- Die Aufzeichnung beenden.
- Das Meeting für alle schließen. Hier reicht es oft nicht aus, den virtuellen Raum bloß zu verlassen. Je nach Business-Modell kann das Verweilen von Teilnehmern zu unüberschaubaren Kosten führen.

Umgang mit schwierigen Situationen

Technische Probleme

Wenn Live-Online-Trainer gefragt werden, welche negativen Erfahrungen sie gemacht haben, dann werden fast immer Probleme mit der Technik genannt. Grundsätzlich können Sie nur sehr bedingt bei Technikproblemen von Teilnehmern helfen. Der Einsatz eines Co-Moderators beziehungsweise das Bereithalten einer Support-Nummer auf der Titelfolie oder einer gesonderten Folie ist das erste Mittel der Wahl, wenn es um technische Probleme geht. Schon in der Einladung geben Sie genaue Anweisungen zur Vorbereitung des Rechners. Wenn öfter technische Schwierigkeiten auftauchen, fertigen Sie eine Liste mit diesen Fällen an und besprechen sie mit dem Support des Anbieters.

Um einen reibungslosen Start des Live-Online-Trainings zu gewährleisten, führen Sie bei längeren Kursen einige Tage vor Beginn einen separaten Technik-Check durch. Dann ist noch ausreichend Zeit, etwaige Probleme zu beheben. Zu diesem Vorabtermin testen Sie die Technik der Teilnehmer, weisen diese in die Handhabung des virtuellen Raumes ein und fragen eventuell die Erwartungen ab. Damit nehmen Sie sich und den Teilnehmern nicht nur die Anspannung bezüglich der Technik, sondern sparen zugleich Zeit zu Beginn des Kurses. Diese nutzen Sie besser für eine intensive Vorstellungsrunde.

Technik-Check vorab durchführen

Die folgenden technischen Probleme können auftreten:

■ **Das Mikrofon des Teilnehmers funktioniert nicht, aber er kann den Trainer hören.**	
Ursache	**Lösung**
Das Mikrofon im virtuellen Raum wurde noch nicht aktiviert.	Der Teilnehmer klickt auf das Mikrofon-Symbol und bestätigt gegebenenfalls die Audionutzung. In vielen Räumen müssen Sie zuvor die Erlaubnis zur Audionutzung aktivieren.

Ursache	Lösung
Die Stumm-Taste am Headset ist gedrückt.	An vielen Headsets befindet sich ein separater Schalter zum Stumm- und Lautschalten. Dieser muss aktiviert sein, damit der Teilnehmer in der Lage ist, zu hören. Das wird gerne vergessen, und deshalb sprechen Sie den Teilnehmer zunächst darauf an.
Das falsche Mikrofon ist in den Audioeinstellungen ausgewählt. Dies kann auch der Fall sein, wenn ein Echoeffekt (doppelte Tonübertragung) entsteht, sobald zwei Mikrofone offen sind.	Der nächste Schritt nach der Überprüfung der Anschlüsse ist das Durchlaufen des Audio-Assistenten. Dazu geben Sie die Hinweise auf das entsprechende Menü mündlich oder im Textchat. Wenn die Einstellungen geändert wurden und das Mikrofon noch nicht funktioniert, verlässt der Teilnehmer den virtuellen Raum abermals und tritt neu ein. Oft ist die Einstellung dann erst wirksam.
Der Stecker der Mikrofonbuchse hat sich aus dem Anschluss gelöst (dies ist nur bei Klinkensteckern möglich; bei USB-Headsets würde der Teilnehmer auch nichts hören).	Der Teilnehmer prüft den Anschluss, indem er den Stecker komplett rauszieht und wieder reinsteckt. Ein Knackgeräusch sollte zu hören sein.
Die Einstellungen in der Systemsteuerung stimmen nicht.	Der Teilnehmer überprüft die Einstellungen in der Systemsteuerung.
Die Bandbreite ist zu gering für die Audioübertragung.	Bei einer zu geringen Bandbreite wird unter anderem die Audioübertragung unterbrochen oder fällt ganz weg. Hier hilft zunächst der Anschluss über ein Festnetzkabel anstatt über WLAN. Oder der Teilnehmer wählt sich – wenn möglich – in eine parallel stattfindende Telefonkonferenz ein.
Die Kopfhörer des Trainers funktionieren nicht.	Klären Sie zunächst ab, ob Sie die anderen Teilnehmer hören können. Ist dies nicht der Fall, überprüfen Sie die Audioeinstellungen und verlassen kurz den virtuellen Raum.

■ **Der Trainer kann die vorbereitete Präsentation nicht hochladen.**

Ursache	Lösung
Die Bandbreite ist zu gering.	Wenn große Dateien (ab circa sieben Megabyte) in den virtuellen Raum hochgeladen werden, kann dies lange dauern oder mangels Bandbreite komplett scheitern. Dann probieren Sie, die Datei per Bildschirmfreigabe anzuzeigen. Gelingt auch dies nicht, hilft nur das Zusenden der Datei per E-Mail und das parallele Mitblättern durch die Teilnehmer selbst.
Die Datei liegt in einem anderen Format vor.	Vor der Veranstaltung informieren Sie sich, welche Versionen und Dateiformate vom virtuellen Raum unterstützt werden. In der Regel sind PDF-Dateien die unproblematischste Variante.

Ursache	Lösung
Die Datei wurde vorab in ein falsches Verzeichnis geladen.	Manchmal muss die Datei vor dem Betreten des Raumes auf den Server des Anbieters hochgeladen werden. Hier ist genau zu beachten, dass das richtige Verzeichnis ausgewählt wird. Auch hier gilt: im Notfall zeigen Sie das Dokument per Bildschirmfreigabe an.
Der Server des Anbieters hat Probleme.	Wenn der Server des Anbieters Probleme hat, kann es notwendig sein, die Veranstaltung zu verschieben.
Der Trainer arbeitet mit einer UMTS beziehungsweise mit WLAN.	Es ist dafür Sorge zu tragen, dass der UMTS-Spot, mit dem Sie arbeiten möchten, über genügend Bandbreite verfügt. Eine WLAN-Anbindung ist ebenso unsicher wie eine UMTS-Anbindung, da diese Schwankungen unterliegt, die im virtuellen Raum zu Verbindungsabbrüchen und damit Trainingsunterbrechungen führen können.

■ Beim Betreten des virtuellen Raumes wird eine Fehlermeldung angezeigt.

Ursache	Lösung
Ein benötigtes Plug-in muss geladen werden.	Manche virtuellen Räume benötigen einen Client oder ein unterstützendes Programm, um alle Funktionen nutzen zu können. Die administrativen Rechte dazu sollte der Teilnehmer haben. Dies muss vorab geklärt werden.
Aktuelle Versionen von Flashplayer oder Java fehlen.	In der Regel werden die entsprechenden Versionen als Link zum Download angezeigt. Daher lohnt es sich, wenn die Teilnehmer bereits 15 Minuten vor Beginn versuchen, den virtuellen Raum zu betreten. Sollte eine Applikation fehlen, kann diese noch rechtzeitig heruntergeladen werden.
Die Firewall ist zu restriktiv eingestellt.	Die Einstellungen der Firewall müssen mit administrativen Rechten geändert werden.

■ Der Teilnehmer sieht die aktuelle Folie nicht, sondern nur die Startfolie oder gar keine Folie.

Ursache	Lösung
Ein Fehler beim Betreten des virtuellen Raumes verhindert die einwandfreie Funktion.	Der Trainer schließt die Präsentation beziehungsweise beendet die Bildschirmfreigabe und versucht es erneut. Hilft dies nichts, verlässt der Teilnehmer den Raum und tritt erneut ein.

Schwierige Teilnehmer

■ **Die Technikaffinität der Teilnehmer ist gering.**

Nicht jeder Teilnehmer ist begeistert, wenn sich herausstellt, dass der gebuchte Kurs nicht in der gewohnten Präsenzumgebung, sondern im virtuellen Raum stattfindet. Um diese Teilnehmer kümmern Sie sich besonders intensiv und signalisieren viel Geduld und Verständnis. Aus der Erfahrung heraus verlieren diese Teilnehmer nach der ersten Einheit ihre Bedenken und lassen sich auch online begeistern. Neben einer ausführlichen Einladung und einem vorab durchgeführten Technik-Check helfen folgende Tipps während der Durchführung der Seminareinheit:

- Die Anweisungen, die Sie mündlich geben, stellen Sie auf einer Folie dar. Wenn der Teilnehmer zum Beispiel ein Werkzeug des Whiteboards benutzen soll, fügen Sie auf der Folie die Werkzeug-Bar als Screenshot ein und markieren das entsprechende Symbol. Wenn Sie ausreichend Zeit eingeplant haben, zeigen Sie die Funktionen per Bildschirmfreigabe.
- Lassen Sie die Teilnehmer die notwendigen Werkzeuge vorab ausprobieren und holen Sie sich eine Rückmeldung ein, ob alles funktioniert hat. Damit wird den unsicheren Teilnehmern die Sorge genommen, an einer Interaktion aus technischen Gründen nicht teilnehmen zu können.
- In der ersten Lerneinheit planen Sie mehr Zeit ein für das Vertrautwerden mit der Technik und die neue Art zu kommunizieren.

■ **Ein Teilnehmer gibt unangemessene oder sogar provozierende Bemerkungen in den Textchat ein.**

Das Lernen auf Distanz ermöglicht es Teilnehmern, aus einer gewissen Anonymität heraus zu agieren. Dadurch kann es zu Aussagen kommen, die in einer Präsenzumgebung unterlassen würden. So kann es sein, dass ein Teilnehmer im Textchat Bemerkungen eingibt, die von den anderen als Provokation empfunden werden. Sie reagieren wie folgt:

- Den Textchat-Eintrag ignorieren Sie nicht, da ihn alle Teilnehmer lesen können. Wenn Sie einen solchen Eintrag im privaten Textchat erhalten, reagieren Sie zu einem späteren Zeitpunkt, zum Beispiel während einer Übungsphase oder nach dem Ende der Lerneinheit per Mail oder Telefon.
- Wiederholen Sie den Eintrag im Redaktionsstil. Dies bedeutet, dass Sie genau wiedergeben, was im Textchat zu lesen ist. Zum Beispiel: »Ich sehe gerade den Textchat-Eintrag von Herrn XY, der sagt, dass ...«

- Anschließend äußern Sie Ihr Gefühl bezüglich des Eintrags und fragen nach den Hintergründen. Zum Beispiel: »Ich bin erstaunt über Ihren Eintrag, bitte verraten Sie uns, was Sie damit genau meinen ...«
- Wenn die Situation nicht sofort geklärt werden kann, verschieben Sie dies auf das Ende der Lerneinheit.
- Sollte der Teilnehmer des Öfteren durch solche Einträge auffallen, suchen Sie ein Gespräch außerhalb der Lerneinheiten, um die genauen Gründe zu klären.
- Ein letzter Schritt kann darin bestehen, den Teilnehmer aus dem Raum auszuschließen. Dies sollte nur im größten Notfall passieren und anschließend mit den Verantwortlichen der Organisation bzw. dem Kunden geklärt werden.

■ Zwei Teilnehmer tauschen sich im Textchat privat aus.

Gerade bei Inhouse-Trainings kommt es häufiger vor, dass Teilnehmer sich gut kennen und auch private Themen miteinander zu besprechen haben. Was in Präsenztrainings vornehmlich in der Kaffeepause oder beim Mittagessen besprochen wird, läuft im virtuellen Raum über den öffentlichen Textchat ab. Folgende Tipps helfen, dem Bedürfnis nach privatem Austausch Rechnung zu tragen und gleichzeitig die Aufmerksamkeit auf das Thema nicht zu verlieren:

- Bitten Sie die Teilnehmer, den virtuellen Raum jeweils 15 Minuten vor Beginn zu betreten, und ermuntern Sie sie nach dem Technik-Check zu ein wenig Smalltalk.
- Wenn eine Seminareinheit durch eine Pause unterbrochen wird, bleibt der virtuelle Raum geöffnet und der Textchat kann für den privaten Austausch genutzt werden.
- Werden solche Chatgespräche während der Lernphase andauernd geführt, nehmen Sie zunächst über den privaten Textchat Kontakt zu den betreffenden Teilnehmern auf (zum Beispiel in einer Übungsphase). Ist dies nicht möglich, bitten Sie höflich um Unterlassung und begründen dies mit der geteilten Aufmerksamkeit, die andere Beteiligte und Sie selbst aufwenden müssen. Sie haben in solchen Situationen sonst die Aufgabe, die inhaltlich relevanten Einträge von privaten Einträgen zu unterscheiden, was zu einer großen Herausforderung werden kann.
- Wenn der Textchat von der Mehrzahl der Teilnehmer für private Einträge genutzt wird, deaktivieren Sie ihn und schalten ihn nur noch in bestimmten Situationen frei. Dies sollte jedoch die Ausnahme bleiben, da der Textchat ein wichtiges Kommunikationsmedium ist und die Lerneinheit sehr bereichert. Eine solche Situation kann ein Zeichen dafür sein, dass die Nutzenrelevanz des Themas für die Teilnehmer nicht hoch genug ist oder die eingesetzten Methoden nicht zur Zielgruppe passen. Hier überdenken Sie im Nachgang Ihr Konzept.

■ Nur wenige oder gar keine Teilnehmer beteiligen sich während der Seminareinheit.

Eine der am meisten gefürchteten Situationen im virtuellen Raum ist das Schweigen der Teilnehmer. Im Präsenzseminar haben Sie an dieser Stelle die Möglichkeit, die Körpersprache zu deuten und entsprechend zu reagieren. Dies ist virtuell nicht möglich. Was ist in solchen Situationen zu tun?

Ursache	Lösung
Der Nutzen des Seminars ist für die Teilnehmer zu gering.	Eine Vorabbefragung der Teilnehmer macht die individuellen Ziele und Erwartungen deutlich. Passen Sie das bestehende Konzept gegebenenfalls an und verlagern Sie die inhaltlichen Schwerpunkte.
Die Seminarzeit ist unpassend.	Die Seminarzeit stimmen Sie auf den Arbeitsablauf der Teilnehmer ab. Findet das Seminar zum Beispiel zu früh am Morgen oder während der Mittagspause statt, haben die Teilnehmer andere Dinge im Kopf und die Beteiligung schwindet. Um trotzdem eine Rückmeldung zu bekommen, sprechen Sie einzelne Teilnehmer direkt an.

Es sind zu wenig Interaktionsmöglich-keiten im Konzept vorgesehen.	Wenn Ihre Redezeit einen erheblichen Anteil an der Seminareinheit einnimmt, sind die Teilnehmer oft nicht mehr bei der Sache. Hier hilft nur, die Regel von maximal fünf bis sieben Minuten Redezeit einzuhalten und die Teilnehmer mehr in das Geschehen einzubeziehen.
Eine Fragestellung ist nicht eindeutig.	Grundsätzlich geben Sie ausreichend Zeit zum Nachdenken und halten die Stille aus, wenn nicht unmittelbar eine Reaktion erfolgt. Dauert das Schweigen der Teilnehmer allerdings an, formulieren Sie die Frage um, nennen Beispiele oder fragen nach: »Was an der Frage ist Ihnen nicht klar?«, »Welche Informationen benötigen Sie noch für die Beantwortung der Frage?«
Ein Teilnehmer ist sehr zurückhaltend. Als divergenter Lerntyp reicht es ihm, das Lerngeschehen zu beobachten (vgl. Nitschke 2011).	Nicht alle Teilnehmer haben das Bedürfnis, sich am Geschehen zu beteiligen. Diese Teilnehmer bleiben Ihnen weniger in Erinnerung. Als kleinen Trick schreibt man nach dem Ende der zweiten Lerneinheit alle Teilnehmernamen auf, die einem einfallen. Wenn ein Name nicht auf der Liste steht, ist dies ein Zeichen dafür, dass der Teilnehmer Ihnen nicht aufgefallen ist. Um dem Teilnehmer die eigene Wertschätzung zum Ausdruck zu bringen, senden Sie ihm eine E-Mail und fragen ihn nach den Gründen für seine Zurückhaltung.

■ **Eine Diskussion zum Lernthema dauert länger als geplant.**

Ursache	Lösung
Die Zeit ist zu knapp bemessen.	Überschreiten Sie die Zeit nur geringfügig und verlegen Sie die Diskussion auf einen anderen Zeitpunkt oder in ein asynchrones Medium (zum Beispiel ein Diskussionsforum auf einer Lernmanagementplattform). Wenn es die Situation zulässt, verschieben Sie ein weiteres geplantes Thema spontan auf eine andere Lerneinheit.
Die Teilnehmer entwickeln erst während der Diskussion eine eigene Meinung.	Oft bilden sich die Teilnehmer erst während der Diskussion ihre Meinung. Hier kann ein vorheriges Brainstorming helfen, zum Beispiel mit Pro- und Kontra-Argumenten, um mögliche Diskussionspunkte zu visualisieren und besser einzuordnen.
Die Teilnehmer haben zu wenig Zeit zum Nachdenken.	Wenn die Teilnehmer nach der Fragestellung und vor Beginn der Diskussion 30 Sekunden bis zu einer Minute Zeit zum Nachdenken erhalten, fördert dies die Konzentration auf die wesentlichen Punkte. Schweigen Sie in dieser Zeit und kündigen Sie dies ausdrücklich an. Wenn ein Text als Diskussionsgrundlage dienen soll, senden Sie diesen per Dateitransfer an die Teilnehmer und lassen ihnen ausreichend Zeit zum Lesen und Nachdenken.

Ein Teilnehmer redet ausufernd und sehr lang.	Eine zeitliche Begrenzung der Redebeiträge kann helfen, die Diskussion auf den Punkt zu bringen. Dazu wird diese Regel zu Beginn der Diskussion aufgestellt, und jeder, der sie missachtet, wird höflich von Ihnen unterbrochen.

■ Einige Teilnehmer wählen sich regelmäßig zu spät zur Seminareinheit ein.

Der oberste Grundsatz zum Start einer Seminareinheit lautet: »Wir fangen pünktlich an.« Dies bringen Sie schon in der Einladung deutlich zum Ausdruck. Dennoch kommt es immer wieder vor, dass Teilnehmer nicht pünktlich erscheinen. Begrüßen Sie diese trotzdem, wenn Sie sie in der Teilnehmerliste wahrnehmen.

Ursache	Lösung
Der Teilnehmer hatte technische Probleme bei der Einwahl.	Dies geschieht vornehmlich in der ersten Einheit, bei der eine Verzögerung von maximal fünf Minuten in Kauf genommen werden kann. Berechnen Sie diese Zeit im Konzept mit ein.
Der Teilnehmer hat die E-Mail mit den Zugangsdaten nicht mehr gefunden.	Bei der Einladungsmail wird ein Kalendereintrag mit den Zugangsdaten angehängt, und der Teilnehmer erhält jeweils einen Tag und eine Stunde vor Beginn eine Erinnerungsmail.
Die Startzeit liegt in den Morgenstunden.	Viele Teilnehmer loggen sich von ihrem Arbeitsplatz aus in die Seminareinheit ein. Beginnt diese Einheit um 8 Uhr morgens, kann der Teilnehmer noch im Stau stehen oder seine Vorbereitungen noch nicht abgeschlossen haben. Auch für einen Blick ins E-Mail-Konto sollte zu Beginn des Arbeitstages ausreichend Zeit sein, damit die Teilnehmer dies nicht während der Seminareinheit tun. Daher legen Sie den Beginn der Einheit nicht vor 9 Uhr Ortszeit fest.

Welche Aufgaben gehören zur Nachbereitung?

↗ 05

Leitfrage

Was sichert den Lerntransfer und sorgt für die Nachhaltigkeit des Live-Online-Trainings?

Die Nachbereitung ist eine wichtige Phase im Trainingsprozess und umfasst sowohl organisatorische als auch reflektorische Aufgaben. Sie trägt wesentlich zur Sicherung der Trainingsqualität bei. Nur wer sich als Trainer die Zeit nimmt, die abschließenden Aufgaben sorgfältig zu erledigen, wird seine Prozesse optimieren und kontinuierlich die Trainingskonzepte verbessern können. Die folgenden Aufgaben sind nach jeder Trainingseinheit zu erledigen:

Auswertung der Medien

Während der Trainingseinheit entstehen Medien, die Sie im Nachgang auswerten:

- Die Teilnehmerliste dient dem Nachweis der Anwesenheit und wird am Ende einer jeden Einheit abgespeichert. Bei den meisten Systemen rufen Sie diese Liste über die Reportfunktion ab. Ratsam ist auch das Führen einer manuellen Teilnehmerliste.

  Teilnehmerliste

- Ein wichtiges Medium zum Nachweis und zur Reflexion ist der Textchat. Vor dem Verlassen des virtuellen Raumes speichern Sie ihn ab und lesen ihn anschließend durch. Dabei reflektieren Sie, welche Fragen Sie beantwortet haben und welche Sie eventuell übersehen haben. Häufig sind hier wichtige Anmerkungen oder Verlinkungen zu sehen, die Sie in die Teilnehmerunterlagen einbinden können.

  Textchat

- Der Bereich »Report« oder »Bericht« eines Systems ist nur für Benutzer mit Administratorrechten zugänglich. Wenn Sie ein eigenes System betreiben, sind Sie automatisch in dieser Rolle und berechtigt, die Daten abzufragen. Arbeiten Sie über das System Ihres Kunden, bitten Sie dessen Administrator um die Zusendung des Berichtes. In den Berichten wird unter anderem dargestellt, wer an der Einheit teilgenommen hat, wie lange er anwesend war und wie lange die Sitzung insgesamt gedauert hat. Die erhobenen Daten können zum Nachweis der Teilnahme dienen und bei Webinaren zur Auswertung genutzt werden.

  Report

- Um die Teilnehmerunterlagen aussagekräftig zu gestalten, werten Sie die Ergebnisse der Umfragen aus. Dies kann verbal oder per Screenshot erfolgen. Wenn es die Software nicht ermöglicht, die Umfrageergebnisse zu speichern, machen Sie kurz nach der Umfrage oder am Ende der Lerneinheit einen Screenshot. In manchen Systemen werden die Umfrageergebnisse auch im Report-Bereich gespeichert.

  Umfrageergebnisse

- Das Protokoll der Trainingseinheit entsteht, wenn eine Präsentation im virtuellen Raum hochgeladen und anschließend abgespeichert wird. Dabei ist darauf zu achten, beim Speichern den Dateityp »PDF« zu wäh-

  Protokoll

len. Viele Systeme bieten diese Möglichkeit an. Damit werden alle Anmerkungen, die Ihre Teilnehmer und Sie während einer Lerneinheit auf den Folien vorgenommen haben, visuell festgehalten. Sie können dieses Protokoll komplett an die Teilnehmer versenden oder Teile daraus als Screenshot in die Teilnehmerunterlagen einfügen.

Aufzeichnung

Wenn Sie eine Aufzeichnung der Trainingseinheit erstellt haben, editieren und formatieren Sie diese, bevor Sie sie den Teilnehmern zur Verfügung stellen. Beim Editieren schneiden Sie überflüssige Sequenzen aus, wie zum Beispiel Pausenzeiten oder irrelevante Redebeiträge. Wichtig ist hier, die Aufzeichnung so kompakt wie möglich zu gestalten, damit sie als Lern- und Reflexionsinstrument genutzt wird. Die Aufzeichnung speichern Sie in einem gängigen Dateiformat wie mp4 (Moving Pictures Experts Group), wmv (Windows Media Video) oder flv (Flash Video) ab (vgl. http://lehrerfortbildung-bw. de/werkstatt/video/formate/). Wenn Sie sich nicht sicher sind, ob alle Teilnehmer die jeweils benötigte Software zum Abspielen der Videos auf ihrem Rechner haben, senden Sie einen Link zum Download der Software mit. Bei der Erstellung von Aufzeichnungen entstehen – je nach Seminardauer – in der Regel sehr große Datenmengen. Diese lassen sich nicht per E-Mail an die Teilnehmer versenden. Eine einfache Methode ist das Abspeichern dieser Dateien in einem Dropbox-Ordner (www.dropbox.com). Dieses Angebot ist für kommerzielle Zwecke wie Trainings allerdings nicht kostenlos! Wenn Ihnen eine Lernplattform für den Upload von Dateien zur Verfügung steht, stellen Sie die Aufzeichnung dort für die Teilnehmer ein.

Teilnehmerunterlagen

Zu jedem Kurs gehören Teilnehmerunterlagen, die bei Präsenzseminaren am Ende des Tages verteilt beziehungsweise im Anschluss per Mail verschickt werden. Bei Online-Lerneinheiten, die über mehrere Wochen oder Monate gehen, erhält der Teilnehmer nach jeder Lerneinheit seine Unterlagen. Wenn keine zusätzlichen Informationen oder Screenshots hinzugefügt werden, können Sie den Teilnehmern die Datei am Ende einer Einheit direkt aus dem virtuellen Raum heraus zur Verfügung stellen. Dazu ist die Funktion »Dateiübertragung« notwendig.

Damit der Teilnehmer die Informationen auf die richtige Folie beziehen kann, erstellen Sie ein PDF-Dokument aus der Notizenansicht der Präsentation (siehe Abbildung unten). Wenn Sie die Anmerkungen der Whiteboard-Aktivitäten ebenfalls in den Unterlagen darstellen wollen, machen Sie zum Ende der Einheit jeweils einen Screenshot und fügen diesen auf der Folie ein. Der Nachteil an dieser sehr anschaulichen Variante der Teilnehmerunterlage besteht darin, dass der Teilnehmer eine Seite pro Folie erhält und das Dokument dadurch sehr umfangreich werden kann. Checklisten sind ebenfalls beliebt, um Vorgehensweisen kompakt zu dokumentieren.

Screenshot

Da nicht jeder Präsenztrainer mit Screenshots vertraut ist, das sind Fotoaufnahmen des Bildschirmes oder einzelner Bereiche auf dem Bildschirm, wird diese Aufgabe eines Live-Online-Trainers kurz beschrieben:

Für Windows-Rechner:
- Die Taste »Druck« für einen Screenshot des gesamten Bildschirmes drücken oder die Tastenkombination »Alt« und »Druck« für ein bestimmtes Windows-Fenster. Der Screenshot wird in der Zwischenablage gespeichert.
- Aufrufen des Dokumentes, in dem der Screenshot abgebildet werden soll (zum Beispiel Präsentations- oder Textverarbeitungsprogramm).
- Den Screenshot einfügen über die Tastenkombination »Strg« und »Einfg« oder über die rechte Maustaste und den Befehl »einfügen«.
- Wurde der Screenshot nicht passend eingefügt, verkleinern oder vergrößern Sie ihn über die Grafiksymbolleiste.

Alternativ steht für einen Screenshot auch Software zur Verfügung, zum Beispiel das sogenannte »Snipping Tool«.

Für Mac-Rechner:
- Über die Tastenkombination »CMD«,»Shift« und »4« wird die Funktion aktiviert.
- Mit dem Mauszeiger markieren Sie den auszuschneidenden Bereich des Monitors und beim Loslassen der Maus erzeugt das Programm auf dem Schreibtisch eine Grafikdatei im PNG-Format.
- Öffnen Sie das Dokument und fügen Sie über die Funktion »Einfügen« – »Foto« – »Bild aus Datei ...« den Screenshot ein. Anschließend bearbeiten Sie ihn über die Grafikeinstellungen.

Reflexion

Ein gutes Hilfsmittel zur Reflexion des Seminars ist die Aufzeichnung. Hier verschaffen Sie sich im Nachhinein einen objektiveren Eindruck über den Ablauf. Das eigene Bauchgefühl drückt nach einem Training schon sehr viel aus, aber bei der Betrachtung im Nachgang haben Sie die Chance, mehr Details zu erfassen. Sie reflektieren, welche Abläufe passend waren und welche noch nachgebessert werden müssen. Die folgenden Fragen unterstützen Sie bei der Reflexion:

Technik

- Welche Medien haben funktioniert?
- Welche Medien haben nicht funktioniert? Was habe ich stattdessen genutzt?
- Welche Medien wären besser zum Einsatz gekommen?
- Bei welchen Funktionen war ich unsicher?
- Mit welchen Medien konnten die Teilnehmer gut umgehen, welche waren hingegen schwierig?
- Welche Fragen sind aufgetaucht in Bezug auf die Technik?
- Wie aktiv waren die Teilnehmer im Textchat?

Trainer

- Wie sicher war ich in der fachlichen Vermittlung?
- Welches Thema beherrsche ich und wo muss ich nacharbeiten?
- Gibt es offene Fragen der Teilnehmer, die noch beantwortet werden müssen (technisch, inhaltlich oder organisatorisch)?
- Wie habe ich mich persönlich gefühlt?
- Haben die Methoden gepasst?
- War der Mix aus fachlichem Input und Methoden gut?
- Wie bin ich mit der Zeit hingekommen? Welche Inputs und Übungen waren zu lang oder zu kurz geplant?
- Welche Teilnehmer habe ich besonders wahrgenommen, welche weniger beziehungsweise gar nicht?

- Gab es auf sozialer Ebene schwierige Situationen mit mir oder unter den Teilnehmern?
- Hatte ich den Textchat und alle Fragen im Blick?
- Wie habe ich die Mitarbeit der Teilnehmer empfunden?
- Wie bin ich mit Einträgen im Textchat oder mit mündlichen Beiträgen umgegangen?

Teilnehmer

- Welches Feedback haben die Teilnehmer am Ende des Trainings abgegeben?
- Wie ist der Rücklauf der Feedbackfragebögen?
- Wurden die Ziele und Erwartungen der Teilnehmer erreicht?
- Wurde viel Privates besprochen?

Co-Moderator

- Hat der Co-Moderator seine Aufgabe erfüllt?
- Habe ich Anregungen vom Co-Moderator erhalten?
- Habe ich Anregungen für den Co-Moderator?
- Gab es schwierige Situationen? Wenn ja, welche?
- Wie hat die Kommunikation zwischen uns geklappt?
- Was können wir in der Zusammenarbeit verbessern?

Methode

- Welche Methoden sind gut angekommen?
- Was wären alternative Methoden gewesen?
- Welche Ideen für weitere Methoden sind entstanden?
- Wie verlief die Gruppenarbeit? Waren die Aufgaben angemessen? War die Zeit richtig kalkuliert? Wie wurde meine Abwesenheit empfunden? Sind die Teilnehmer mit den Werkzeugen zurechtgekommen? Wie ist die Ergebnispräsentation verlaufen?
- Was ist organisatorisch gut gelaufen?
- Was muss organisatorisch besser werden?

Teilnehmerbefragung

Der folgende Feedback-Fragebogen für Teilnehmer dient als beispielhafte Anregung:

■ Trainer

	Trifft voll und ganz zu	Trifft eher zu	Trifft teil-weise zu	Trifft eher nicht zu	Trifft gar nicht zu
Der Trainer wirkte fachlich kompetent.					
Der Trainer hatte die Technik im Griff.					
Der Lernstoff wurde praxisorientiert vermittelt.					
Der Trainer hat die Teilnehmer in das Geschehen einbezogen.					
Der Trainer hat sich klar und deutlich ausgedrückt.					

■ Inhalt und Ablauf

	Trifft voll und ganz zu	Trifft eher zu	Trifft teil-weise zu	Trifft eher nicht zu	Trifft gar nicht zu
Die Auswahl der Inhalte war praxisrelevant.					
Die Methoden waren passend zu den Inhalten.					
Die Lernziele wurden erreicht.					
Die Teilnehmer wurden in das Geschehen miteinbezogen.					

■ Technik und Medien

	Trifft voll und ganz zu	Trifft eher zu	Trifft teil- weise zu	Trifft eher nicht zu	Trifft gar nicht zu
Der Zugang zum virtuellen Raum funktionierte reibungslos.					
Der Support war hilfreich.					
Die Medienbedienung war gut erklärt.					
Die Mediengestaltung war angemessen.					

■ Sozial

	Trifft voll und ganz zu	Trifft eher zu	Trifft teil- weise zu	Trifft eher nicht zu	Trifft gar nicht zu
Die Seminaratmosphäre war sehr angenehm.					
Die Lerngruppe war motiviert.					
Der Erfahrungsstand der Teilnehmer war ausgewogen.					

■ Organisation

	Trifft voll und ganz zu	Trifft eher zu	Trifft teil- weise zu	Trifft eher nicht zu	Trifft gar nicht zu
Die Seminarunterlagen sind als Nachschlagewerk nutzbar.					
Die Organisation des Kurses war hilfreich.					
Die Kursdauer war angemessen.					
Die Dauer der einzelnen Seminareinheiten war angemessen.					
Die Termine waren mit dem Arbeitsablauf vereinbar.					
Die Teilnehmerzahl war angemessen.					
Die Seminarbeschreibung war zutreffend.					

»Offene« Fragen geben den Teilnehmern die Möglichkeit zu einer individuellen Antwort:

- Was hat Ihnen besonders gut gefallen?
- Was hat Ihnen nicht gefallen?
- Was wünschen Sie sich für künftige Live-Online-Trainings?

Es gibt mehrere Möglichkeiten, den Feedbackbogen an die Teilnehmer zu verschicken:

- Per Mail als PDF: Der Teilnehmer druckt den Fragebogen aus, füllt ihn handschriftlich aus und scannt das Dokument ein, um es zu versenden.
- Per Mail als PDF mit automatischer Ausfüllfunktion: Sie erstellen mithilfe eines Programms (zum Beispiel »Open Office Writer«, »Adobe Acrobat DC«) ein Dokument mit Formularfeldern und speichern es als PDF ab. Der Teilnehmer kann das Formular dann mit einem Programm (zum Beispiel »Foxit Reader«) ausfüllen und abspeichern. Alternativ erstellen Sie ein Formular mit einem Tabellen- oder Textverarbeitungsprogramm und schalten den Blattschutz ein (vgl. http://praxistipps.chip.de/pdf-mit-eingabefeldern-erstellen-mit-dieser-software-klappts_20559).
- Per Online-Umfrage: Sie erstellen einen Online-Fragebogen (zum Beispiel über www.de.surveymonkey.com, www.umfrageonline.com, www.onlineumfragen.com) und senden den Zugangslink per Mail an Ihre Teilnehmer. Nach der Abstimmung werten Sie die Umfrage aus.

Teilnehmerbescheinigung

Zum Abschluss der Weiterbildung erstellen Sie eine Teilnehmerbescheinigung mit den folgenden Inhalten:

- Vor- und Zuname des Teilnehmers
- Bezeichnung der Maßnahme
- Zeitraum und Anzahl der Online-Lerneinheiten
- Darstellung der Inhalte
- Name und Unterschrift des Trainers und gegebenenfalls der Organisation

Die Bescheinigung versenden Sie als PDF an die Teilnehmer oder den Organisator. Alternativ dazu drucken Sie das Dokument auf stärkerem Papier (circa 120 Gramm) aus und versenden es per Post.

Sicherung des Lerntransfers

Der Erfolg einer Weiterbildung lässt sich zwar kurz nach dem Abschluss in Bezug auf das Lernklima, die Trainerleistung, die Organisation und so weiter feststellen, jedoch zeigt sich erst in der praktischen Umsetzung, ob die Teilnehmer das Gelernte in ihren Arbeitsalltag integrieren. Den Lerntransfer unterstützen Sie mit den folgenden Maßnahmen:

- Schon während der Weiterbildung wenden die Teilnehmer das Gelernte in Praxiseinheiten an.
- Der Arbeitsalltag der Teilnehmer gibt es oft nicht her, dass sie das Gelernte nach Abschluss des Trainings auch umsetzen. Hier senden Sie ihnen von Zeit zu Zeit eine Lernerinnerung (bis zu einem halben Jahr), um das Wissen aufzufrischen beziehungsweise in Erinnerung zu rufen, beispielsweise kurze Aufgaben mit der Software www.blink.it.
- Ein großer Mehrwert des Trainings ist der Austausch von Erfahrungen. Dies sollte schon während der Trainingsphasen geschehen. Jedoch sammeln die Teilnehmer ihre Erfahrungen oft erst nach der Weiterbildung und wünschen sich einen weiterführenden Kontakt. Diesen Wunsch nach Austausch unterstützen Sie, indem Sie eine Plattform dafür zur Verfügung stellen. Dazu eignen sich Plattformen wie www.tixxt.com, http://trello.com oder http://moodle.de.
- Eine weitere Möglichkeit, das Gelernte zu reflektieren und später greifbar zu haben, ist das Führen eines Lerntagebuchs. Hier dokumentieren die Teilnehmer ihren Lernfortschritt. Dieses Dokument dient im Nachgang zusammen mit Ihren Unterlagen als Nachschlagewerk.
- Regen Sie die Teilnehmer dazu an, Lernpartnerschaften zu bilden, die sich über die Weiterbildung hinaus bei der Umsetzung begleiten.
- Vereinbaren Sie eine individuelle Transferunterstützung, bei der Sie als Transferbegleiter für Fragen und Reflexionsgespräche zur Verfügung stehen.

Konzeptanpassung

Ein Trainingskonzept entwickelt sich stetig weiter und wird durch neue Entwicklungen oder Erkenntnisse geprägt. Gerade zu Beginn der Tätigkeit als Live-Online-Trainer kommen viele neue Impulse hinzu, die in das Konzept einfließen. Stellen Sie sich unter anderem die folgenden Fragen und passen Sie gegebenenfalls das Konzept entsprechend an:

- Entspricht die Darstellungsweise auf den Folien, im Leitfaden oder auf den Checklisten dem übermittelten Wissen?
- Waren die Methoden zur Erreichung der Ziele geeignet?
- Wurde die zeitliche Planung eingehalten?
- Wurden die Lernziele erreicht?

Was berichten erfahrene Live-Online-Trainer?

↗ 06

Das Live-Online-Training kann nicht auf eine jahrzehntelange Erfahrung zurückgreifen. Dennoch gibt es Menschen, die sich schon einige Jahre damit beschäftigen und gerne aus der Praxis berichten. In diesem Kapitel erfahren Sie, wie diese Menschen zum Live-Online-Training gekommen sind, welche Erfahrungen sie gemacht haben und welche wertvollen Hinweise sie daraus entwickelt haben. Einige Trainer waren bereit, einen Einblick in ihren Arbeitsalltag zu gewähren und Neueinsteigern damit eine Hilfestellung für die eigene Gestaltung von Live-Online-Trainings zu geben. Die kompletten Interviews und weitere Berichte finden Sie auf der Buchdetailseite unter www.beltz.de.

Zamyat M. Klein:
Kreativ im virtuellen Raum – geht das?

Zamyat M. Klein ist Diplom-Pädagogin für Erwachsenenbildung und arbeitet seit 1980 als Trainerin. Sie führt Fort- und Ausbildungen für Trainer, Mitarbeiter aus Unternehmen und Coaches durch, vor allem über das Thema »Kreativitätstechniken«. Seit 2012 sind Webinare fester Bestandteil ihres Angebotes.

Frau Klein, Sie bieten unter anderem Seminare zu Kreativitätstechniken an. Wie kann man Kreativität online fördern?

Wenn ich ein Online-Seminar zu Kreativitätstechniken anbiete, dann immer als Kombination aus Arbeit im Forum und Webinaren. Denn auch in Präsenzseminaren läuft bei diesem Thema vieles über Schreiben. Beim Brainstorming, beim Mindmapping, bei Kreativitätstechniken im Allgemeinen wird viel geschrieben, jeder für sich oder in Gruppen. Das geht besser in einem Forum als während eines Webinars.

Als Suggestopädin ist es mir wichtig, Aktivierungen, Spiele und Bewegung in Webinare zu integrieren. Für die meisten Teilnehmer ist es ungewöhnlich, wenn sie vor dem eigenen Computer Yoga, eine einfache Dehnungsübung oder eine Übung für die Augen machen (für jeden PC-Arbeiter sehr nützlich!). Dazu zeige ich einen kurzen Videoausschnitt und lasse die Teilnehmer anschließend mitmachen. So entsteht Bewegung in einem sonst so statischen Medium.

Können Sie kurz skizzieren, wie ein solcher Kurs bei Ihnen abläuft?

Am ersten Tag (montags) gibt es ein Webinar zum Einstieg, das mehrere Funktionen erfüllt:

- Kennenlernen der Teilnehmer und der Trainerin
- Klärung der Themen der Teilnehmer

- Einige theoretische Grundlagen zur Kreativität
- Kleine Kreativübungen zum Anwärmen
- Vorstellen einer Kreativitätsmethode
- Kreativer Abschluss

Dann gibt es mittwochs ein zweites Webinar und freitags ein weiteres zum Abschluss.

Wie lernen sich die Teilnehmer in Ihren Webinaren kennen?

Beim Thema »Kreativität« bietet es sich an, einen kreativen Einstieg zu wählen. Auch bei Präsenzseminaren verzichte ich auf die üblichen öden Vorstellungsrunden, bei einem Kreativseminar erst recht. Oft steige ich mit einer Methode ein, die die Teilnehmer sogleich herausfordert und mir auch schon zeigt, wie locker sie an solch kreative Aufgaben herangehen. Hier zwei Beispiele:

Bezeichnung	Anfangsbuchstaben
Medien	Papier, Chat, Audio
Teilnehmeraktivität	Kreative Schreibübung, mündlich vorstellen
Teilnehmerzahl	Für kleine Gruppen bis zwölf Teilnehmer geeignet
Methode	Mit dieser Methode haben die Teilnehmer Gelegenheit, selbst auszuwählen, was sie von sich vorstellen möchten. Gleichzeitig ist ein wenig Kreativität gefragt. Sie müssen also aktiv mitmachen.
Ziel	Kennenlernen der Teilnehmer untereinander, Training von Kreativität
Verlauf	Die Teilnehmer sollen aus den Anfangsbuchstaben ihres Namens Worte bilden, die etwas mit ihnen zu tun haben. Es kann ruhig etwas Privates sein. Sie stellen am besten vorher die Methode an einem Beispiel vor. Ich nehme dazu meinen eigenen Namen und reale Beispiele aus meinem Leben. Anschließend soll jeder Teilnehmer erst einmal die Übung für sich auf einem Blatt Papier machen. Der Trainer schweigt in der Zeit – das sollten Sie allerdings ansagen: »Ich werde jetzt für zwei Minuten nicht sprechen, damit Sie in Ruhe die Übung machen können.«

Tipp: Bitten Sie die Teilnehmer, die fertig sind, ein Häkchen hinter ihren Namen in der Teilnehmerliste zu setzen (oder, wenn es bei den Icons kein Häkchen gibt, Daumen hoch), dann müssen Sie nicht immer nachfragen und andere damit unterbrechen.

Wenn alle Teilnehmer fertig sind (oder die Zeit um ist), stellen sie sich reihum mit ihrem Namen und den Worten vor und erläutern diese kurz. Das kann zum einen mündlich geschehen, Sie können die Teilnehmer aber auch bitten, vier bis sechs Begriffe in den Chat zu schreiben. Dann können die anderen gleichzeitig lesen, während sie den Erläuterungen zuhören.

Der Trainer stellt als Beispiel seinen Namen vor:
Zielstrebig
Akademie
Morgenmensch
Yoga
Abenteuer, Abendstimmung
Türkei

Trainer-Hinweis	Teilnehmern mit sehr langen Namen biete ich an, dass sie nicht zu jedem Buchstaben etwas schreiben müssen. So circa vier bis fünf Wörter sollten es sein.
Spricht folgende Lerntypen an	Visuell: Die Teilnehmer lesen und schreiben. Auditiv: Die Teilnehmer sprechen und stellen sich vor.
Quelle	Klein 2015

Bezeichnung	Flohmarkt
Seminarphase	Einstieg, Kennenlernen
Ziel	Etwas voneinander erfahren, Kreativität entwickeln
Medium	Folien, Audio
Folien	▪ Folie mit Gegenständen ▪ Folie mit Aufgabenstellung
Teilnehmeraktivität	▪ Gegenstand auswählen ▪ Fragen beantworten
Teilnehmerzahl	Für kleinere Gruppen von zehn bis zwölf Teilnehmern geeignet
Methode	Statt der üblichen Vorstellungsrunden (Wie heißen Sie, was machen Sie, woher kommen Sie?) wird ein Gegenstand als Ausgangspunkt und Auslöser für Assoziationen genommen. Das macht das Ganze lebendiger und erfordert etwas Kreativität von den Teilnehmern. Dazu stellen Sie zwei oder drei passende Fragen.

Ziel	Kennenlernen der Teilnehmer und des Trainers auf eine etwas kreativere Art, bei der man vielleicht auch etwas Persönliches erfährt. Gleichzeitig bekommen Sie als Trainer einen Einblick, wie leicht oder schwer den Teilnehmern kreatives Assoziieren fällt.
Verlauf	Sie zeigen die erste Folie mit verschiedenen Gegenständen und bitten die Teilnehmer, jeweils einen Gegenstand auszuwählen, den sie aber noch nicht verraten sollen, weder im Chat noch mündlich. Sie können die Teilnehmer bitten, einen Haken zu setzen, wenn sie einen Gegenstand ausgewählt haben. Erst danach zeigen Sie die Aufgabe auf einer zweiten Folie: • Warum habe ich diesen Gegenstand gewählt? • Was hat der mit mir zu tun? • Was hat er mit dem Webinar-Thema zu tun? Sie schalten die Teilnehmer nun reihum frei, damit sie kurz die drei Fragen beantworten können. So hören sich alle Teilnehmer gleich zu Anfang und bekommen einen ersten Eindruck voneinander. Schon bei der ersten, spätestens aber bei der zweiten Frage erfahren Sie ein wenig über den persönlichen Hintergrund des Teilnehmers. Vor allem bei der dritten Frage ist Kreativität gefragt. Sie können sogar einen Wettbewerb ausrufen: »Wer stellt die verrückteste Verbindung her?«
Spricht folgende Lerntypen an	Visuell: Foto und Gegenstände sehen Auditiv: Auswahl erläutern, Fragen beantworten Kinästhetisch: lustige oder ungewöhnliche Requisiten, einfach drauf los assoziieren, kreativ spinnen
Quelle	Klein 2015

Wie klären Sie die Erwartungen und Themen der Teilnehmer ab?

Beim Thema »Kreativitätstechniken« geht es darum, dass die Teilnehmer konkrete Themen bearbeiten, die sie mitbringen, die sie beschäftigen, die sie bei der Arbeit lösen müssen. Diese bearbeiten sie mit einer Kreativitätsmethode, die zur Fragestellung passt. Die Themen müssen sehr konkret sein, damit anschließend auch wirklich konkrete Ideen und Lösungsstrategien herauskommen. Dazu gebe ich Beispiele und helfe den Teilnehmern, ihre Themen entsprechend zu formulieren. Das geht in einem Webinar leichter als schriftlich im Forum und spart Zeit.

Wie vermitteln Sie die Grundlagen der Kreativität?

Damit den Teilnehmern verständlich ist, warum die Kreativitätstechniken funktionieren, ist es hilfreich, vorher ein Phasenmodell für den kreativen Prozess vorzustellen. Auch das kann auf kreative Weise geschehen: durch ein buntes Lernposter oder Fotos von meiner Lernlandschaft, die ich in Präsenzseminaren auf dem Boden aufbaue. Sie besteht aus Stichworten auf Moderationskarten, dazu werden »merk-würdige« Gegenstände gelegt.

Haben Sie ein Beispiel für die kleine Kreativübung zum Anwärmen?

Als Einstieg kann ich einen kleinen Kreativtest machen, der auf spaßige Weise zeigt, dass die eigene Kreativität hauptsächlich davon abhängt, für wie kreativ man sich selbst hält. Oder mit einer kleinen Aufgabe: »Schreiben Sie alles auf, was Sie mit einer Büroklammer machen können. Auch und gerade verrückte Ideen!« Jeder notiert zwei bis drei Minuten lang Stichworte für sich auf einen Zettel, und anschließend lesen alle reihum ihre Ideen vor. Schon genannte Ideen werden gestrichen und nicht wiederholt. Anschließend ordnen wir zu: Was waren »praktische« Ideen (zum Beispiel: Reset-Knopf drücken, als Dietrich benutzen, den Reißverschluss reparieren) und was waren »verrückte« Ideen (zum Beispiel: Löcher in den Rasen stechen, wegwerfen, Autos zerkratzen, mit ihnen sprechen).

Wie gehen Sie vor, wenn Ihre Teilnehmer eine neue Kreativitätsmethode erlernen sollen?

Damit die Teilnehmer die nächsten Tage mit den Methoden alleine klarkommen (sie sind ja nicht wirklich alleine, ich stehe im Forum zur Verfügung), gehen wir eine etwas schwierigere Methode erst einmal gemeinsam durch. Dafür verwende ich oft die »Reizwort-Methode«: Zunächst gebe ich ein Beispielthema vor, anschließend können die Teilnehmer eigene Themen wählen und in Arbeitsgruppen bearbeiten (wenn es virtuelle Gruppenräume gibt). Einer ist Moderator und schreibt alle Ideen, die beim gemeinsamen Brainstorming genannt werden, auf das Whiteboard. Wenn die Arbeitsgruppen zurück sind, gibt es noch eine Möglichkeit für letzte Fragen, bevor die Arbeit im Forum und eine kreative Abschlussübung beginnen.

Was passiert dann in den weiteren Webinaren?

Beim zweiten Webinar liegt der Schwerpunkt auf der Methode des Gruppen-Mindmaps. Dazu gibt es verschiedene Varianten, die auch davon abhängen, ob Gruppenräume zur Verfügung stehen oder ob Sie auf eine Mindmap-Plattform ausweichen müssen.

Beim dritten Webinar geht es dann schon um die Ergebnisse, die die Teilnehmer im Laufe der Woche erarbeitet haben. Sie tauschen sich aus über die Themen, die sie bearbeitet haben, und über die verschiedenen Kreativitätstechniken, mit welchen sie gut klarkamen, woran sie noch weiterarbeiten möchten, welche Methoden sie ganz toll fanden und so weiter.

Wenn die Gruppe offen ist und gut zusammenarbeitet, können die konkreten Ziele und die ersten Schritte zur Umsetzung in einer Zielübung formuliert und veröffentlicht werden.

Wie sieht bei Ihnen ein kreativer Abschluss aus?

Eine kreative Abschlussübung wäre das »Wörter verschenken«, bei dem sich die Teilnehmer gegenseitig Wörter schenken, die den anderen freuen. Daraus sollen sie dann ein Gedicht verfassen (aus dem Stand, in fünf Minuten) und vortragen oder in den Chat schreiben. Oder das Seminar endet mit einem gemeinsamen Gruppenbild, wobei die Zeichenwerkzeuge der verschiedenen Whiteboards leider etwas sperrig sind und oft zu Frust führen, wenn die Teilnehmer zeichnen möchten. Man kann sie aber einfach mit Farben und Formen spielen und sich austoben lassen, dazu noch Musik spielen. Wenn Sie ganz mutig sind, kann es auch einen Abschluss-Rap oder ein Abschlusslied geben. Alles ist möglich!

Katja Königstein: Den virtuellen Austausch über längere Zeit fördern

Frau Königstein, wie sind Sie zum Live-Online-Training gekommen?

Als Prokuristin beim TAURUS-Institut an der Universität Trier war meine Aufgabe das klassische Projektmanagement europaweiter Projekte. Dabei habe ich die Kommunikation als sehr mühsam erlebt. Eigentlich wären regelmäßige Treffen nötig gewesen, aber das hat noch nicht einmal vierteljährlich geklappt. So habe ich nach einer Lösung gesucht, die es möglich macht, effizient über große räumliche Distanzen zusammenzuarbeiten – und habe Web-Meetings etabliert. Ich bin also gar nicht über den Trainerberuf zum Live-Online-Training gekommen, sondern über die Moderation von Workshops und Meetings.

Sie haben ein Modellprojekt initiiert, das Frauen in ländlichen Regionen bei der Existenzgründung unterstützen sollte. Worum ging es dabei?

Ziel des Modellprojektes war es, Frauen dabei zu begleiten, eine eigene wirtschaftliche Existenz zu gründen, und zwar ohne dass sie dafür viele Präsenzseminare besuchen müssen. Viele der Frauen waren aufgrund familiärer und beruflicher Verpflichtungen zeitlich sehr eingespannt, und auf dem Land braucht man schon ein sehr großes Einzugsgebiet, bis man eine kritische Menge an Teilnehmerinnen zusammen hat. Gemeinsam mit der Wirtschaftsförderungsgesellschaft Vulkaneifel habe ich dann das Projekt »Clever durch das Netz« entwickelt. Der von uns gewählte Blendend-Learning-Ansatz war dann auch beim Wettbewerb um innovative Projekte im ländlichen Raum erfolgreich, den das Land Rheinland-Pfalz ausgeschrieben hatte.

Wir hatten uns zu Beginn des Modellprojektes drei Ziele gesetzt:
- Die Frauen sollten das Know-how zum Thema »Existenzgründung« erhalten – und zwar über Webinare, virtuelle Stammtische und Präsenzworkshops.

- Sie sollten in die Lage versetzt werden, auch an anderen Online-Bildungs-angeboten teilzunehmen (wie zum Beispiel Excel-Kurse, Buchhaltung etc.).
- Die Fachreferenten (wie zum Beispiel Steuerberater, Marketingexperten, Banker und Coaches), die ebenfalls aus der ländlichen Umgebung kamen, sollten den Mehrwert der Online-Bildung für sich und ihr Geschäftsfeld erkennen.

Wie haben Sie das Projekt in Schwung gebracht?

Zur ersten Zusammenkunft mit den Interessierten haben wir einen Face-to-Face-Workshop durchgeführt, bei dem sich alle kennengelernt haben. Das hat viel für die spätere Zusammenarbeit gebracht. Während des Workshops wurden die Frauen mit der Webinar-Technik vertraut gemacht. Damit war die erste Hürde schon genommen.

Das Techniktraining wurde dann noch in Kleingruppen-Online-Meetings fortgesetzt, um sicherzustellen, dass die Bedienung der Technik reibungslos läuft, bevor es mit der Wissensvermittlung losgeht.

Welche Anforderungen haben Sie an die Referenten gestellt?

Die Referenten konnten sich für die Teilnahme am Projekt bewerben. Voraussetzung war die Teilnahme an einer Online-Referentenschulung bei mir. Im Nachgang haben sie durch die Bank bestätigt, dass ein Webinar doch etwas anderes ist als ein Vortrag vor anwesendem Publikum. Alle waren nach Projektabschluss sehr dankbar für die intensive Betreuung. Ich bin überzeugt, dass dies zu einer außerordentlich hohen Qualität der Webinare geführt hat und damit letzten Endes zum Erfolg des Projektes.

Welche Anforderungen haben Sie an die Webinar-Technik gestellt?

Aufgrund der teils sehr geringen Bandbreiten im ländlichen Raum haben wir eine Webinar-Software mit hybrider Audiokonferenz benutzt. Das bedeutet, dass sich die Teilnehmerinnen wahlweise per VoIP oder per Telefon einwählen konnten und trotzdem alle verstanden wurden – unabhängig von der Art der Einwahl. Schlechte Audioqualität ist noch immer eine der größten Hürden beim Webinar, daher haben wir viel Wert auf eine sehr gute Sprachberatung gelegt.

Was war aus Ihrer Sicht das Besondere an diesem Projekt?

Das Besondere war die erfolgreiche virtuelle Vernetzung der Teilnehmerinnen. Neben der Vermittlung von Fachwissen über die Webinare spielen die Vernetzung und das Voneinander-Lernen eine sehr wichtige Rolle bei der Verwirklichung von Existenzgründungsvorhaben – gerade bei Frauen. Deshalb haben wir zum einen mehr oder weniger klassische interaktive Webinare zu Fachthemen durchgeführt. Zum anderen haben wir sehr aktiv die Vernetzung und den Erfahrungsaustausch gefördert – auch live online.

Jedes Webinar stand unter einem fachlichen Fokus, wie zum Beispiel Businessplan, Finanzen und Förderung, Steuern und Kosten, Marketing. Hier hat jeweils ein Referent fachlichen Input gegeben und die Teilnehmerinnen konnten Fragen stellen, die direkt beantwortet wurden.

Beim Thema Online-Vernetzung haben wir die Erfahrung gemacht, dass sich eine Lernmanagementplattform mit Foren für diese Zielgruppe wenig eignet. Es gab zu viele technische Hürden, und die Motivation war nicht hoch genug, sich in einem Forum zu »öffnen«. Echter Austausch funktioniert im virtuellen Raum erfahrungsgemäß nur in sehr kleinen Gruppen von maximal sechs Personen. Deshalb haben wir nach jedem Webinar moderierte Online-Diskussionsrunden mit drei bis fünf Teilnehmerinnen durchgeführt – die sogenannten virtuellen Stammtische. Hier konnten die Frauen offene Fragen diskutieren und Erfahrungen austauschen. Diese Stammtische habe ich mit kurzen Impulsen und Fragestellungen aus dem Fachwebinar eröffnet und dann sehr strukturiert moderiert. Die inhaltlichen Diskussionen haben weitgehend die Teilnehmerinnen gestaltet. Abschließend konnten wir feststellen, dass der Kontakt der Frauen untereinander sehr intensiv war und sie sich auch außerhalb des Projektes zusammengefunden haben. Das hat prima funktioniert, und es hat sich ein recht stabiles Netzwerk gebildet, das auch nach Projektende noch trägt.

Zur Halbzeit der Online-Treffen gab es ein Vor-Ort-Treffen, bei dem wir mit unterschiedlichen Methoden den Kontakt der Frauen untereinander gefördert haben. Denn nur wer sich kennt, kann Vertrauen aufbauen und sich in Diskussionen öffnen. Wir haben zum Beispiel Speed-Datings und Elevator-Pitches zur Gründungsidee gemacht und dabei viel Spaß gehabt. Das geht in Präsenz schneller als online und ist für persönliche Themen ein wichtiger Erfolgsfaktor.

In der Schlussphase des Projektes haben die Frauen für sich entschieden, dass sie auf diesem Wege der Vernetzung und gemeinsamen Unterstützung weitermachen wollen. Daraus ist eine sogenannte »virtuelle Erfolgsgruppe« aus fünf Frauen entstanden, mit denen ich mich vierzehntägig treffe. Mittlerweile übernehmen die Frauen die Kosten sogar selbst, weil sie einen echten Mehrwert aus den Treffen mitnehmen.

Welche Methoden setzen Sie in diesen »virtuellen Erfolgsgruppen« zum Austausch ein?

Der Ablauf der virtuellen Erfolgsgruppen ist angelehnt an die Vorgehensweise beim kollegialen Teamcoaching. Hier einige bewährte Methoden für die »virtuelle« Version:

■ Der »heiße Stuhl«

Eine Person »sitzt« auf dem »heißen Stuhl«, das heißt, sie steht während dieser Sitzung im Mittelpunkt. Sie schildert zu Beginn, was sie in Bezug auf die Weiterbildung gerade besonders beschäftigt. Im Fall der Existenzgründung z. B. die Frage, wie sie einen angemessenen Preis für ihre Leistung festlegen kann oder welchen Weg sie bei der Werbung beschreiten soll. Idealerweise stellt sie am Ende der Schilderung eine Frage, auf die sie eine Antwort sucht. Das Besondere an der Methode ist, dass nun nicht direkt Antworten auf die Frage gegeben werden. Zuerst dürfen die anderen Teilnehmerinnen ausschließlich Fragen an die Person auf dem heißen Stuhl stellen. Ziel dieser Vorgehensweise ist es, die ursprüngliche Fragestellung aus möglichst vielen verschiedenen Blickrichtungen zu beleuchten. In diesen Fragerunden tauchen oft ganz neue und unerwartete Aspekte zu der Ursprungsfrage auf, auf die die Person auf dem heißen Stuhl alleine gar nicht gekommen wäre. Erst wenn niemandem mehr eine Frage einfällt, werden mögliche Antworten auf die Ursprungsfrage gegeben und Lösungsvorschläge präsentiert. Dabei geht es darum, einen bunten Strauß an Antworten und Lösungsvorschlägen zusammenzustellen – es gibt nicht die eine richtige Antwort. Hauptaufgabe der Online-Moderatorin ist es, darauf zu achten, dass die einzelnen Phasen von allen eingehalten werden.

▪ Standbilder

Diese Methode eignet sich besonders gut als Einstieg in eine Diskussion im virtuellen Raum. Dazu wird zunächst eine These formuliert, zu der sich die Teilnehmerinnen positionieren sollen. Dies geschieht entweder durch eine Skalenfrage mit einem Umfragetool oder mittels einer Folie mit einer Skala, auf der sich die Teilnehmerinnen per Whiteboard oder Teilnehmerpfeil eintragen. Die Skala kann eine Bandbreite von »stimme voll zu« bis »stimme gar nicht zu« aufweisen. Diese Methode ersetzt sozusagen das »Ins-Gesicht-schauen« im Präsenzseminar. Dort erkennt man in der Regel am Gesichtsausdruck der Teilnehmer, was sie von einer These halten, und erstellt daraus die Rednerliste. Im Online-Training hat man nicht immer die Webcam-Übertragung von allen. Daher kann man die Rednerliste mit diesem Hilfsmittel des Standbildes geschickt zusammenstellen. Man lässt zum Beispiel erst jeweils einen Teilnehmer aus den beiden Extrembereichen zu Wort kommen, und anschließend die Teilnehmer aus dem mittleren Bereich. Damit »zwingt« man die Teilnehmer dazu, sich zu positionieren und die Position zu begründen. Auch stille Teilnehmer können mit dieser Methode integriert werden. In Präsenzsituationen kann ich als Moderator einfacher erkennen, wer sich welcher Position zuordnet. Das habe ich im virtuellen Raum nicht, weil nicht immer eine Webcam zum Einsatz kommt. Also muss ich dies aktiv erfragen.

▪ Teamrad

Damit jeder etwas zur Diskussion beiträgt und sich nicht zurückzieht, stelle ich auf einer Folie einen Kreis mit den Namen der Teilnehmer dar. So weiß jeder, wann er dran ist, und kann sich auf den Beitrag vorbereiten. Dann beginne ich zum Beispiel auf 1 Uhr mit der Befragung und beim nächsten Mal auf 9 Uhr. Wichtig ist, dass eine konkrete Frage gestellt wird, auf die die Teilnehmer antworten sollen.

▪ Schriftliches Diskutieren

In Adobe Connect kann man zwei Textchats mit einer Pro- und einer Kontra-Position öffnen. Die Teilnehmer müssen dann ihre Argumente in den jeweiligen Chat schreiben. Das geht natürlich auch mit der Whiteboard-Funktion in anderen Räumen. Anschließend wird darüber diskutiert. Bei dieser Methode kann ich die Meinungen noch besser dokumentieren. Allerdings erhalte ich auch manchmal die Rückmeldung, dass das Arbeiten mit mehreren Chats Teilnehmer überfordert. Daher sollte man solche komplexen Methoden eher in Gruppen mit erfahrenen Online-Teilnehmern anwenden.

Anne Rickert: Distanzen durch Mediation verkleinern

Anne Rickert ist als Quereinsteiger zum Live-Online-Training gekommen. Ursprünglich arbeitete sie als Kulturwissenschaftlerin im Bereich Kulturmanagement und hat sich schon da mit neuen Medien beschäftigt. Seit 2001 war sie am Fraunhofer-Institut in Stuttgart im Bereich »Mediengestützte Erwachsenenbildung« tätig. Im Rahmen eines Projektes hat sie an einem der wissenschaftlichen Tests zu vitero und einer ersten Software-Schulung teilgenommen. Seit der Gründung der vitero GmbH als Spin-off des Fraunhofer-Instituts für Arbeitswirtschaft und Organisation 2004 arbeitet sie freiberuflich als Live-Online-Trainerin. Neben der kontinuierlichen Einführung durch die vitero-Gründer hat sie sich die nötigen Kompetenzen durch Learning by Doing angeeignet. Auch während ihrer Elternzeit konnte sie Familie und Beruf dank der virtuellen Arbeit gut vereinbaren.

Sie haben erzählt, dass Sie auch Live-Online-Mediationen durchführen. Dieses Thema würde man doch ausschließlich einer Präsenzsituation zuordnen. Warum kann auch ein virtueller Raum genutzt werden?

Grundsätzlich sollten laut der Media-Richness-Theorie (Draft/Lengel 1984; Reichwald 1998) für hochkomplexe Kommunikationsaufgaben (wie zum Beispiel das Lösen von Konflikten) möglichst reichhaltige Medien zur Verfügung stehen. Diese Vielfalt an Feedbackkanälen und synchronem Austausch bieten Webconferencing-Systeme.

Nicht immer ist es möglich, die Medianden (das sind die Konfliktparteien) zeitnah an einem Ort zusammenzubringen. Da hilft der virtuelle Raum, die Distanz zu überbrücken. In manchen Fällen ist es sogar besser für den Prozess, wenn die Medianden sich nicht gegenübersitzen.

Wie muss ich mir den Ablauf einer solchen Mediation vorstellen? Welche Medien kommen dabei zum Einsatz?

In der ersten Phase erfolgt ein Erstgespräch, bei dem es darum geht, Vertrauen aufzubauen und organisatorische Dinge zu regeln. Dazu stelle ich mich als Mediatorin über die Webcam vor, sodass auch meine Mimik und Gestik zum Ausdruck kommen. Durch die Einblendung der vorbereiteten Folien stelle ich die Kommunikationsregeln vor und kläre Ablauf, Termine und Kosten ab. Den Abschluss des Erstgesprächs bildet der Mediationsvertrag mit mir als Mediatorin. Diesen sende ich per Dateitransfer an die Medianden, sodass sie diesen im Anschluss in Ruhe durchsehen und unterzeichnen können.

Dann folgt im nächsten Meeting die Themensammlung. Es wird geklärt, worum es geht und welche Themen zwischen den beiden Medianden strittig sind. Hier lassen sich vielfältige Moderationstechniken online umsetzen, zum Beispiel eine Skala mit Punkteabfrage, um die aktuelle Beeinträchtigung durch den Konflikt zu klären. Dann öffne ich für die Themensammlung entweder ein Word-Dokument, das ich über die Bildschirmfreigabe am Bildschirm anzeige, oder ein leeres Whiteboard. Nach der Sammlung können die Themen mithilfe von Whiteboard-Symbolen priorisiert werden. Das von mir gespeicherte Dokument wird zum Abschluss wieder per Dateitransfer an die Medianten versendet.

In der dritten Phase werden die Interessen geklärt. Ganz wichtig ist, dass allen Beteiligten klar wird, dass sich hinter den eingenommenen Positionen zu einem bestimmten Thema persönliche Interessen verbergen. Wenn hier ein gegenseitiges Verständnis geschaffen werden kann, ist schon viel gewonnen. Der Fokus liegt in dieser Phase also auf dem mündlichen Austausch. Dazu schalte ich je nach Eskalationsgrad die Mikrofone aller Medianden frei, sodass ich auch das Feedback des zuhörenden Medianden höre (zum Beispiel lautes Seufzen). Zusätzlich kann der zuhörende Mediand über die Feedback-Symbole (zum Beispiel Daumen hoch oder runter) Stimmungssignale setzen. Wenn es für die Medianden in Ordnung ist, können wir auch mehrere Webcam-Livebilder in der Bildschirmmitte großschalten, sodass nonverbale Signale übermittelt werden. Manche Medianden fühlen sich allerdings gestört, wenn sie sich permanent durch die Webcam gespiegelt sehen. Dann arbeite ich nur mit einem kleinen Webcam-Bild oder ausschließlich auditiv.

Manchmal erfordert es die Situation, dass während der Mediationssitzung ein Vier-Augen-Gespräch oder ein Expertenaustausch sinnvoll ist. Dazu können die virtuellen Nebenräume genutzt werden. Wichtig ist dann natürlich, dass die Gegenpartei in dieser Zeit von einem Co-Mediator betreut wird. Notizen lassen sich – wenn gewünscht – jederzeit per Bildschirmfreigabe anzeigen. Alternativ dazu könnte man die Sitzung, sofern alle einverstanden sind, audiovisuell aufzeichnen, was bei sensiblen Themen eher unüblich ist. In Mediationsausbildungen würde es meines Erachtens jedoch Sinn machen, zum Beispiel Aufzeichnungen von Rollenspielen oder beispielhaften Mediationen durch einen erfahrenen Lehrmediator zu machen.

In der vierten Phase geht es um die gemeinsame Lösungsfindung. Zur Anregung der Kreativität können passende Videos, Bilder oder Comics eingebracht werden. Für die Erarbeitung nutze ich zum Beispiel eine personalisierte »Kartenabfrage« oder Moderationssymbole für Priorisierungen. Fehlende Informationen können gleich online recherchiert werden. Viele Moderationstechniken aus der Präsenzmediation wie Fishbowl, Maßnahmenplan und Problemdreieck lassen sich online eins zu eins umsetzen. Der Vorteil ist immer, dass man das Ergebnis gleich digital vorliegen hat und die Dokumentation so stark vereinfacht ist. In größeren Gruppen wie zum Beispiel bei Bürgerbeteiligungen kann die Zustimmung oder Ablehnung eines Lösungsvorschlages mit einer abschließenden Multiple-Choice-Umfrage visuell verdeutlicht werden.

Die fünfte und letzte Phase dient dazu, verbindliche Vereinbarungen zu treffen und einen Abschluss zu finden. Dazu blende ich das finale gemeinsame Dokument ein, das abschließend diskutiert, gegebenenfalls noch angepasst und dann versendet werden kann. Zum Schluss erhält jeder über die Webcam die Möglichkeit, ein abschließendes Statement zu äußern und sich zu verabschieden.

Welche technischen Vorbereitungen treffen Sie vor der Mediation?

Zu einer Live-Online-Mediation gehört zunächst die Bereitschaft beider Medianden, sich auf diese internetbasierte Art der Konfliktlösung einzulassen. Die entsprechende Hardware wie zum Beispiel ein PC-Headset oder eine Webcam sollte vorhanden sein. Alternativ ist auch die Teilnahme per Telefon möglich. Um den reibungslosen Start der Mediation zu gewährleisten, sollten die Medianden die Software vorab in ihrem persönlichen Testraum ausprobieren. Verläuft alles reibungslos, wird mir dies im Managementsystem angezeigt. Sollten die Medianden einen persönlichen Technikcheck wünschen, ist es hilfreich, ihn von einem professionellen technischen Support durchführen zu lassen, damit für beide Parteien klar ist, dass bei diesem Termin keine inhaltlichen Punkte der Mediation zur Sprache kommen.

Was ist aus psychologischer Sicht anders als bei der Mediation vor Ort?

Zu Beginn besteht die Herausforderung darin, online ein Vertrauensverhältnis aufzubauen. Da die Persönlichkeit nicht so unmittelbar rüberkommt wie beim klassischen Face-to-Face-Treffen, dauert der Vertrauensaufbau in der Regel länger. Es ist daher auch denkbar, den allerersten Kontakt persönlich in der realen Welt herzustellen und nur die späteren Phasen der Mediation online anzubieten. Neben dem Vertrauen zum Mediator muss der Mediand Vertrauen zur Technik gewinnen. Hier ist die Online-Moderationskompetenz des Mediators gefragt, damit die Medianden möglichst schnell im virtuellen Raum orientiert sind und die Aufmerksamkeit nicht weiter von der Technik abgelenkt wird.

Das Thema »Datenschutz« spielt in der Wirtschaftsmediation eine große Rolle. Selbstverständlich sollte die gewählte Software eine Verschlüsselung bieten, wie zum Beispiel bei vitero die hohe Sicherheit beim Log-in-Prozess, Transparenz in der Darstellung und diverse Konfigurationsmöglichkeiten bezüglich der Datenspeicherung. Der Sorge, dass die Online-Sitzung heimlich aufgezeichnet oder durch Screenshots dokumentiert wird, lässt sich nur durch klare Regeln begegnen, die zu Beginn der Mediation erarbeitet werden.

Durch die fehlende physische Nähe ist es schwerer, die emotionale Verfassung der Medianden wahrzunehmen. Dazu hole ich häufig Feedback ein, beobachte die Mimik bei eingeschalteter Webcam und achte genau auf die Stimmlage. Mit der Zeit entwickelt man als Live-Online-Mediator ein sehr feines Gehör. Durch die höhere soziale Distanz im virtuellen Raum kann es passieren, dass Menschen sich vehementer und schärfer positionieren, als sie es im persönlichen Kontakt tun würden. Hier ist Mediationskompetenz gefragt, um die Schärfe herauszunehmen.

Was noch zu beachten ist: Live-Online-Kommunikation erfordert – gerade für ungeübte Nutzer – eine hohe Aufmerksamkeit und ist anstrengend. Daher ist es wichtig, die Online-Sitzungen auf maximal 120 Minuten zu begrenzen und Pausen einzuplanen. Dafür können die Abstände zwischen den Sitzungen kürzer sein, da der Reiseaufwand entfällt und die Mediation häufig viel zeitnaher und insgesamt schneller durchgeführt werden kann als mit Präsenzterminen.

Das sind einige Herausforderungen. Wie sieht es mit den Vorteilen aus?

Es gibt viele organisatorische Vorteile, wie zum Beispiel die schnellere Terminfindung: 90 Minuten online lassen sich auch in einem vollen Terminkalender zeitnah finden, während eine Tagesreise innerhalb Deutschlands oder noch weiter weg in der Regel mehrere Wochen Vorlauf hat. Auch das Einbinden von Experten (zum Beispiel für ein kurzes rechtliches Statement) oder die einfache Dokumentation (alle Materialien liegen digital vor) zählen dazu.

Ein interessanter Punkt ist der schon erwähnte geringere soziale Druck durch die räumliche Distanz im virtuellen Raum. Schüchterne Menschen ergreifen mitunter schneller und klarer das Wort, sodass Persönlichkeits- und Hierarchieunterschiede allein durch das Medium ausgeglichen werden können. Durch die einheitliche Darstellung aller Beteiligten, zum Beispiel im vitero-Avatar, kommen Menschen mit großer physischer Präsenz im virtuellen Raum nicht so stark zur Geltung. Dies und die Strukturiertheit der Moderation kommen der Neutralität und Allparteilichkeit des Mediators entgegen.

Viele Menschen empfinden es außerdem als angenehm, an der Mediation in vertrauter Umgebung teilnehmen zu können, zum Beispiel von zu Hause oder vom Arbeitsplatz aus. Auch die mögliche Einbindung von Medien (Videos, Musik, …) und Farben zur Förderung der Kreativität könnte ein Mehrwert gegenüber der klassischen Mediation sein – ist aber noch völlig unerforscht.

Viele Firmen nutzen bereits virtuelle Räume für die Zusammenarbeit. Wird in den Unternehmen auch über die Nutzung dieser Software als Mediationsraum nachgedacht?

Als Wirtschaftsmediatorin beobachte ich einen Kulturwandel in Bezug auf den Umgang mit Konflikten in Unternehmen. Zunehmend wird Konfliktmanagement als echter wirtschaftlicher Faktor erkannt. Gelöste Konflikte können ein Innovationsmotor sein, da neue unkonventionelle Lösungen, sogenanntes »Konfliktgold«, gefunden werden. Die positiven Auswirkungen auf das Betriebsklima, die Mitarbeitermotivation und die Gesundheit stehen außer Frage. Konfliktmanagement – und hier kann Mediation nur ein einzelner Baustein sein – wird in Unternehmen immer mehr systematisiert. Die frühzeitige Konflikterkennung und hohe Konfliktkompetenz der Führungskräfte tragen entscheidend dazu bei, dass Konflikte im Unternehmen gar nicht erst eskalieren. Die vorhandene Kommunikationstechnologie erleichtert hier den zeitnahen und flexiblen Umgang, sodass der Übergang von der inzwischen selbstverständlichen Nutzung virtueller Räume zum Beispiel für Teambesprechungen zur Nutzung für emotional intensivere Gespräche wie Mitarbeiter-Feedback oder präventiv-mediative Projektleitung von interkulturellen virtuellen Teams fließend ist.

Anja Röck: 3D-Räume lassen Nähe zu

Anja Röck arbeitete als Teamleiterin im öffentlichen Dienst und war dort als Projektleiterin und Ausbildungsbeauftragte tätig. Dadurch eignete sie sich Kompetenzen im Hinblick auf Moderation, Präsentation, Selbstdarstellung und Bewerbungen an, die sie später als Präsenztrainerin anderen nähergebracht hat.

In ihrer Elternzeit versuchte sie ihre Trainertätigkeit mit ihrem Kind in Einklang zu bringen. Bei mehreren Treffen mit einer Peergroup aus dem Coaching-Bereich ist sie auf eine erfahrene Online-Trainerin gestoßen und hat mit ihr diskutiert, ob und wie die Methoden aus dem Präsenzcoaching auf das Online-Coaching übertragbar sind. Dabei hat sie viel mit synchronen und asynchronen Medien experimentiert und für sich herausgefunden, dass das synchrone Medium des virtuellen Raumes ein großer Zugewinn für die Begegnung mit Menschen ist.

Frau Röck, Sie schulen seit 2014 auch in 3D-Räumen. Was ist hier der Unterschied zu zweidimensionalen Räumen?

In 2D-Räumen komme ich gerade in Bezug auf soziale beziehungsweise zwischenmenschliche Themen an eine Grenze. Da reichen ab einem gewissen Grad der Intensität (meist beim »menschlichen« Thema hinter dem Thema) 2D-Räume nicht mehr aus und die Präsenz muss dazu. Grundsätzlich kann man sowieso nicht alles im virtuellen Raum umsetzen. In 3D hingegen kommt ein großer Anteil des Körperempfindens wieder dazu. Dort gibt es Stellvertreter, sogenannte Avatare, und mit denen habe ich die Möglichkeit, mich als Mensch wahrzunehmen und aus meinen eigenen Augen rauszuschauen. Und ich kann mich bewegen. Und allein schon das Bewegen löst bei mir als Lerner etwas aus. Wenn ich in 3D eineinhalb Stunden gestanden bin, ist das vom Gefühl her genauso anstrengend, wie wenn ich selbst gestanden hätte (dabei saß ich ja tatsächlich auf meinem Bürostuhl vor dem Rechner). Daher gibt es in 3D-Räumen auch Sitzmöglichkeiten. Einige Dinge, die man in 2D-Räumen theoretisch erklären kann, kann man in 3D-Räumen tatsächlich erleben. Hier ein Beispiel: Es geht um den ersten Eindruck als Bewerber, Trainer oder Teilnehmer. Wie stelle ich mich dar? Man kann in 3D Distanzräume ausprobieren. Wenn man dort jemandem begegnet und zu nahekommt, geht jeder erst mal einen Schritt zurück. Genau das, was auch in der Präsenz passieren würde.

Noch ein Beispiel: Eine wichtige Coaching-Methode ist das Aufzeigen einer Skala und die Frage an die Teilnehmer, wie sie sich fühlen. Das kann ich im 2D-Raum mit dem Whiteboard durchführen. Aber im 3D-Raum, in dem ich derzeit arbeite, liegt die Skala auf dem Boden des Raumes und die Avatare können sich an die Stelle stellen, der ihrem Gefühl entspricht. Man kann beobachten, dass die Avatare tatsächlich – wie in der Präsenz – auf den Boden schauen und mehrmals die Position wechseln, bis sie richtig stehen. Die Körperlichkeit ist ein ganz wichtiger Punkt, den wir in 3D-Räumen integrieren können.

Oder ein anderes Beispiel: Im Training mit angehenden Führungskräften habe ich eine Aufstellung gemacht zu »Wie soll mein beruflicher Weg weitergehen?« Das kann man auch mit einer Skala machen oder mit einem Aufstellungstool, das in den Raum integriert ist. Hier werden zum Beispiel die einzelnen Wege in unterschiedlicher Farbe und Form angezeigt und die Avatare können um diese Elemente herum laufen und sich darüber Gedanken machen, welcher Weg zu ihnen passt. Ich kann solche Aufstellungen und Skalendarstellungen als Trainer dann aus verschiedenen Perspektiven aufzeichnen und den Teilnehmern anschließend zeigen.

Welche Trainings sind besser in 3D-Räumen abbildbar als in 2D-Räumen?

3D-Räume nutze ich immer dann, wenn es um körperliche oder unbewusste Dinge geht. Da ich die Möglichkeit habe, aus der Perspektive der anderen Avatare auf das Szenario zu blicken, habe ich die Chance, Gefühlsregungen wahrzunehmen. Da ist die Entwicklung zwar noch am Anfang, aber sie geht stetig in Richtung Realität. Nehmen wir das Verkaufstraining: Die Theorie ist in 2D-Räumen umsetzbar, aber nicht das körperliche Empfinden: »Wie nahe stelle ich mich zum Kunden?« und so weiter. Wenn ich an die Programmierung denke, könnte man CAD-Modelle, die noch nicht ganz stimmig sind, hier viel besser abbilden und besprechen als in 2D-Räumen.

Stefan und Jan Urke:
Alles begann in der Küche

Als erfahrene Präsenztrainer beobachteten Stefan und Jan Urke, Vater und Sohn, die Entwicklung im E-Learning schon seit geraumer Zeit. Sie beschäftigten sich mit verschiedenen Lernmedien und stellten fest, dass viele dieser Medien nur sehr statisch zu nutzen sind. Mit einem Web Based Training kann man zwar interaktive Übungen durchführen, aber nicht kommunizieren oder spontan Fragen stellen. Daher begannen sie, sich mit der Technologie des virtuellen Raumes zu beschäftigen. In ihren Präsenztrainings haben sie stets viel Wert auf Lebendigkeit, Anschaulichkeit bei der Darstellung der Inhalte und Interaktivität gelegt. Daher stellte sich die Frage, ob dies im virtuellen Raum ebenso darstellbar ist.

Im Jahr 2011 kam es zu einer Begebenheit in der Küche der Familie Urke. Jan Urke holte diverse Zutaten aus den Schränken wie Milch, Honig, Mehl, Marmelade und Whisky und stellte diese auf die Küchentheke. Davor platzierte er eine einfache Kamera, die ihn und eine weitere Person beim Agieren hinter der Theke filmte. Er referierte zu dem Thema »heterogene und homogene Stoffgemische« und veranstaltete mit den anwesenden Trainern ein kleines Quiz in Form eines Memory. Dies war die Geburtsstunde für die Erweiterung des Portfolios um das Live-Online-Training.

Die »Küchenstory« brachte beide zu der Frage, was nötig ist, um diese Lernsituation in eine professionelle Online-Lernumgebung zu verwandeln. Sie suchten nach einer geeigneten Software, die ein solches Szenario abbilden kann und gleichzeitig viele Interaktionsmöglichkeiten bereithält. Weiterhin war ihnen wichtig, dass der virtuelle Raum auf die individuellen Anforderungen des Trainings anpassbar und der Zugang zum Lernraum für jede Zielgruppe ohne technische Hürde möglich ist. Dies führte sie zu Adobe Connect.

Doch die Technik alleine macht noch kein gutes Live-Online-Training aus. Sie machten eine Weiterbildung zum Live-Online-Trainer, um die nötigen technischen sowie methodisch-didaktischen Kompetenzen zu erwerben und sich weitere Ideen zu holen. Im Anschluss »spielten« sie mit dem Medium und probierten aus, wie ihre bewährten Trainingsmethoden im virtuellen Raum abbildbar sind. Hier war Kreativität gefragt.

Dann ging es an den Bau des Studios. Im Hinterkopf hatten die Urkes das früher verbreitete Wissensfernsehen, bei dem ein Moderator im Studio die Inhalte mithilfe von Gegenständen und Zeichnungen am Whiteboard erklärt, während die Teilnehmer per Telefon ihre Fragen stellen können. Sie wollten die Dynamik bei der Präsentation der Inhalte und das Einbinden der Teilnehmer gewährleisten. Dazu bauten sie eine Theke mit ausreichend Präsentationsfläche und Platz für zwei Bildschirme. Im Hintergrund stellten sie eine Moderationswand und ein Flipchart für spontane Skizzen auf. Vor der Theke installierten sie Lichtquellen und eine handelsübliche Web-Kamera. Der Trainer trägt ein schnurloses Headset und ist zweitweise im Großbild zu sehen. Das gibt ihm die Möglichkeit, sich frei vor der Kamera zu bewegen, während die Teilnehmer ihn beobachten und auf seine Fragen über die Medien im virtuellen Raum reagieren.

Durch Learning by Doing sammelten sie ihre ersten Erfahrungen, und es wurde schnell klar, dass das, was in der Präsenz als selbstverständlich angesehen wird, im virtuellen Raum nicht funktioniert. Deshalb raten die Urkes allen Neueinsteigern,

- zunächst als Präsenztrainer genug Erfahrung zu sammeln im Umgang mit Gruppen und Lernmethoden.
- viel zu üben, um gleichzeitig die Inhalte vermitteln zu können und die Teilnehmerreaktionen im Blick zu haben.
- einen präzisen Ablaufplan für jede Veranstaltung zu erstellen.
- eine Live-Online-Trainingseinheit für 90 Minuten zu planen, um genügend Zeit für Interaktion und Austausch zu haben und das Lernen durch Modularisierung besser in den Arbeitsrhythmus der Lernenden zu integrieren.
- einen Präsenztagesworkshop in vier Online-Einheiten à eineinhalb Stunden umzuwandeln.
- die Teilnehmer von Beginn an in das Geschehen einzubinden.
- sehr präzise Anweisungen beim Stellen von Fragen zu geben, zum Beispiel mehr als in der Präsenz einzelne Teilnehmer direkt anzusprechen.
- ein Video des Trainers im Großbild zu übertragen, wenn eine ausreichende Bandbreite zur Verfügung steht. Sollten trotzdem Bandbreitenprobleme auftauchen, kann zunächst das Videobild verkleinert oder die Auflösung herunterskaliert werden. Auf jeden Fall sollte ein Foliensatz

mit allen Inhalten griffbereit sein, falls die Kamera nicht mehr genutzt werden kann.

- ein Headset mit gutem Stimmklang zu nutzen. Sie selbst nutzen ein Mono-Headset, das ohne Kabel sehr unauffällig am Ohr des Trainers sitzt. Das ist bei einer Kameraübertragung sehr vorteilhaft für die Optik.
- bei einem größeren Auftrag mit einem Pilotprojekt zu starten, sofern der Kunde wenig bis keine Online-Lernerfahrung mitbringt. Das erleichtert es, die Entscheidungsträger zu überzeugen und Aufmerksamkeit für die neue Lernform zu schaffen. Gerade Unternehmen, die schon einige Jahre mit virtuellen Meeting-Räumen arbeiten, sind immer wieder überrascht, wie viel Interaktion möglich ist.

Heute arbeiten die Urkes ausschließlich als Live-Online-Trainer und unterstützen ihre Kunden beim Aufbau der Kompetenzen für virtuelle Trainings sowie bei der Konzeptentwicklung. Sie beobachten, dass der virtuelle Raum als Lernraum in einigen Branchen schon sehr verbreitet ist, zum Beispiel bei Banken. Auch Universitäten und Hochschulen spielen zunehmend mit dem Gedanken, virtuelle Vorlesungen live anzubieten und damit ihr asynchrones Online-Lernangebot zu erweitern. Tendenziell nehmen sie wahr, dass immer mehr Branchen für das Thema offen sind und dass die Technik dafür längst bereitsteht und endlich sinnvoll genutzt werden kann.

Potenzielle Kunden werden auf das Angebot der Urkes meist durch Empfehlungen von Kooperationspartnern aufmerksam. Ein großes Netzwerk ist nach ihrer Meinung ein unerlässliches Instrument für die Kundengewinnung. Neben der eigenen Homepage werben sie auch im sozialen Netzwerk Xing und »treffen« dort regelmäßig in verschiedenen Foren Interessierte und erfahrene Live-Online-Trainer. Der Rücklauf aus Facebook und Google+ ist dagegen eher gering. Das Gleiche gilt für Messeauftritte: Der große Zeit- und Kostenaufwand steht für die Urkes in keinem Verhältnis zum Neukundengewinn.

Als letzten Tipp geben die Urkes ein positives Erwartungsmanagement in Bezug auf technische Probleme mit. Wer mit Technik arbeitet, muss immer damit rechnen, dass Fehler auftreten und dadurch die Veranstaltung verzögert wird oder im schlimmsten Fall ausfällt. Dies sollte den Teilnehmern von Anfang an klar sein. Ruhe bewahren und Flexibilität sind hier alles.

Anhang

Glossar

Augmented Reality bedeutet »erweiterte Realität« und bezieht sich auf Bilder und Videos, zu denen computergenerierte Informationen oder Objekte eingeblendet werden. Ein gängiges Beispiel dafür ist das Einblenden einer Entfernung bei einem Freistoß bei Fußballübertragungen.

Application Sharing steht für die gemeinsame Nutzung beziehungsweise das Teilen von Anwendungen. Die Anwendung oder das Programm ist auf dem Rechner desjenigen installiert, der die Anwendung zeigt. Alle anderen Teilnehmer können die Anwendung sehen und bei entsprechender Rechtevergabe auch damit arbeiten. Die Anwendung oder das Programm müssen nicht zwangsläufig auf den Rechnern der anderen Teilnehmer installiert sein.

Asynchron bedeutet, dass eine bestimmte Aktion nicht zur gleichen Zeit bzw. zeitversetzt abläuft. Jeder Teilnehmer in einem Blended Learning Kurs kann so zum Beispiel seinen Beitrag in ein Diskussionsforum auf einer E-Learning Plattform einstellen und zwar zeitlich unabhängig von allen anderen Lernenden.

Audio ist ein Kommunikationskanal für das Hören und Sprechen bei synchronen Veranstaltungen. Alle Teilnehmer im Virtual Classroom können so miteinander kommunizieren, sei es über Voice over IP (VoIP) oder über eine parallele Telefonkonferenz.

Bandbreite ist die Geschwindigkeit, mit der Informationen im Internet übertragen werden. Je höher die Bandbreite, desto schneller erreichen die Datenpakete den Nutzer bei einer qualitativ hohen Übertragungsleistung.

Blended Learning ist eine Kombination aus Präsenz- und Online-Fortbildungen. Die didaktisch zielgerichtete Verknüpfung von klassischer Präsenz und virtuellen Lernaktivitäten wird über Kommunikationsmedien und Printunterlagen realisiert. Meist werden Plattformen (wie zum Beispiel moodle) im Intranet oder Internet eingesetzt, die alle Medien eines Kurses, einer Ausbildung oder eines Trainings miteinander verknüpfen.

Break-out Rooms sind einzelne virtuelle Räume, die sich bei der Nutzung eines Virtual Classrooms während einer Online-Veranstaltung anlegen lassen. Diese Räume sind für die Gruppenarbeit gedacht und haben in der Regel die gleiche Ausstattung wie der Hauptraum. In den Gruppenräumen werden Ergebnisse erarbeitet, die anschließend in den Hauptraum verschoben und mit allen Teilnehmern diskutiert werden können.

Chat oder auch Textchat bedeutet, dass sich die Teilnehmer schriftlich in Echtzeit (synchron) austauschen können. Die einzelnen Beiträge werden in ein dafür vorgesehenes Textfeld eingegeben und abgeschickt, sodass sie in einem Chatfenster erscheinen, was meist sehr schnell vonstattengeht. Der Moderator sollte vor Beginn einer Online-Veranstaltung gewisse Regeln für die Nutzung des Chats angeben, wie zum Beispiel höfliche Umgangsformen. Einträge in das Chatfenster können gesichert und auch nach einer Online-Session bearbeitet oder beantwortet werden.

Collaboration ist eine Zusammenarbeit mehrerer Personen in Gruppen oder Teams zur Bearbeitung von Fachthemen oder zum Informations- und Wissensaustausch. Eine sehr enge Kooperation in einer virtuellen Umgebung nennt man auch »eCollaboration«. Das können E-Mails, Team-Portale im Intranet, soziale Netzwerke oder Virtual Classrooms sein.

Corporate Design (CD) stellt das gesamte Erscheinungsbild eines Unternehmens, einer Organisation oder Institution dar. Dazu zählen alle Geschäftsunterlagen, der Internetauftritt, alle Werbemittel, das Logo, Signet und Schrift (wichtig für PowerPoint-Präsentationen) sowie die gesamte Produktgestaltung in einem einheitlichen Layout. Das Corporate Design unterstützt ganz wesentlich Marketing und Vertrieb durch einen durchdachten Öffentlichkeitsauftritt und den Wiedererkennungswert, der den Bekanntheitsgrad einer Marke wesentlich erhöht. Die Marketingabteilung zeichnet meist für das CD verantwortlich und stellt es allen anderen Abteilungen zur Verfügung.

Corporate Learning beschreibt die Gesamtheit der Aus- und Weiterbildungen in einem Unternehmen, einer Organisation oder Institution. Entscheidenden Einfluss auf die Ausprägung des Corporate Learning haben der Nutzungsgrad von Online-Technologien und die Intensität der Interaktionen zwischen Lehrenden und Lernenden. Diese finden sich vor allem in E-Learning- und Blended-Learning-Konzepten wieder. Komplexe Wissensinhalte, die am Bedarf des jeweiligen Unternehmens oder der betreffenden Organisation ausgerichtet sind, können auf technologischer Basis bereitgestellt werden. Dazu dienen zum Beispiel Intranet-Portale für Mitarbeiter, Dokument-Management-Systeme, Lern-beziehungsweise Wissensdatenbanken. Die notwendigen Interaktionen sowie der Wissens- und Erfahrungsaustausch können über Webkonferenzen, Wikis, Blogs, Foren oder Corporate Communities realisiert werden. Daneben betreiben vor allem größere Unternehmen oftmals Inhouse-Akademien, die Kurse, Trainings und Ausbildungen für die Mitarbeiter bereitstellen.

Creative Common Lizenz bedeutet eine Lizenz für schöpferisches Gemeingut. Damit kann ein Autor der Öffentlichkeit Nutzungsrechte an seinem Werk gestatten.

E-Learning bedeutet elektronisch unterstütztes Lernen, womit alle Lernarten gemeint sind, die auf digitale Medien und elektronische Endgeräte zurückgreifen. E-Learning gilt als Oberbegriff für Begriffe wie Online-Lernen, Web Based Training (WBT), multimediales Lernen oder Distance Learning. Durch Kommunikationsplattformen und Multimediatechnologien werden Lernende und Lehrende über räumliche Distanzen zusammengeführt, sodass sie in unterschiedlichen Lernszenarien miteinander kommunizieren und interagieren können. Dabei werden synchrone und asynchrone Aktivitäten unterschieden. Eine typisch synchrone Lernform ist das Live-Online-Training, bei dem die Interaktivität und die Audioübertragung in Echtzeit über einen Virtual Classroom stattfinden. Ein Online-Kurs kann hingegen als asynchrone Form des Lernens verstanden werden, wenn die Lernunterlagen als Selbstlernkurs im Internet (gegebenenfalls mit Tutorenbetreuung) bereitstehen.

Formelles Lernen bezeichnet eine Lernform, bei der Lerninhalte (Lehrpläne) nach methodisch-didaktischen Prinzipien vermittelt werden. Die Lernergebnisse werden dabei überprüft (Tests und Examen) und in Form anerkannter staatlicher Abschlüsse bestätigt.

Headset ist eine Kombination aus Mikrofon und Kopfhörer. Damit können Teilnehmer in einer Online-Veranstaltung sowohl sprechen als auch hören. Im Prinzip hat ein Headset die gleiche Funktion wie ein Telefon, ohne jedoch mit den Händen bedient werden zu müssen. Es gibt Headsets für mobile Endgeräte, für PCs und auch für Telefone.

Informelles Lernen bezeichnet alle Lernvorgänge, die außerhalb formaler Bildungswege stattfinden. Dabei wird oft von nicht geplantem Lernen gesprochen, wie zum Beispiel bei der Aneignung von Wissen und Informationen durch den Austausch mit Gruppenmitgliedern in sozialen Netzwerken. Das informelle Lernen zielt auf keinen staatlich anerkannten Bildungsabschluss.

Intranet ist ein organisationsinternes Netzwerk, das die gleichen Kommunikationsprotokolle wie das Internet verwendet, allerdings durch spezifische Firewalls davon abgeschirmt ist. Nutzer aus Firmen und Organisationen können jedoch über definierte Zugänge aus dem Intranet ins globale Internet kommen.

Live-Online-Training bezeichnet ein Training in einem Virtual Classroom, das in Echtzeit stattfindet und interaktiv angelegt ist. Alle Teilnehmer, Fachreferenten und Moderatoren interagieren zu jedem Zeitpunkt der Online-Veranstaltung, wobei eine große Vielfalt von Themen angesprochen werden kann. Die technische Ausstattung eines Virtual Classrooms macht Diskussionen, Präsentationen, Vorträge, Brainstorming, Teilen von Anwendungen oder die Arbeit in Kleingruppen möglich. Allerdings wird die Anzahl der Teilnehmer durch die hohe Interaktivität begrenzt.

LMS steht für Lernmanagementsystem oder auch Lernplattform. Mithilfe einer solchen Plattform können Lerninhalte bereitgestellt und Lernvorgänge organisiert werden. Außerdem können Lehrende und Lernende miteinander kommunizieren, Wissen und Informationen austauschen. Oftmals ermöglicht die Lernplattform auch ein Bildungscontrolling.

MOOCs steht für Massive Open Online Courses und bedeutet so viel wie offener Online-Kurs mit einer großen Zahl an Teilnehmern. Derartige Kurse finden sich vor allem im Angebot von Universitäten weltweit. Als Medien werden Videos, Lesematerial und Foren mit Aufgabenstellungen eingesetzt, die über das Internet genutzt werden. Die Teilnehmer beziehungsweise Lernenden kommunizieren miteinander und können auch Lerngemeinschaften bilden. Unterschieden werden xMOOCs und cMOOCs. Bei xMOOCs werden hauptsächlich Videos mit aufgezeichneten Vorlesungen eingesetzt, deren Inhalte später prüfungsrelevant sein können. cMOOCs dagegen haben eher den Charakter eines Seminars oder Workshops zu bestimmten Studieninhalten.

One Pager heißt übersetzt »Einseiter« und stellt eine komprimierte Darstellung zum Beispiel eines Trainingsinhaltes dar. Da auf einer Seite alle wichtigen Informationen gebündelt sind, eignet sich solch ein One Pager besonders gut im Marketing.

Online-Lernen fasst alle Lernformen zusammen, die in synchroner oder asynchroner Weise über Intranet oder Internet ablaufen.

Online-Session steht für eine Veranstaltung im Virtual Classroom, die meist eine Dauer von 60 bis 90 Minuten aufweist. Eine Online-Session kann verschiedene Ziele, Anlässe oder Szenarien haben und ist ein allgemeiner Ausdruck für eine Zusammenkunft im Virtual Classroom.

Open-Content-Lizenz bezeichnet die urheberrechtliche Erlaubnis, freie Inhalte (engl. free content) kostenlos zu nutzen und zu verbreiten. Nach Ablauf der gesetzlichen Schutzfristen kann das auch auf geschützte Werke zutreffen. Alternativ kann der Urheber sein Werk unter eine freie Lizenz stellen.

Open Educational Resources (OER) bezeichnet freie Lern- und Lehrmaterialien. Besonders in den sozialen Netzwerken ist eine zunehmende Verbreitung von OER zu beobachten. Auf »YouTube« werden zum Beispiel Inhalte gepostet und der Allgemeinheit zugänglich gemacht.

Poll bedeutet Umfrage oder auch Abstimmung. Dieses Werkzeug ist Bestandteil der VC-Software und wird sehr häufig im Virtual Classroom eingesetzt. Es können darüber einfache Ja-Nein-Fragen, Auswahlfragen oder Fragen mit Mehrfachnennungen gestellt werden.

QR Code bedeutet »schnelle Antwort« (engl. Quick Response). Informationen werden so dargestellt, dass sie besonders schnell maschinell gefunden und ausgelesen werden können. Im Handel ist diese Methode weitverbreitet, um Produktinformationen an die Konsumenten zu geben.

Social Learning beschreibt eine Lernpraxis, die auf Gruppenarbeit ausgerichtet ist und von Moderatoren oder Lehrenden begleitet wird.

Social Media umfasst alle digitalen Medien und Technologien, die es Menschen ermöglichen, miteinander zu kommunizieren, Wissen und Erfahrungen auszutauschen und intensiv zusammenzuarbeiten. Für das Recherchieren, Bearbeiten, Dokumentieren und Verbreiten von Inhalten werden zum Beispiel Bilddateien, Textformate, Tonsequenzen und Videoaufzeichnungen verwendet.

Streaming ist eine Technologie, die das Abspielen von Audio- oder Videodateien über das Internet ermöglicht.

Synchron bedeutet, dass eine bestimmte Aktivität in Echtzeit abläuft, wie zum Beispiel das gemeinsame Arbeiten während einer Online-Session. Jeder, der daran teilnimmt, führt seine Aktivitäten zeitgleich mit den anderen Teilnehmern aus.

Synchrones Surfen im Internet wird auch Websafari genannt und ist eine Funktion im Virtual Classroom, mit deren Hilfe der Moderator gemeinsam mit seinen Teilnehmern aus einer Online-Session heraus im Internet surfen kann. Die Websites werden auf den PCs aller Teilnehmer dargestellt, wobei der Moderator die gemeinsame Betrachtung steuert.

Virtual Classroom (VC) bezeichnet eine Software, die webbasierte synchrone Lernszenarien, Vorlesungen und Vorträge, Meetings, Besprechungen oder auch Konferenzen ermöglicht. Ein Virtual Classroom erlaubt es kleinen oder großen Gruppen auf vielfältige Weise, Informationen und Erfahrungen auszutauschen sowie Wissen zu vermitteln (mit Werkzeugen wie Chat, Application Sharing oder Whiteboard). Dies geschieht über einen PC oder mobile Endgeräte mit Zugang zum Internet.

Voice over IP (VoIP) bedeutet Internet-Telefonie (engl. Voice over Internet Protocol). Das Telefonieren beziehungsweise Hören und Sprechen wird über Computernetzwerke gesteuert. Der Aufbau dieser Netzwerke ist nach Internet-Standards geregelt. Im Falle des Virtual Classrooms kann die Audioverbindung mittels VoIP über den virtuellen Raum realisiert werden. Alle Teilnehmer nutzen ein Headset, welches sie mit ihrem Rechner verbinden.

Webcast bezeichnet eine webbasierte Übertragung von Informationen an ein großes Publikum. In Ton und Bild werden Inhalte über ein Kommunikationsmedium, wie zum Beispiel einen Virtual Classroom, übertragen und können auch aufgezeichnet werden. So kann zum Beispiel die Rede des Vorstandsvorsitzenden eines internationalen Konzerns an die Mitarbeiter auf allen Kontinenten übermittelt werden. Ein Webcast hat Vortragscharakter und läuft ohne geplante Interaktionen mit den Teilnehmern ab.

Webinar bezeichnet ein webbasiertes Seminar, das einen starken Vorlesungs-beziehungsweise Vortragscharakter hat, jedoch auch Interaktionen mit den Teilnehmern vorsieht. Diese Aktivitäten werden von einem Moderator gesteuert und umfassen im Wesentlichen Fragestellungen im Chat, Umfragen und das Herunterladen von Dateien in einem Virtual Classroom. In einigen Fällen, je nach Anzahl der Teilnehmer und Audioanbindung, kann der Moderator auch den mündlichen Austausch per Audiokanal freigeben.

Whiteboard ist ein virtueller Flipchart im Virtual Classroom, auf den Moderator und Teilnehmer gleichzeitig schreiben und zeichnen können. Teilweise sind diese Whiteboards interaktiv, das bedeutet, dass Eintragungen darauf verschoben werden können. Diese Funktion ist allerdings produktabhängig.

Literaturverzeichnis

Links

Befragungstools
https://de.surveymonkey.com
www.google.com/intl/de_de/forms/about/
www.limesurvey.org/en/
www.einfacheumfrage.de

Blogs allgemein
www.weiterbildungsblog.de/
http://mwonlineblog.blogspot.de/
www.tschlotfeldt.de/elearning-blog
www.personaler-online.de/blog/
www.robertfreund.de/blog/tag/blog/
www.creaffective.de/de/blog/
http://gabi-reinmann.de/
www.informelles-lernen.de/blog/
www.trainerlotse.de/trainermarketing-
    trainerprofil-fuenf-richtlinien/

Lerntransfer
www.blink.it
www.tixxt.com
http://trello.com
http://moodle.de

Stimmtraining
blog.resource-people.de
http://blog.erfolgsfaktor-stimme.com

Urheberrecht
www.e-teaching.org/projekt/rechte/
http://hls.harvard.edu/faculty/directory/10519/
    Lessig/bibliography
http://edoc.hu-berlin.de/cmsj/35/hartmann-
    thomas-63/XML/hartmann-63_03.gif
https://creativecommons.org
www.urheberrecht-portal.de/allgemeines-
    zum-urheberrecht/was-ist-urheberrechtlich-
    geschuetzt/
http://uni-potsdam.de/agelearning/themen/
    rechtsfragen-im-e-learning/

Zeichenprogramme
www.paint.net
www.artweaver.de

Weiterführende Literatur

Brown, Juanita/Isaacs, David (2007): *Das World Café. Kreative Zukunftsgestaltung in Organisationen und Gesellschaft*, Heidelberg: Carl Auer.

Heilmann, Christa M. (2011): *Körpersprache richtig verstehen und einsetzen*, 2. Auflage, München: Reinhardt.

Klein, Zamyat M. (2015): *150 kreative Webinar-Methoden*, Bonn: managerSeminare.

Königstein, Katja/Tandler, Peter (2011): *World Café goes online*. In: Training aktuell, März 2011.

Kuntz, Bernhardt (2013): *Die Katze im Sack verkaufen. Wie Sie Bildung und Beratung mit System vermarkten – offline und online*, managerSeminare, Edition Training aktuell, November 2013.

Mayer, Richard E. (2001): *Multimedia Learning*. Cambridge: University Press.

Mehrabian, Albert/Ferris, Susan (1967): *Inference of Attitudes from Nonverbal Communication in Two Channels*. In: Journal of Consulting and Clinical Psychology, 31, Nr. 3, S. 248-252.

MMB-Institut für Medien- und Kompetenzforschung (Hrsg.): *Der Mittelstand baut beim e-Learning auf Fertiglösungen*. Repräsentative Studie zu Status quo und Perspektiven von e-learning in deutschen Unternehmen (www.mmb-institut.de/projekte/digitales-lernen/ELearning_in_KMU_und_Grossunternehmen_2014.pdf).

NMC Horizon Report (2015): *2015 Higher Education Edition, The New Media Consortium* (http://cdn.nmc.org/media/2015-nmc-horizon-report-HE-DE.pdf).

Reß, Lore/Hofmann, Jennifer (2003): *Live-Online-Lehren. Methoden und Übungen für das virtuelle Seminar*, Wöllstadt: Daten + Dokumentation GmbH.

Roland Berger Strategy Consultants GmbH (Hrsg.) (2014): *Unternehmen lernen online. Corporate Learning im Umbruch*, München (www.rolandberger.de/media/pdf/Roland_Berger_TAB_Corporate_Learning_D_20140602.pdf).

Rombach, Meinrad (2014): *Der ideale Virtual Classroom – Ort kreativer Lernbegegnung*. In: eLearning Journal 1/2014, European Telecoaching Institute e.V.

Zimmermann, Achim (2014): *Rechts-Abc für Trainer und Coaches*. Weinheim/Basel: Beltz.

Sachwortverzeichnis

A

Ablaufplan 89, 91, 104 f., 217
Aufzeichnung 41, 44, 46, 136, 172, 184, 186

B

Bestandskunden 18, 61, 63
Bildschirmfreigabe 19, 129, 132, 138, 142, 154, 158, 174 ff., 209 f.
Blended Learning 15, 37, 74, 78, 83

C

Coaching 73 f., 206, 214
Co-Moderator 21, 90 f., 104, 150 ff., 187

D

Datenschutz 23 f., 45, 56, 211
Diskussion 34, 90, 154 ff., 166 f., 178 f., 207

E

Einbahnstraßenkommunikation 66
E-Learning 14, 35, 99, 216, 225
Evaluierung 74

F

Feedback 18, 22, 31, 34, 55, 73, 86, 104, 145, 153, 156, 168 f., 172, 187 f., 190, 209, 211, 213
Formelles Lernen 30
Fragearten 86

G

Gruppenarbeit 90, 140 ff., 187
Gruppengröße 27, 129, 139, 153, 161 f., 169

H

Herausforderung 11, 17, 19, 71, 154, 164, 177, 211
Honorar 69

I

Informelles Lernen 33, 35
Inhalte 24, 26 f., 31, 34 f., 42, 45, 52, 71, 74, 78, 80, 82 ff., 88 f., 98, 128, 144 ff., 149 ff., 154, 158, 160 f., 164, 166, 188, 191, 216 f.

K

Kommunikation 15, 18 f., 21, 23, 28, 31 f., 67, 72, 78, 102, 108, 114 f., 124, 145 f., 148 f., 167, 187, 212
Kompetenzen 19, 25, 59, 62, 71, 151, 208, 214, 216, 218
Konzept 21, 38, 78, 93, 100, 104, 177 ff., 193
Konzepterstellung 74
Kunde 26, 70 f., 79

L

Lernmethoden 17, 217
Lernszenarien 27
Live-Online-Trainer 11, 13, 22, 29, 31 f., 34, 168, 173, 195

M

Marketing 26 f., 33, 47, 59, 63, 72, 205
Medien 17, 21 f., 26, 30, 33, 35, 38, 64, 75, 86, 89, 92 f., 95 f., 101, 104, 109, 113 f., 127, 140 ff., 150, 161 f., 169, 172, 183, 186, 189, 198, 208 f., 212, 214, 216 f.
Mikrofon 19, 110, 113, 133, 149, 153, 155, 164, 173 f.
Moderation 74, 203, 212, 214
Multimedia 85

N

Neue Kunden 59, 62 f.

P

Planung 25 f., 78 f., 90
Plattformen 25, 32 f., 35, 65 f., 68, 85, 101 f., 109, 192
Präsentation 28, 31, 42, 70, 75, 78, 83 ff., 88, 92, 94, 109,
    128, 143, 150 f., 154, 174 f., 183, 185, 214, 217
Präsenztrainer 14, 17, 31, 34, 39, 78, 145, 185, 216 f.

S

Screenshot 172, 176, 183, 185
Software 34, 42 ff., 49, 51 f., 56, 60, 68, 74 f., 131 f., 135,
    156, 158, 164, 183 f., 192, 204, 208, 211, 213, 216
Stimme 22, 84, 105, 131, 137, 145 ff., 207
Support 42 f., 49 f., 56, 62, 70, 72, 102, 105, 110, 150,
    173, 189, 211

T

Technikprobleme 173
Teilnehmerunterlagen 95, 97, 102, 113
Textchat 19, 40, 86, 105, 110 f., 113 f., 127 f., 133, 139,
    141, 150 f., 153 f., 157 f., 161, 163 ff., 168 ff., 174, 176 f.,
    183, 186 f.
Training 14, 18, 20 ff., 25 ff., 30, 33, 44 f., 51 f., 58, 62 f.,
    69 ff., 78 ff., 84, 88, 92, 96, 100, 107 f., 113, 129, 131,
    136, 140, 148, 153, 161, 169, 172, 186, 196, 198, 203,
    208, 216
Transferbegleitung 74

U

Umfragewerkzeug 41
Urhebergesetz 96
Urheberrecht 72, 93

V

Video 21, 36, 63, 75, 124, 132 f., 184
Virtual Classroom 19, 22, 27 f., 36, 39, 61, 74 f., 81, 85,
    102, 104 f.
virtuelle Räume 18, 22, 175, 213
Vorbereitung 26, 69, 71, 79 f., 92, 100, 152, 156, 161 f.,
    169, 173

W

Webinar 27, 68, 78, 153 f., 197 f., 200, 202, 204 f.
Weiterbildungsakademien 62
Werkzeuge 17, 19, 21 ff., 26, 31 f., 34, 37, 40 f., 45, 51, 53,
    55, 68, 73, 87, 90, 113, 128, 152, 154 f., 176
Whiteboard 19, 40, 52, 54 ff., 86 f., 90, 114, 116 f., 119,
    128, 138 f., 141 f., 150, 158, 161 ff., 168 ff., 201, 207,
    209, 215, 217

Z

Zeitplanung 26, 74, 193
Zielgruppe 23 f., 40, 48, 71 f., 74, 78, 80 f., 100, 123, 131,
    177, 205, 216